# THE
# IMITATION
# OF CHRIST

충실한 영혼에게 말하는 그리스도의 다정한 대화

# 그리스도를 본받아

토마스 아 켐피스 지음

이영복 옮김

## | 머리말 |

영혼의 은밀한 여행인, 토마스 아 켐피스(Thomas à Kempis)의 걸작으로 추정되는 이 책『그리스도를 본받아(The Imitation of Christ)』는 독자들에게 이상한 즐거움의 향연으로 다가온다. 그리하여 '제2의 복음서'라 칭송하며, 세계 속의 사람들이 성서에 이어서 가장 많이, 그리고 친숙하게 읽어 온 책이다.

이 책의 저자로 입에 오른 사람은 성베르나르트, 게르아르트 그루테, 장 드 게르송 등 많이 있지만, 학자들은 그 이름에 상관없이 이 황금의 메시지를 신비학파가 낳은 아름다운 꽃으로 받아들이고 있다.

『그리스도를 본받아』는 간결하고, 꾸밈이 없는 정통적인 문체로 특히 칭찬받고 있으며, 중세 특유의 아름다운 라틴어로 쓰여 있다. 그래서 하나님에게로 향한 조심성이 많은 사랑과 경건함이 책의 지면에 배어 나오고 있다.

그리고 덕행의 길에 이르기 위한 교훈을 위해 쓰인 이 책은 인간의 궁극적인 목적인 하나님에게로 우리를 안내하고, 하나님의 은총에 희망을 두며, 하나님의 광명 속에서 생활을 하게 할 뿐만 아니라 하나님과의 일치로 우리를 초대하는 것이다.

『그리스도를 본받아』는 그 내부적 변화에 따라서 전 4부로 기록되어 있다. 그리고 덕행으로 가는 발걸음에는 순수함의 길, 이해의 길, 일치의 길의 3단계가 있다.

이 책은 원래 수도서이기 때문에 수도자가 쓴 것이지만, 일반의 수도서이기도 하다. 작가가 깊은 통찰력과 학식으로 어떤 인간에게도, 어떤 신분의 사람에게도 적합하도록 써 내려갔기 때문이다.

게다가 이 책의 작자는 모든 학파를 초월한 입장에 서서 항상 실제적인 가르침을 말하려고 한다. 묵상의 높이도, 신비적인 환희도 알고 있으며, 거기에 앞선 괴로운 시련도 경험했지만, 그것도 주로 실제적인 견지에 서서 적고 있다.

이 책의 작자에 관한 논전은 17세기에 유달리 활발하였으나 서기「1441년에 츠볼레 부근 성아그네스산에서 토마스 아 켐피스 수도사에 의해서 완성되었다.」고 마지막에 적혀 있는 사본이 발견되었다. 이 사본은 브뤼셀의 왕실 도서관에 켐페디아누스 사본이라고 일컬어지며 존재하고 있다.

이런 점으로 미루어 논전은 여전히 계속되고 있지만, 현재에는 대부분의 학자들이 토마스 아 켐피스의 저작이라고 추정하고 있다.

마지막으로 이 책이 출간되기까지 크디 큰 도움을 주신 명성교회 김영철 집사님에게 깊은 감사를 표하는 바이다.

옮긴이 이영복

## | 토마스 아 켐피스에 대하여 |

일찍이 열두 살쯤 된 어린 나이에 독일 소년 토마스는 공부하기를 좋아하여 네덜란드의 데벤테르(Deventer)라는 도시로 갔다. 단순하고, 기이한 집들이 줄지어 늘어서 있는 고풍스러운 도시의 포장도 되지 않은 거리를 나막신을 신고 걸어가서 플로렌트 라데비즌스(Florent Radewijns)의 집 문 앞에 서 있는 소년의 모습을 우리는 상상해 볼 수 있다. 아마 약간 부끄러운 표정마저 짓고 있었을 것이다. 그 후에 그는 대개가 농부인 주민들과도 잘 어울렸을 것이다.

플로렌트는 게르아르트 그루테(Gerard Groote)가 창설한 조그마한 수도원의 감독이었다. 그는 이 소년을 맞이하여 자기 집에서 무료 숙식을 하도록 하였다. 이 소년의 표정은 기운차면서도 약간 어둡고, 조용하며, 공부하기를 좋아하는 확고하고, 견실한 빛을 띠고 있었다. 플로렌트는 그것이 마음에 들었다.

그의 형 요한은 이미 수년 전에 그곳에 와서 라틴어를 공부하고, 원고 필사하는 일을 익히고 있었다.

그 당시의 규칙에 따라서 두 형제는 같은 공동체에서 살지 못했고, 토마스는 형이 소개해 주는 거처인 플로렌트의 집으로 찾아갔던 것이다.

이날이야말로 토마스 아 켐피스에게는 정말 중대한 날이었다. 크리스천 생활의 모든 역사와 금욕주의, 그리고 서구 문학의 진로를 위해서 중요한 계기가 되었기 때문이다. 당시 13세의 그를 보며, 그의 저서가 훗날 전 세계인의 영적 생활을 감화시키고, 풍요하게 하리라고는 아무도 예측하지 못했을 것이다.

토마스 아 켐피스의 걸작은 하늘 아래에 있는 거의 모든 사람들에게 알 수 없는 즐거움을 주는 덕분에 영어권에서 1779년까지 자그마치 1,800판(版) 이상이 나왔으며, 그 이후로는 얼마나 많은 판이 나왔는지 계산할 수 없을 정도다.

토마스 아 켐피스의 본명은 해메르켄(Haemerken)이다. 그는 1379년에 독일 쾰른 근교의 켐펜(Kempen)에서 태어났고, 켐피스라는 이름은 그가 태어난 도시의 이름에서 유래된 것이다. 그리고 가문의 이름은 해메르켄(작은 망치라는 뜻이다), 이 말로 미루어 보아 그의 아버지는 금속 세공사였던 것 같다. 그리고 그의 어머니는 어린아이들을 가르치는 학교를 운영하였다고 한다. 그는 데벤테르로 떠나기 전까지 그의 어머니가 운영하는 학교에 다녔다. 그러다가 열두 살 무렵에 교육을 동경하여 쓰고, 읽으며, 조용한 생활을 보낼 수 있는 데벤테르로 떠났다.

이때부터 그는 본격적인 종교 생활에 들어갔다. 수년 후에 그는 공동생활

형제단에 가입했다. 공동생활 형제단은 일상적인 직업에 종사하여 벌어들인 돈을 기금으로 하여 봉사하는 일에 힘을 쏟고 있었다.

그러나 그곳에 도착하고 7년 후, 토마스가 20세 되던 해에 그는 형제단을 떠나서 츠볼레(Zwolle)의 성벽 너머 성아그네스(St. Agnes) 수도원에 자리 잡고 있는 성아우구스티누스파의 한 수도원에 들어갔다. 그 수도원에서 그는 가난과 순결과 순종이라는 세 가지의 종교적인 맹세를 하였다.

이후에 토마스 아 켐피스는 수도원의 여러 직책을 맡아서 일하게 되었다. 1413년 33세에 신부 서품을 받고, 1425년에는 수도원의 부원장직을 맡았다. 뿐만 아니라 수도사들의 수련을 돕는 일도 하였다. 그리고 1471년 향년 92세로 세상을 떠날 때까지 오로지 신앙 사업에만 전념하였다. 또한 원고를 필사하는 일에 종사하면서 성경을 여러 번 필사했고, 찬송가와 전기 등을 집필하였다.

토마스 아 켐피스가 생전에 가장 애용했던 좌우명은「나는 휴식을 찾았지만 결코 그것을 발견하지 못했다. 그러나 작은 책들이 꽂혀 있는 작은 책 코너를 얻게 되었다.」라고 한다.

중간 체격에 건강하고 혈색이 좋았던, 내성적이고 약간 어두운 그림자를 띤 토마스의 얼굴을 두고두고 머릿속에 그려보자.

 **1장** 영적 생활을 위한 유익한 훈계

## 2장 내적 생활로 이끄는 권면

# $3$ 장 충실한 영혼에게 말하는 그리스도의 다정한 대화

# 성례전에 정중하게 임해야

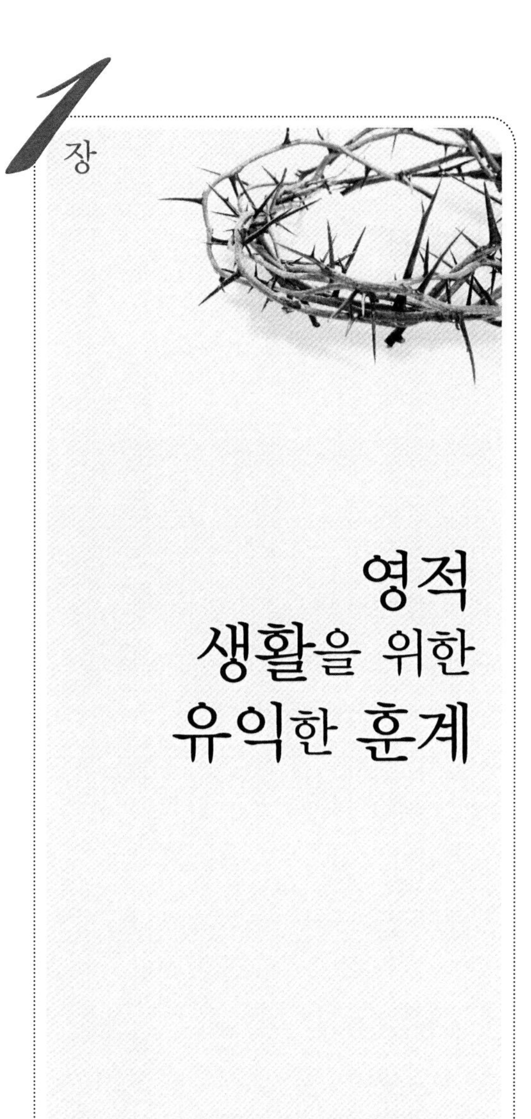

# 1장

영적
생활을 위한
유익한 훈계

# 그리스도를 본받아 세상의 덧없는 일에 마음을 쏟지 말 것

1 「나를 따르는 자는 어둠 속을 걷지 아니한다」(요한복음 8:12)라고 주는 말씀하셨다. 이것은 그리스도의 말씀이시다. 우리들이 진짜 빛에 비춰져서 마음의 어둠에서 벗어나고 싶다면 그의 생애와 행적을 본받지 않으면 안 된다고 권하게 된다. 그러므로 우리가 첫째로 힘쓸 일은 예수 그리스도의 생활을 묵상하는 데에 있다.

2 그리스도의 가르침은 모든 성인의 가르침보다 뛰어났다. 그 가르침의 정신을 이해한다면 거기에 숨겨진 만나를 찾아내게 될 것이다. 그렇지만 사람들은 때때로 복음의 말을 들어도 그때마다 경건한 마음을 일으키지는 않는다. 그것은 그리스도의 정신으로부터 멀어져 있기 때문이다. 그리스도의 말씀을 충분히 이해하여 그것을 맛보려고 하는 사람은 자기의 전 생애를 그리스도와 일치시키려고 힘쓰지 않으면 안 된다.

3 당신에게 겸손한 마음이 없고, 그 때문에 삼위일체를 찬양하지 않는다면 삼위일체에 관해서 논의한들 무슨 소용이 있어리오? 사람

을 깨끗하다. 바르다고 하는 것은 무성한 말이 아니라 덕(德)에 찬 생활이며, 그것이 하나님의 사랑을 부르는 것이다. 나는 통회의 정의를 아는 것보다 오히려 그런 마음을 느끼고 싶다. 만약에 당신이 많은 성서와 모든 철학설을 알고 있다고 하더라도 하나님을 향한 사랑과 하나님의 은혜를 가지고 있지 아니하다면 그것이 무슨 쓸모가 있겠는가? 하나님을 사랑하고, 하나님에게 봉사하는 것 이외에「헛되고도 헛된 일, 모든 것이 헛되도다!」세상을 가벼이 하고 하늘나라로 향하는 일이야말로 최고의 지혜이다.

4    그러므로 덧없는 부(富)를 추구하고 거기에 소망을 거는 일은 헛된 일이다. 명예를 바라고, 높은 지위를 소망하는 것도 허무한 일이다. 육체의 욕망을 좇아 장래에 무거운 벌을 받을 것이 틀림없는 일을 희망하는 것도 잘못된 일이다. 긴 수명만을 바라고, 잘 살아야 하는 일에 마음을 쏟지 않는 것도 또한 허무한 일이다. 금생(今生)의 생활에만 마음을 빼앗겨서 미래의 일을 준비하지 않는 것도 헛된 일이다.

5    「눈은 보는 것만으로 만족하지 않고, 귀는 듣는 것만으로 만족하지 않는다」(전도서 1:8)는 말을 가끔 생각해 내는 것이 좋다. 당신은 지상의 것에 대한 집착으로부터 마음을 끊고, 보이지 않는 것으로 마음을 옮기는 일에 힘써야 한다. 실로 육체의 소리에 따르는 사람은 양심을 더럽혀서 하나님의 은혜를 잊어버리게 된다.

         1장 영적 생활을 위한 유익한 훈계

# 겸손해진다

1 원래 사람은 아는 것을 바라고 있다. 그렇지만 하나님에 대한 두려움이 없다면 학문 지식이 무슨 소용이 있겠는가? 주인을 섬기는 순박한 농부는 자기의 구원을 소홀히 하고 천체의 운행을 바라보는 거만한 학자보다도 확실히 훌륭하다. 자기 자신을 잘 알고 있는 사람은 자기의 비참함을 생각하여 남의 칭찬을 기뻐하지 않는다. 내가 이 세상에 있는 모든 것을 알고 있더라도 애덕(愛德)을 갖고 있지 않으면 행동에 의해서만 나를 심판하는 하나님 앞에 섰을 때 그것이 어째서 나에게 도움이 되겠는가?

2 무턱대고 무엇을 알려고 하는 희망을 억제하자. 그것은 때때로 방심과 기만을 낳기 때문이다. 지혜가 있는 사람은 그 지식을 남이 알아주어 지혜가 있는 사람이라고 불리는 것에 만족한다. 알아도 영혼에 도움이 되지 않는 일이 상당히 많다. 자기의 영혼을 구원하는 데 도움이 되는 일 이외의 것을 걱정하는 사람은 매우 등한한 사람이다. 말은 많아도 영혼을 만족시킬 수 없지만, 좋은 생활은 마음을 윤택하게 하여 깨끗한 양심으로 하여금 하나님에 대한 신뢰를 불러일으키게 한다.

3　당신이 아무리 많이, 아무리 깊게 알더라도 당신의 생활의 성덕(聖德)이 거기에 수반되지 않는다면 점점 더 엄한 심판을 받게 될 것이다. 그러므로 지식의 책임을 생각하라. 당신이 많은 것을 알고, 그것을 이해했다고 생각하더라도 아직 당신이 모르고 있는 편이 더 많다는 사실을 알아야 한다. 「뽐내지 말라」(로마서 11:20). 오히려 당신의 무지를 인정하자. 당신보다도 지식이 있고, 당신보다도 법률에 능통한 사람이 많은데도 왜 당신은 다른 사람보다 우수한 사람이라고 생각하려고 하는가? 무엇을 알고, 무엇을 배워서 그것을 유익하게 하려고 생각한다면 남에게 알려지지 않는 것, 무시당하는 일을 기뻐하라.

4　심원(深遠)하고, 유익한 지식이란 정말로 자기를 알고 자기를 무(無)라 생각하는 것 외에 다름이 아니다. 자기를 내려다보고, 타인을 존중하는 것이 지혜이며, 완전한 덕이라는 것을 알아야 한다. 만약에 타인의 공연(公然)한 죄라든가 중대한 과실을 범하고 있는 것을 보더라도 당신은 그 사람보다도 자기 쪽이 더 선량하다고 생각해서는 안 된다. 당신이 언제까지 선에 머물러 있을지 어떨지는 알 수 없는 일이다. 우리들은 모두가 약하다. 그러므로 당신보다 더 약한 인간은 없다고 생각하는 것이 좋다.

　　　　　　　　　　　　　　1장  영적 생활을 위한 유익한 훈계

# 진리를 안다

1  지나가버릴 상징(象徵)이나 말이 아니라 진리 자체를 있는 그대로
   가르침을 받을 수 있는 사람은 행복하다. 우리들의 이성(理性)과 감
   각이란 때때로 자기를 속이고, 또한 그 한정된 능력으로써 가끔 실
   수를 하게 마련이다. 모르고 그랬다고 심판의 날에조차 비난받지
   않으려고 은근히 알기 힘든 것에 관해서 크게 억지를 부려 보더라
   도 그것이 무슨 도움이 되겠는가? 이익이 되는 일과 필요한 일을
   등한히 하고 이상한 일, 해가 되는 일을 즐겨 다룬다는 것은 미치
   광이의 짓이다. 그것은 눈을 가지고도 보지 아니하는 것과 같다(예
   레미야 5:21).

2  철학자들의 끊임없는 논쟁이 우리들에게 무슨 관계가 있겠는가?
   영원한 말씀 소리를 듣는 사람은 인간의 학설을 필요로 하지 아니
   한다. 그 유일한 말씀에서 모든 것이 나온다. 그래서 모든 것은 말
   씀이 우리들에게 일러 준다. 그것이 우리의 안에서 말해 주는「본
   원(本源)」이며, 그것이 없으면 바르게 이해할 수도 판단할 수도 없는
   것이다. 모든 것에 있어서 다만 하나님만을 보며, 모든 것을 하나
   님에게로 돌리고, 모든 것을 하나님 중심으로 보는 사람은 마음이
   안정되며, 편안하게 하나님에게 머물 수가 있다.「아, 진리의 하나

님이시여! 끊임없는 사랑으로 나를 당신과 하나가 되게 하여 주십시오. 읽는 것도 듣는 일도 나를 피곤하게 합니다. 다만 나의 바라는 것, 갈망하는 것은 당신 속에 있습니다.」당신 앞에서만은 지혜 있는 사람도 침묵하자. 어떤 피조물도 입을 다물자. 당신만이 나에게 말씀해 주십시오.

3   자기 속에 마음을 숨기고, 겸허한 마음으로 살아가면 살아갈수록 인간은 수고하지 않고, 많은 뛰어난 것을 이해할 수 있다. 하늘로부터 이성의 빛을 받기 때문이다. 깨끗하고, 단순하고, 똑똑한 마음을 가진 사람은 산더미 같은 일을 만나도 마음이 흐트러지지 않는다. 왜냐하면 모든 것을 하나님의 영광을 위해서 행하고, 자기를 잊어버리고 자기에게 이익이 되는 일을 추구하지 않기 때문이다. 당신 마음속의 억제할 수 없는 욕망만큼 당신 자신을 속박하고, 괴롭히는 것은 없다. 선량하고 신앙심이 깊은 사람은 밖에서 행동할 것을 먼저 마음속에서 가다듬는다. 그렇게 하면 그 행동은 나쁜 욕망에 흐르지 않고 오히려 바른 이성에 이끌린 채 그 사람의 소망을 움직이는 것이다. 자기를 이기려고 노력하는 사람만큼 무서운 싸움에서 견뎌 내는 사람이 없을 것이다. 그러므로 그것이 우리들의 제일 애써야 할 일이다. 곧 자기에게 이기고 나날이 더 강하게 됨으로써 얼마간이라도 덕으로 나아갈 수 있는 것이다.

4   이 세상에서는 아무리 완전한 것이라도 얼마간의 불완전한 것이 섞여 있다. 탐구하더라도 다소간의 어둠이 있는 것을 피할 수는 없다. 겸허하게 자기 자신을 아는 일이 학문이 깊은 탐구보다도 하나님에게 이르는 안전한 길이다. 그러나 학문이나 지식도 소홀히 해

                        1장  영적 생활을 위한 유익한 훈계

서는 안 된다. 그것들은 그것들대로 좋은 것이며, 하나님의 뜻에 의한 것이기 때문이다. 그렇지만 바른 양심과 덕이 있는 생활은 항상 그것들보다도 소중하다. 많은 사람들은 잘 사는 일보다도 지식을 쌓는 데 힘써서 그 때문에 이따금 지나치게 되어 일껏 이룬 지식으로부터 전혀 혹은 거의 좋은 결과를 얻지 못하게 된다.

5　논의할 때 정도의 열심히 악을 끊고 선을 쌓으려고 한다면 이 정도의 사회악, 이 정도의 수도생활의 해이를 보는 일은 없었을 것이다. 틀림없이 심판의 날에는 우리들이 무엇을 읽었는가보다는 무엇을 행하였느냐를 물을 것이다. 또 얼마나 훌륭하게 말했느냐가 아니라 얼마만큼의 신앙을 가지고 살아 왔느냐를 물을 것이다. 당신이 알고 있던 그 학자, 그 선생들은 살아 있을 때에는 그 학식으로 말미암아 잘 알려졌지만, 지금은 어디에 있을까? 그들의 지위에는 다른 사람이 앉았고, 그리하여 아마도 그들의 일을 생각해 내는 일도 없을 것이다. 살아 있는 동안에는 그들도 한몫을 하는 인물처럼 생각되었지만 지금은 벌써 그들의 일을 말하는 사람조차 없다.

6　이 세상의 영광은 얼마나 빨리 그 그림자가 지워지는지 알 수 없다. 그들의 생활이 그 학식에 어울리는 것이었더라면 그들의 독서도, 연구도 쓸모가 있었을 것이다. 그렇지만 하나님에게 봉사하는 일을 소홀히 하고, 헛된 학문을 좇았기 때문에 너무도 많은 사람들이 멸망을 받았다. 겸허하게 되기보다 위대한 것이 되려고 망상(妄想)을 좇아서 그로 인해 길을 잃고 헤매게 되었다. 커다란 사랑을 가진 사람이야말로 위대한 사람이다. 자기를 작은 것이라고 생

각하여 최고의 명예마저도 헛된 것이라고 생각하는 사람이야말로 정말로 위대한 사람이다. 그리스도를 받아들이기 위해서 지상의 것을 모두「흙덩어리」(빌립보서 3:8)라고 생각하는 사람이야말로 정말로 현명한 사람이다. 자기의 의지를 버리고 하나님의 뜻을 행하는 사람이야말로 정말로 지혜로운 사람이다.

     1장  영적 생활을 위한 유익한 훈계

# 신중하게 행동한다

1 어떠한 말도 경솔하게 믿어서는 아니 된다. 또한 충동에 따라서도 아니 된다. 오히려 신중하게, 사려 깊게 하나님의 뜻을 보면서 일을 꾀하지 않으면 안 된다. 아, 슬프게도 우리들은 실로 약한 것이다. 이웃 사람에 대해서도 좋은 일보다도 나쁜 일 쪽을 훨씬 더 믿고, 이야기하기가 일쑤다. 그러나 덕행을 지향하는 사람은 다른 사람의 말을 용이하게 믿으려들지 않는다. 인간이 얼마나 악에 기울어져 있어서 말을 실수하기 쉬운 약한 존재인가를 알고 있기 때문이다.

2 허둥지둥 일을 행하지 말고, 또한 자기의 의견을 완고하게 밀고 나가려고 하지 않는 것은 현명한 일이다. 타인의 말을 무엇이나 다 믿으려들지 말며, 들었거나 믿었던 일을 즉시 다른 사람의 귀에 넣어 주지 않는 것도 뛰어난 지혜이다. 지혜도 있고, 양심도 바른 사람과 상담하자. 그리하여 당신 자신의 의견에 따르기보다 당신보다 학문이 있는 사람에게 가르침을 받도록 힘쓰자. 좋은 생활은 하나님에 의한 지혜와 경험을 사람들에게 전수하는 일이다. 마음으로부터 겸허하게 되어 하나님에게 복종하면 복종할수록 사람은 만사에 있어서 지혜가 깊어져서 안정되게 마련이다.

# 성서를 읽는다

1 우리들은 성서 속에서 아름다운 말이 아니라 진리를 찾지 않으면 안 된다. 성서는 기록된 그 정신을 가지고 읽지 않으면 안 된다. 성서에서는 문장의 아름다움보다도 오히려 영혼의 이익을 찾지 않으면 안 된다. 꾸밈이 없는 신심서도 뛰어난 신비한 책을 읽는 것과 마찬가지로 읽어야 한다. 작자의 이름도, 문학적인 가치도 문제 삼지 말고, 다만 진리에 대한 사랑에 움직여서 읽어야 한다. 누가 그것을 썼는가를 문제 삼지 말고, 무엇을 말하고 있는가에 마음을 멈추어야 한다.

2 인간은 지나가 버린다. 그러나 「주의 진리는 영원히 머물러 있다」(시편 116:2). 하나님은 모든 사람을 사용하여 모든 방법으로 우리들에게 말을 걸어온다. 성서를 읽음에 있어서 단순히 읽고 지나쳐 버려야 할 곳을 깊이 탐구해서 논의하려고 하기 때문에 호기심의 방해를 받는다. 거기에서 유익한 것을 얻으려고 생각한다면 단순하고 겸손하게 신앙을 가지고 읽으며, 학자가 되려고 생각하지 말라. 깨끗한 생활을 하는 사람들에게 나아가서 물으며, 잠자코 그들의 말을 듣고, 노인들의 훈계도 물리쳐서는 아니 된다. 그들이 이야기하는 말에는 각각 근거가 있기 때문이다.

   1장  영적 생활을 위한 유익한 훈계

# 한없는
# 욕망

1    사람은 한없이 무엇을 바라서 곧 마음이 어지러워진다. 교만한 사람이나 비열한 사람은 편안함을 모른다. 마음이 가난하고, 겸손한 사람은 거기에 반해서 평화 속에 살고 있다. 하지만 자기의 욕망의 소리를 아직 지워버리지 못한 사람은 가끔 유혹을 받아서 작은 일에도 지고 만다. 마음이 약해서 육체의 무게에만 질질 끌려서 감각적인 것으로 기울어지기 쉬운 사람은 세속적인 집착으로부터 빠져나오기가 힘든 것이다. 그러므로 그것을 빠져나오려고 하면 우울하게 되어 무슨 반대라도 받으면 곧 화를 낸다.

2    그러나 바라던 것을 손에 넣으면 양심의 가책을 받아 자기를 몹시 책망하게 된다. 그 욕심은 바라고 있던 평화를 주지 않기 때문이다. 요컨대 마음의 평화는 욕망에 따르는 것이 아니라 거기에 저항하는 데에 있다. 육체의 소리를 듣는 사람, 밖의 일에만 좇아서 살아가고 있는 사람에게는 평화가 없고, 영적인 것을 좇아서 열심히 사는 사람에게만 평화가 있다.

# 헛된 자부심과 자만심을 피한다

1 이 세상의 것에 보다 더 의지하는 사람은 어리석은 사람이다. 예수 그리스도를 사랑하기 위해서 다른 사람에게 봉사하는 일이나, 또한 이 세상에서 가난한 사람이라고 생각되는 것을 부끄러워할 필요는 없다. 자기에게 보다 더 의지하지 말고, 하나님에게 보다 더 의지하자. 당신이 할 수 있는 만큼의 일을 하면 하나님은 당신의 좋은 소망을 도와주신다. 당신의 지식도, 타인의 지혜도 의지하지 말고, 오히려 겸허한 사람들을 도와드리고, 자만심을 가진 사람들을 거절하는 하나님의 지혜에 맡겨야 한다.

2 재산을 가지고, 유력한 친구들을 가지고 있더라도 그것을 자랑하지 말라. 차라리 모든 것을 주고, 그 위에 그 자신을 주도록 바라고 있는 하나님만을 자랑으로 삼자. 체격이 좋더라도, 얼굴이 아름답더라도 자만심을 가져서는 안 된다. 그러한 것들은 약간의 번뇌 때문에 보기 싫게 변해 버린다.
당신에게 수완이 있고, 재능이 있더라도 자만해서는 안 된다. 자만하면 당신이 가지고 있는 자연의 선물을 주신 하나님의 노여움을 사게 된다.

     1장  영적 생활을 위한 유익한 훈계

3    타인보다도 자기 쪽이 낫다고 생가하지 말라. 그렇게 생각하면 인
     간의 본심을 아는 하나님 앞에 설 때 누구보다도 나쁜 사람이라고
     일컬어지게 될 것이다. 자기의 선행에 자만심을 가져서는 아니 된
     다. 하나님의 심판은 인간의 심판과는 다르기 때문에 남들이 칭찬
     하는 일도 비난받는 일이 곧잘 있다. 무엇인가 좋은 점을 자기가
     가지고 있다면 다른 사람은 자기보다도 더 훌륭한 점을 가지고 있
     다고 생각하자. 그것은 한층 더 겸손해지기 위해서이다. 자기가
     누구보다도 뒤지고 있다고 생각하면 당신은 손해 볼 일이 없을 것
     이다. 그러나 자기가 누구보다 우수하다고 생각한다면 크게 손해
     를 본다는 생각이 들 것이다. 겸허한 사람에게는 끊임없이 평화가
     있지만 자만하는 사람의 마음은 분노와 질투로 자주 끓어오를 것
     이다.

# 함부로
# 친하지 말라

1 「누구에게나 마음을 털어놓지 말라」(외경 집회서 8:22). 다만 하나님에 대한 경외와 지식을 합쳐서 가지고 있는 사람의 의견을 듣는 것이 좋다. 당신보다도 젊은 사람이나, 관계가 없는 사람과의 교제를 삼가라. 부자에게 아첨하지 말라. 권력자의 앞에 나가고 싶어 하지 말라. 겸허한 사람, 단순한 사람, 깨끗한 사람, 경건한 사람과 사귀어서 하나님에게 마음을 바치는 유익한 일을 서로 이야기하라. 어떠한 부인과도 친하게 지내지 말라. 좋은 부인을 위해서 차별을 두지 말고 하나님에게 기도하라. 하나님과 그 천사들과 친해질 일만을 바라고, 그리고 사람들에게 알려질 일을 피하자.

2 누구에게라도 애덕을 갖지 않으면 안 되지만, 그렇다고 함부로 친할 필요는 없다. 알지 못하는 사람의 좋은 평판을 듣고, 떨어져 있을 동안 존경하고 있었지만, 막상 만나고 보면 불쾌한 생각을 갖게 되는 경우가 곧잘 있다. 또한 나와의 교제가 상대방에게도 마음에 들 것이라고 생각하고 있었는데, 이쪽의 태도가 좋지 않아서 상대방에게 부담이 되는 일도 종종 있다.

   1장  영적 생활을 위한 유익한 훈계

# 순종과 복종

1 윗사람에게 고분고분하게 따라서 생활하며, 자기가 생각나는 대로 움직이지 않는 것은 매우 훌륭한 일이다. 다른 사람 밑에 딸려 있는 것은 자기가 지배하는 것보다 안전하다. 많은 사람들은 사랑 때문이라고 하기보다는 할 수 없이 다른 사람에게 따르고 있다. 그래서 이러한 사람들은 복종을 부담으로 느껴서 불평을 늘어놓기가 일쑤다. 그들이 마음으로부터 하나님에 대한 사랑 때문에 복종하지 않는다면 마음의 자유는 얻을 수 없다. 당신이 여기저기 옮겨 다니더라도 윗사람에 대한 겸허한 복종 가운데에서만 평화를 발견하게 될 것이다. 조금 더 좋은 곳을 찾아내려고 장소를 옮겼다가 여지없이 배신당하는 사람들이 실로 많다.

2 사람은 자기의 생각에 안이하게 빠져들며, 자기와 마찬가지로 생각하는 사람 쪽으로 기울어지는 것이다. 그렇지만 하나님이 함께 있다면 우리들은 평화를 지니기 위해서 때때로 자기의 의견을 버려야 한다. 모든 것을 완전하게 다 알 정도의 지혜를 가진 사람이 어디 있겠는가? 그러므로 당신은 자기의 의견에 너무 구애되지 말고, 타인의 의견을 기꺼이 듣는 것이 좋다. 당신의 의견 쪽이 좋더라도 그것을 하나님을 위해서 버리고, 다른 사람의 의견에 따르면

당신은 그만큼의 영적인 효과를 받을 것이다.

3   다른 사람의 충고를 받는 것은 다른 사람에게 충고를 하는 것보다
안전하다고 곧잘 일컬어지고 있다. 자기의 의견도 다른 사람과 마
찬가지로 좋은 경우가 있다. 그렇지만 하물며 다른 사람의 의견이
도리에 맞고, 이유가 있는데도 거기에 따르지 않는다는 것은 교만
과 고집의 표시이다.

   1장  영적 생활을 위한 유익한 훈계

# 쓸데없는
# 말을 피한다

1   될 수 있는 한 다른 사람과 시끄러운 교제를 하지 말라. 좋은 의향
    으로 하더라도 너무 세상일에 관계하는 것은 마음을 소란하게 하
    는 원인이 된다. 우리들은 곧 세상의 허영에 더럽혀져서 그 노예가
    되고 만다. 나는 이렇다 저렇다 할 때에 잠자코 있었으면 좋겠다.
    그 사람과 사귀지 않았으면 좋았다고 생각될 때가 있다. 양심을 더
    럽히지 않고 입을 다무는 일은 좀처럼 없는데도 왜 우리들은 이처
    럼 이야기하거나, 교제를 하는 것일까? 우리들이 이처럼 기꺼이
    서로 이야기하는 것은 그 사귐에 의해서 서로 위로를 받고, 나날이
    번뇌하는데 지친 마음을 깨뜨려 버리고 싶기 때문이다. 그리하여
    우리들은 자기가 좋아하는 일, 바라고 있던 일, 또 그 희망에서 벗
    어나지 않는 일에 관해서 즐겨 이야기하거나, 생각하거나 하는 것
    이다.

2   그러나 유감스럽게도 추구해도 쓸데가 없었다. 효과가 없었다고
    느끼는 일이 많다. 외부로부터의 위로는 하나님으로부터 오는 내
    부적인 위로를 적잖이 손상시키는 것이다. 그러므로 시간을 낭비
    하지 않도록 경계하며, 기도하지 않으면 안 된다. 이야기가 허용

된 경우나, 이야기하는 편이 나은 경우에는 영혼에 유익한 일을 말하는 것이 좋다. 나쁜 습관과 덕행으로 향한 진보를 게을리 하는 것이 우리들을 수다쟁이로 끌고 가는 이유의 하나이다. 그 대신에 영적인 것에 관해서 경건한 이야기를 주고받는 것은 우리들의 영적 진보에 쓸모가 있다. 같은 마음으로 신심을 행하려고 하는 사람들과의 교제를 할 혜택을 받은 경우에는 특히 그러하다.

  1장 영적 생활을 위한 유익한 훈계

# 평화와 완덕으로
# 나아가는
# 열성을 얻는 방법

1 우리들이 타인의 말이나 행동, 또한 자기와 관계가 없는 일에 신경을 쓰지 않는다면 우리들은 깊은 평화를 알게 될 것이다. 타인의 문제에 서로 관계하여 밖으로부터의 기분풀이를 추구하고, 자기 속에 마음을 감추는 일이 극히 드물거나 혹은 아주 적은 사람이 어떻게 길게 평화롭게 살 수 있을 것인가? 단순한 사람들은 행복하다. 그들은 풍부하게 평화를 누릴 수 있기 때문이다.

2 어떻게 하여 성인들은 그처럼 완전하게 되고, 그처럼 묵상에 잠길 수가 있었을까? 그것은 그들이 지상적인 바람을 완전히 억제하려고 힘썼기 때문에, 또한 그렇게 행동했기 때문에 그들은 전심전력으로 하나님과 일치되려고 하고, 자기의 속마음에도 자유롭게 관여할 수 있게 되었다.
우리들은 자기의 욕망에 지나치게 속박당하고, 세속의 덧없는 일에 지나치게 신경을 쓴다. 우리들은 한 개의 악에조차도 좀처럼 이길 수 없다. 그리하여 나날이 완덕(完德)으로 나아가려고 하는 확고한 결심이 없기 때문에 언제나 냉담하고 미온적이다.

3 우리들이 자기 자신을 완전히 벗어 던져 버리고, 내부적인 어떠한 속박도 잘라서 버린다면 그때에는 하나님에 관한 일도 어느 정도 이해가 되고, 하나님을 향한 묵상도 맛볼 수 있을 것이다. 유일 최대의 방해는 욕망과 세속적인 바람에서 빠져나오지 못하고 성인의 완전한 길에 들어가려고 노력하지 않는 것이다. 하찮은 장애를 만나도 우리들은 약하게 낙담하고, 인간으로부터의 위로를 추구해 버린다.

4 용사처럼 싸우려고 노력한다면 하늘로부터 주의 도움이 반드시 온다. 우리들에게 승리를 얻게 하기 위해서 싸움의 기회를 주신 분은 그의 은혜에 의지하여 싸우는 사람을 도우려고 항상 기다리고 계신다. 우리들이 종교상의 의무를 표면상으로만 지키고, 게다가 거기에서 이익을 얻으려고 생각한다면 그 신심은 오래 계속되지 않을 것이다. 악의 근원을 도끼로 찍어 버리자. 그렇게 하면 욕망으로부터 해방되어 완전한 마음의 평화를 맛보게 될 것이다.

5 일 년에 한 개씩의 악이라도 끊어진다면 빠르게 완덕의 길로 나아가게 되리라. 그런데도 몇 해의 수도 생활을 거친 지금보다도 개심 (改心)했던 당시 쪽이 차라리 깨끗하고 선량했다는 생각이 든다. 우리들의 열성과 진보는 매일 증가해야 할 터이지만 일찍이 가졌던 그 열성을 일부분이라도 아직 유지하고 있다는 것조차도 대단한 일이라는 생각이 든다. 자기 자신에 대하여 처음에 거역하면 뒤에는 어떤 일이라도 부드럽게, 기쁘게 행할 수가 있다.

6 나쁜 습관을 끊어 버리는 것은 힘든 일이지만, 자기 자신의 의지를

  1장 영적 생활을 위한 유익한 훈계

끊임없이 거스른다는 것은 그것보다도 훨씬 더 힘든 일이다. 그렇지만 작은 곤란을 이기지 못하면 그보다도 더 큰 곤란을 어떻게 이겨 나갈 것인가? 당신이 결점을 처음부터 거역하여 손을 쓸 수 없게 되기에 앞서서 나쁜 습관을 빨리 제거하라. 생활을 자기가 잘 이끌어 나가면 얼마만큼의 평화가 있으며, 옆의 사람들을 어떻게 기쁘게 해 줄까 하는 것을 당신이 안다면 아, 당신은 영적 완덕으로 나아가기 위해서 일념으로 애쓰고 있다고 나는 생각한다.

# 환난(患難)의<br>이익

1   때때로 고통과 환난을 만나는 것은 우리들에게 있어서 좋은 일이다. 그때가 되면 자기가 이 세상을 방랑하는 인간이며, 그래서 이 세상의 어떤 것에도 의지할 수 없다고 절실히 반성하게 된다. 때때로 사람들로부터 반대당하고, 좋은 의향이나 행위가 오해를 받으며, 또한 충분히 이해되지 않는 것도 좋은 일이다. 그것은 우리들을 겸허하게 하고, 허영심으로부터 지키는 데 쓸모가 있기 때문이다. 우리들은 사람들로부터 경멸당하고, 악평을 받을 때에 양심의 내부적인 증인으로서 더욱 열심히 하나님을 추구하는 것이다.

2   사람은 인간들로부터 위로를 구할 필요를 느끼지 않을 만큼 강하게 하나님 속으로 뿌리를 뻗지 않으면 안 된다. 선의의 사람은 괴롭힘을 당하고, 유혹을 받고, 사악한 생각으로 번뇌하게 될 때 먼저 하나님에게 의지할 필요를 통감하며, 하나님의 도움 없이는 어떤 선도 행할 수 없다는 사실을 깨닫는다. 그때야말로 슬픔, 탄식, 지금 소리 없이 찾아오고 있는 불행을 생각하여 기도한다. 또한 그때 이제는 이 이상 살면서 뜻을 이루는 것을 고통스럽다고 느껴(고린도후서 1:8) 육체의 속박을 끊고, 그리스도와 같이 살기 위해서(빌립

                                  1장  영적 생활을 위한 유익한 훈계

보서 1:23) 죽음이 오기를 기다린다. 또 그때 완전한 평안과 충실한
평화는 이 세상에는 없다는 것을 확실하게 알게 된다.

# 유혹에
# 저항한다

1 이 세상에 살아 있는 한 우리들에게는 언제나 환난과 유혹이 귀찮게 따라다닌다. 그러므로 욥기에는 「인간의 이 세상에서의 생활은 부단한 유혹이다」(욥기 7:1)라고 기록되어 있다. 어떤 사람이라도 자기에게 따라다니는 유혹에 정신이 팔려서 잠자지 않고 「먹어 치울 것을 찾으면서 돌아다닌다」(베드로전서 5:8). 악마의 기습을 당하지 않도록 「기도하면서」(베드로전서 4:7) 경계하지 않으면 안 된다.
조금이라도 유혹을 받지 않을 만큼 완전하고 깨끗한 사람은 없으며, 우리들은 유혹을 완전히 피할 수도 없다.

2 유혹은 괴롭고, 또한 귀찮은 일이기는 하지만 때로는 사람들에게 쓸모가 있다. 그것에 의해서 그 사람은 겸허해지고, 깨끗해지며, 가르침을 받는다. 모든 성인은 유혹과 환난을 통하여 완덕에 달했으며, 반대로 유혹에 저항하지 않았던 사람들은 악에 떨어져서 멸망되어 버렸다. 유혹이나 환난을 조금도 받지 않을 만큼 깨끗한 수도회도 없으며, 그것으로부터 격리된 장소도 없다.

3 살아 있는 한 완전히 유혹을 피할 수는 없다. 우리들은 죄 속에서

   

태어나서 죄의 근원을 집 안에 가지고 있기 때문이다. 하나의 유혹, 혹은 시련이 지나가 버리면 다른 또 하나가 온다. 우리들은 언제나 무엇엔가 괴로움을 당하지 않으면 안 된다. 우리들은 원래의 행복을 잃어버리고 있기 때문이다. 사람들은 유혹을 피하려고 하지만 도리어 거기에 깊이 빠져 버린다. 도망가는 것만으로 이긴다고 단정할 수는 없다. 용감하게 참고 견디며, 마음속으로 겸손하게 됨으로써 항상 적보다도 강자의 위치에 설 필요가 있다.

4 근본을 뽑아내지 않고, 밖으로만 잘되려고 한다면 덕으로 진보하는 일은 적고, 곧 또다시 훨씬 더 강한 유혹을 전보다 더 격심하게 느낄 것이다. 자기의 힘만을 의지하여 고집스럽게 싸우지 말고, 하나님의 도움에 의지하여 부단한 인내와 끈기를 가지고 서서히 행동한다면 보다 더 용이하게 유혹을 이길 수 있을 것이다. 유혹에 마주쳤을 때는 때때로 좋은 사람들의 의견을 구하자. 그리고 유혹 받고 있는 사람에게 모질게 대하지 말고, 오히려 당신 자신이 그렇게 받고 싶어 했던 것처럼 위로를 해 주자.

5 유혹의 근원은 우리들 마음의 변덕스러움과 하나님에 대한 신뢰의 부족에 있다. 키가 없는 배가 여기저기로 물결에 농락당하는 것처럼 마음이 약하여 결심을 바꾸기 쉬운 사람은 여러 가지 유혹으로 괴롭힘을 당한다. 「불은 철(鐵)을 시험한다」(외경 집회서 31:31). 유혹은 의인을 시험해 본다. 우리들은 자기 자신의 역량을 잘 알 수 없지만, 유혹은 우리들의 진가를 알려 준다. 그러므로 유혹이 시작될 때에는 특히 경계하지 않으면 안 된다. 적이 마음의 문으로 들어오는 것을 허용하지 말고, 적이 문을 두드리면 즉시 나가서 문밖

으로 밀어내면 용이하게 적에게 이길 수 있다. 어떤 시인도 이렇게 말했다. 「병에는 처음부터 저항한다. 꾸물대다가 병의 뿌리가 만연해 버리면 약으로써는 이미 늦다」고. 처음에 저항하지 않으면 금지된 어떤 일이 머리에 떠올라서 다음에는 강하게 상상력을 작동시키고, 그리하여 감각이 쾌락을 느껴 정욕이 되어서 드디어는 유혹을 승낙해 버린다. 애초에 저항하지 않으면 나쁜 적이 점차로 모든 것을 점령해 버린다. 저항을 게을리 하면 게을리 할수록 그 사람은 나날이 약하게 되고, 적은 거기에 따라서 강하게 된다.

6   어떤 사람은 개심하기 시작했을 때 강한 유혹을 느끼고, 또 어떤 사람은 개심을 완수하려는 직전에 유혹과 마주쳤으며, 또 어떤 사람은 거의 일생 동안 그것에 괴롭힘을 당한다. 또한 인간의 신분과 공적을 헤아려서 선택한 자의 구원을 위해서 모든 것을 봐주는 하나님의 섭리의 지혜와 정의에 의해서 개중에는 아주 가벼운 유혹만을 느끼는 사람들도 있다. 그러므로 우리들은 유혹을 받았을 때 낙담해서는 안 된다. 시련을 당했을 때 도와주십시오 하고 열심히 하나님에게 애원하지 않으면 안 된다. 성바울도 그렇게 가르치고 있다(고린도전서 10:13). 「하나님은 유혹과 동시에 그것에 이길 힘을 주신다.」이것은 확실하다. 시련과 유혹에 마주쳤을 때 하나님의 취지 앞에 마음을 겸손하게 갖는다. 하나님은 겸허한 사람은 구원하고, 높여 주시기 때문이다(베드로전서 5:6, 시편 33:19). 완덕의 길에 얼마만큼 나아갔는가 하는 것은 유혹과 시련의 때에 알 수 있다. 그때에 그 사람의 공덕이 나타나고, 덕이 더욱더 빛나게 된다. 시련을 만나지 않았을 때 열심히 신심 생활을 하더라도 그것은 대수로운 일이 아니다. 그러나 시련 때 힘차게 견뎌 내면 그 사람은 크게 덕

으로 나아가려는 소망을 가진 사람이다. 어떤 사람은 커다란 시련을 이겼는데도 나날의 자잘한 시련에 지고 있다. 그런 경우에도 작은 것에 진 사람이 큰 것에 이겼다고 자만하지 않도록 겸손해져야 한다.

# 곡해(曲解)를
# 피한다

1 다른 사람을 심판하지 말고, 자기를 뒤돌아보자. 다른 사람을 심판하는 것은 쓸데없는 일이며, 그릇되는 일이 많고, 죄에 빠지는 일도 많다. 그러나 자기 자신을 심판하는 것은 언제나 유익한 일이다. 우리들은 호오(好惡)의 감정에 의해서 일을 결정하기 때문이다. 자애심에 눈이 어두워 바르게 시비를 가릴 자유를 잃어버린다. 하나님이 언제나 우리들의 소망의 대상이라면 자기 생각에 타인이 반대하더라도 그처럼 마음이 어지러워질 일은 없을 것이다.

2 그러나 왕왕 우리들을 좌우하는 것이 속에 숨겨져 있거나, 밖으로부터 오는 일이 있다. 은근히 의식하지 않고 자기의 이익만을 도모하여 일을 행하고 있는 사람이 많다. 이런 사람들은 일이 생각대로 진행되고 있는 동안에는 평화롭게 살고 있는 것처럼 보인다. 그러나 생각대로 진행되지 않게 되면 곧 당황하며 슬퍼한다. 우인(友人), 같은 나라 사람, 수도자, 신앙자 사이에서도 곧잘 불화가 생기는 것은 그 감정과 의견의 상위(相違) 때문이다.

3 오랫동안의 습관을 버리는 것은 꽤 어렵다. 또한 누구도 자기와 다

　　　　　　　　　　　1장  영적 생활을 위한 유익한 훈계

른 의견을 강요당하는 것을 좋아하지 않는다. 만약에 당신이 어떤 사람이라도 승낙하지 않으면 안 될 예수 그리스도의 가르침보다도 당신 자신의 생각과 수완에 고집스럽게 무게를 두면 당신은 아주 드물게, 또한 긴 세월 후에나 영(靈)의 빛에 비춰질 것이다. 하나님은 우리들이 완전히 복종하며, 하나님에 대한 사랑을 위해서 인간적인 사고방식을 초월하기를 바라고 계신다.

# 애덕을 위해서 행동한다

1  어떤 일이든, 어떤 인간적인 사랑을 위해서든 악을 행하는 일은 용서하지 않는다. 그러나 우리들의 도움을 기다리고 있는 사람을 위해서 때로는 관용의 마음을 가지고 선행을 중지하는 일도 있거니와 또한 그 이상의 선행으로 바꾸는 일도 있다. 그 때문에 먼저의 선행을 잃어버리는 것이 아니라 보다 더 훌륭한 선행으로 바뀌는 것이다. 애덕(愛德)이 없으면 외부적인 어떤 선행도 쓸모가 없지만, 애덕을 위해서 하는 일은 아무리 취하기에 부족한 일도 커다란 효과가 있는 것으로 된다. 하나님은 행위 그 자체보다도 의향의 여하를 중시한다.

2  많이 사랑하는 사람의 행위는 풍성하게 열매를 맺는다. 잘 행하는 사람은 많이 행하는 사람이다. 자기를 위해서보다도 단체를 위해서 봉사하는 사람은 잘 행하는 사람이다. 또한 무엇을 할 경우에 애덕에서 나온 것처럼 보이더라도 탐욕에서 나온 경우가 때때로 있다. 자기의 성질, 자기의 의지, 보수를 위한, 또한 안락에의 집착이 인간의 행위에 들어가 있지 않는 일이 좀처럼 없다.

     

3    하지만 완전한 애덕의 사람은 어떤 경우에도 자기 자신의 것을 구
     하지 않고, 모든 경우에 하나님의 영광이 나타나기만을 바라고 있
     다. 그런 사람은 누구에게도 질투하려고 하지 않는다. 그는 자기
     혼자만의 즐거움을 구하지 않고, 오히려 어떤 즐거움보다도 하나
     님에게 있어서 다행하게 될 일을 바란다. 그런 사람은 어떤 선도
     인간에게 돌리지 않고, 모든 것을 하나님에게 돌린다. 샘의 원천
     처럼 모든 것은 하나님으로부터 솟아나온다. 성인들은 목적을 하
     나님에게 두고, 완전한 평화를 맛보고 있다. 진짜 애덕의 불꽃을
     하나라도 가지고 있는 사람은 지상의 어떤 것도 덧없는 것이라고
     깨닫게 될 것이다.

# 타인의 결점을
# 참고 견딘다

다윗이 사울의 옷자락을 베었다(사무엘상 24:4).

1 하나님의 뜻이 있기까지 사람은 자기와 다른 사람의 결점을 참아 내지 않으면 안 된다. 그것은 당신을 시험하고, 또한 관용케 하기 위한 좋은 방법으로서 그것이 없으면 우리들의 공덕에는 대수로운 가치가 없다고 생각하자. 또한 그런 경우에는 하나님의 도움에 의해서 당신이 그것을 기분 좋게 참아 낼 수 있도록 잘 기도하지 않으면 안 된다.

　　　　　　　　　　1장  영적 생활을 위한 유익한 훈계

2 어떤 사람에게 재차 주의시켜도 반성하지 않으면 말다툼하지 말라. 악을 선으로 바꿀 수 있는 하나님에게 모든 것을 맡기자. 그것은 하나님의 종 가운데 그 뜻과 영광이 나타나기 때문이다. 다른 사람의 결점이나 단점을 끈기 있게 참고 견디도록 힘쓰자. 당신에게도 다른 사람이 참아 내지 않으면 안 될 많은 결점이 있다. 자기로서도 자기를 생각대로 할 수가 없는데 어떻게 타인을 당신 생각대로 할 수가 있겠는가? 우리들은 타인이 완전해지기를 바라며, 그러나 자기 자신의 결점을 고치려고는 하지 않는다.

3 우리들은 타인이 엄하게 훈계를 받는 것을 바라지만, 그러나 자기가 훈계를 받는 것은 바라지 않는다. 타인이 충분히 자유롭게 행동하는 것은 한탄하지만, 그러나 자기의 요구가 거부되는 것은 바라지 않는다. 많은 규칙에 의해서 타인이 속박되는 것은 바라지만, 그러나 자기의 자유가 속박되는 것은 참지 못한다. 그것은 타인을 자기와 같은 저울로 다는 것이 얼마나 어려운가 하는 것을 증명해 준다. 모두가 완덕에 달한다면 하나님의 사랑 때문에 타인을 참고 견디는 일은 없어질 것이다.

4 그러나 하나님은 「서로 무거운 짐을 참고 견딜」(갈라디아 6:2) 것을 우리들에게 익숙하게 하기 위해서 그렇게 정해 놓았다. 누구 한 사람도 결점이 없는 사람, 무거운 짐이 없는 사람, 자기에게 만족하고 있는 사람, 자기의 지식에 부족을 느끼고 있지 않는 사람은 없다. 우리들은 서로 참고, 서로 위로하고, 서로 돕고, 서로 가르치고, 서로 훈계하지 않으면 안 된다. 따라서 사람의 덕은 역경에 이르렀을 때에 한층 더 잘 알 수 있다. 덕을 베푸는 기회가 사람을 심약하게

는 하지 않는다. 오히려 그것은 그 사람의 사람됨을 나타내는 계기
가 된다.

　　　　　　　　　　　　　　　　　　

# 수도 생활

1    다른 사람과 평화스럽고 사이좋게 생활하고 싶다면 자기의 마음을 억제하는 데 익숙해지지 않으면 안 된다. 수도원이나 수도회 안에서 불평도 없이 죽을 때까지 충실하게 생활하는 것이 결코 작은 일은 아니다. 거기서 좋은 생활을 보내고, 편안하게 최후의 눈을 감는 사람은 행복하다. 만약에 당신이 수도원에서 하지 않으면 안 될 일을 완수하고, 덕의 진보를 노리고 싶다고 생각한다면 자기는 이 속으로 망명해 온 여행자라고 생각하자. 당신이 진실로 수도 생활을 하고 싶다면 그리스도의 사랑을 위해서 어리석은 사람이 되

지 않으면 안 된다.


2  수도복과 삭발은 크게 쓸모가 있는 것이 아니다. 진정한 수도자를 만드는 것은 생활을 근본적으로 고치는 것과 탐욕을 억제하는 것이다. 그런 가운데서 하나님과 자기의 구원 이외의 어떤 것을 추구하려고 한다면 환난과 고통 이외의 어떤 것도 발견하지 못할 것이다. 또한 모든 사람들이 꼴찌가 되어서 모두에게 복종하려고 힘쓰지 않는 사람은 오래도록 평화롭게 생활하지는 못할 것이다.


3  당신이 수도 생활에 들어간 것은 명령하기 위해서가 아니라 봉사하기 위해서다. 당신은 게으름을 피우며 잡담을 하기 위해서가 아니라 괴로워하고, 그리고 일하기 위해서 불려 나간 것이다. 거기에서는 솥 속의 황금(집회서 27:6)처럼 인간이 시험을 받고, 하나님을 향한 사랑을 위해서 마음의 밑바닥에서부터 겸손해지려고 하는 사람 이외에는 누구 한 사람도 생활을 이어 나갈 수가 없다.


   1장  영적 생활을 위한 유익한 훈계

# 교부(敎父)들의
# 모범

1   수도 생활의 덕행을 빛낸 교부들의 모범을 생각하자. 그 반면에 우리들이 하는 일이 얼마나 작고, 무와 같은 정도의 것인가를 생각하자. 그들에 비교하면 우리들은 얼마나 보잘것없는 것일까! 성인들과 그리스도의 친구들은 굶주림과 목마름, 추위에 얇은 옷, 노동과 노고, 철야와 단식, 기도와 묵상, 박해와 모욕 가운데서 주를 섬겼다.

2   사도, 순교자, 고해 신부, 동정자(童貞者), 또한 그리스도의 뒤를 밟는 사람들은 얼마만큼의 환난을 참고 견뎠을까? 그들은 영혼을 영원히 간직하기 위해서 이 세상에 있어서의 잡다한 일들을 미워했다. 교부들은 사막과 같은 곳에서 얼마나 엄격한 희생 생활을 보냈는지 모른다. 얼마만큼 오래도록 유혹을 참아 냈으며, 악마에 시달리고, 얼마나 열심히 부단한 기도를 하나님에게 올렸는지 모른다. 엄격한 단식을 행하고, 영적인 완성에 대하여 얼마만큼의 열의를 가지고 힘써 왔는지도 모른다. 탐욕을 억제하기 위해서 격렬하게 싸우고, 하나님 앞에서는 순수하고, 바른 의향을 가지고 있었다. 낮에는 일하고, 밤에는 긴 기도 속에서 지냈으며, 일하고 있을 때에도 내적인 기도를 결코 중지하지 않았다.

3  그들은 시간을 유효하게 사용했다. 하나님과 지내는 시간은 아무
리 길어도 짧다고 생각하고, 묵상의 감미로움을 맛보며, 신체를
요양할 필요조차도 잊어버렸다. 그들은 재산, 지위, 명예, 우인,
친척 등을 버리고, 세상의 사정들은 일체 희망하지 않았으며, 가
능한 한 생활에 필요한 것만을 취득했다. 그러면서도 육체를 돌보
아야만 하는 일들을 한탄했다.

4  그들은 지상의 것에는 가난했지만, 그러나 하나님의 은혜와 덕에
있어서는 부유했다. 물질생활은 언제나 결핍되어 있었지만, 내부
에서는 하나님의 위로와 은혜로써 길러져 있었다. 세상으로부터
는 먼 존재였지만, 그러나 하나님에게는 가깝고, 하나님의 친한
친구였다. 자기를 무가치한 것이라고 생각하고, 자기는 이 세상에
서는 천한 인간이라고 생각하고 있었으나 하나님 앞에서는 사랑
받는 고귀한 존재였다.
그들은 진실한 겸손에 의지하여 단순하게 복종의 생활을 하였으
며, 사랑과 인내의 길을 걸었다. 그 때문에 날로 덕으로 나아가서
하나님 앞에 커다란 공덕을 쌓았다. 그들은 모든 수도자의 모범이
되었다. 우리들은 수많은 냉담한 사람들의 전철을 밟아서 정신을
느슨하게 하기보다는 성인들의 모범에 의지하여 완전한 덕을 이
룩하기 위해서 힘쓰지 않으면 안 된다.

5  수도회 창립 당시의 수도자들은 얼마나 열심히 노력하였으며, 또
기도할 때는 얼마나 경건하게 하였을까? 덕에 있어서 얼마만큼
진보를 노렸던 것일까? 바른 규율을 지키고, 창립자의 지도에 따
랐으며, 그를 존경하고 순종했다. 지금도 남아 있는 기록에는 용

                    1장  영적 생활을 위한 유익한 훈계

감하게 싸워서 세상을 짓밟았다고 하는 사람들이 진실로 완전한 성인이었다는 사실을 이야기해 주고 있다. 그렇지만 지금에 와서는 회헌(會憲)을 깨뜨리지 않은 사람이라든가 자기가 자진해서 선택한 규율을 인내하는 사람이 위대한 사람으로 꼽힐 정도의 모양새이다.

6   아, 우리들은 얼마나 미온적이며, 게으름뱅이의 인간들일까? 이렇게도 빨리 당초의 열성을 잊어버렸단 말인가? 마음이 지치고, 일찍이 가졌던 열성이 식어 가고 있으므로 살아가는 일조차 무거운 짐으로 느껴지는 것이 아닐까? 오, 자주 성스러운 사람들의 모범을 보아 온 당신 속에서 덕으로 나아가려는 희망이 제발 사라져 버리지 않도록!

# 좋은
# 수도자의 수행

1 좋은 수도자의 수행에는 모든 것에 덕이 수반하지 않으면 안 된다. 내부도 외부에 나타나 보이는 것처럼 같아야 한다. 아니 오히려 내부의 덕행이 외부에 나타나 보이는 것 이상으로 훌륭한 것이어야 한다. 우리들을 보고 심판하는 것은 하나님이다. 우리들은 어떤 곳에 있더라도 하나님을 공경하고, 천사처럼 깨끗하게 하나님 앞에서만 행동해야 한다. 매일 결심을 새롭게 하고, 오늘을 개심의 최초의 날로 여겨 분기(奮起)하지 않으면 안 된다. 그러기 위해서는 이렇게 기도하는 것이 좋다. 「하나님이신 주여, 좋은 결심과 당신으로 향한 성스러운 봉사를 할 수 있도록 나를 도와주십시오. 오늘까지는 무엇 하나도 되지 않았지만, 오늘부터는 덕행으로 향해서 걸어가게 해 주십시오.」

2 덕의 진보는 우리들의 결심 여하에 달려 있다. 정말로 완덕으로 나아가려고 하는 사람은 부단히 힘쓰지 않으면 안 된다. 굳은 결심을 세운 사람마저도 게으름을 피우기 쉬운데, 아주 드물게, 그것도 약한 결심밖에 세우지 못한 사람은 어떠할까? 결심을 게을리 하는 데는 여러 가지 이유가 있겠지만, 수행을 아주 조금만 게을리 하더

    1장  영적 생활을 위한 유익한 훈계

라도 그 손해를 보게 마련이다. 바른 사람은 자기의 좋아함과 미워함에 상관없이 하나님의 은총에 입각해서 결심을 세우고 무슨 일을 시작할 때에도 항상 하나님에게 신뢰한다. 인간은 여러 가지 일을 기도(企圖)하지만 조처하는 것은 하나님이다. 또한 사람이 어떠한 길을 가고자 하더라도 그 사람의 자유대로 되지는 않는다.

3    때로는 신심을 위해서, 또한 다른 사람의 이익을 생각해서 평상시의 수행을 중지하는 일이 있다. 그렇지만 그럴 경우에는 뒤에 가서 그것을 보충하는 데 큰 곤란이 없다. 그러나 권태라든가 태만 때문에 수행을 그만두는 일이 있으면 그것은 작지 않은 죄이며, 멀지 않아 그 해를 느끼게 될 것이다. 될 수 있으면 그런 일이 없도록 힘쓰자. 그러나 우리들은 아무리 노력하더라도 과실을 범하기 쉽다. 언제나 무엇인가 확실한 결심을 세우도록 하라. 특히 자기가 완덕의 길에서 멀어지려는 결점에 대해서 잘 반성하고, 자기의 행동과 생각을 완덕을 이루는 쪽으로 이끌어 나가야 한다. 이러한 노력들은 우리들의 영적 진보에 관계가 있다.

4    끊임없이 이 일에 몰두할 수 없다면 하다못해 때때로 적어도 하루에 두 번 아침과 저녁에 그것을 행하고, 아침에 결심을 세워서 저녁때에 양심껏 말, 행동, 생각에 있어서 어떠했는가를 조사해 보자. 당신은 아마도 몇 번이나 그러한 일들로 하나님과 이웃 사람들을 모욕했음에 틀림이 없다. 악마의 이빨에 대하여 용사와 같이 무장을 하자. 음식을 절약하자. 그렇게 하면 다른 탐욕을 훨씬 더 용이하게 억제할 수 있을 것이다. 아무것도 하지 않고 있는 일이 없도록 하자. 읽고, 쓰고, 기도하고, 묵상하고, 그것도 모두를 위한

일을 무엇이든 행하라. 그러나 몸의 고행은 신중하게 행해야 하며, 누구라도 같은 일을 해도 좋다는 뜻은 아니다.

5  공동으로 하지 않은 수행은 밖으로 과시해서는 안 된다. 개인으로서의 수행은 은밀하게 행하는 쪽이 안전하다. 공동의 수행을 싫어하고, 자기 한 사람의 수행에 열중하는 것은 피해야만 한다. 오히려 명령받은 의무를 충실하게 해낸 다음에 시간이 있으면 자기 한 사람의 신심을 행하여도 좋다. 같은 수행이 누구에게라도 적당하다고는 말할 수 없다. 이 사람에게는 저것, 저 사람에게는 이러한 것 따위의 수행이 쓸모가 있다. 또한 계절 계절에 따라서 수행을 바꾸는 것도 좋다. 어떤 수행은 축일(祝日)에, 어떤 수행은 평일에 하는 편이 좋다. 유혹을 받았을 대에 필요한 수행도 있고, 평화롭고 무사한 때에 필요한 수행도 있다. 슬플 때에 적합한 생각도 있고, 주님으로 말미암아 기뻐할 때에 적합한 생각도 있다.

6  한 해의 주된 축일 무렵에는 어떠한 수행을 새로이 하여 성인의 영접을 열심히 기원하지 않으면 안 된다. 축일로부터 축일까지의 사이에는 좋은 결심을 세워서 이 세상을 버리고 영원한 축일로 가는 것처럼 마음의 준비를 하자. 그러므로 특별한 수행의 계절에는 한층 힘써서 영적인 준비를 하고, 한층 경건하게 생활하지 않으며 안 된다. 또한 우리들의 노고의 보답을 주님으로부터 받는 전날처럼 회헌을 다시 엄격하게 지키지 않으면 안 된다.

7  그 보답의 때가 연기되면 우리들은 아직 충분히 준비가 되지 않아서 정해진 때에 「우리들에게 나타내질」(로마서 8:18) 그 영광에 적합하

　　　　　　　　　1장  영적 생활을 위한 유익한 훈계

지 않은 것이라고 생각하여 주어진 기간을 이용하여 보다 더 잘 죽음의 날에 대비하지 않으면 안 된다. 복음사가(福音史家) 누가는 말하고 있다. 「주인이 왔을 때에 깨어 있음을 보여 주는 종은 행복하다. 진실로 나는 말한다. 주인은 모든 소유물을 그에게 관장하도록 할 것이다.」(누가복음 12:37, 44).

# 고독과 침묵을
사랑한다

1   자기를 반성하기 위한 적당한 시간을 만들어 하나님으로부터 받은 은혜를 가끔 생각하자. 신기한 것으로부터 마음을 떠나게 하자. 머리를 피로하게 하는 문제가 아니라 마음으로 열심히 하는 문제를 연마하자. 당신이 쓸데없는 회화나, 소용이 없는 교제를 피하고, 진기한 것이나 소문을 들으려고 하지 않는다면 묵상에 몰두할 충분한 시간이 있을 것이다. 위대한 성인들은 힘써서 교제를 피하고, 숨어서 하나님을 모시는 일을 기쁨으로 삼는 사람들이다.

2   어떤 슬기로운 사람이 말했다. 「나는 사람들과 사귐으로써 인간으로서의 손해를 보았다.」(세네카 서한 7:3) 우리들도 때때로 오랜 잡담을 한 뒤에 그것을 통감한다. 전혀 말하지 않는 것은 도를 넘지 않고 말하는 것보다도 훨씬 쉽다. 집에서 은밀하게 사는 것은 밖에서 자기를 안전하게 지키는 것보다 더욱 쉽다. 그러므로 영적인 일에 있어서 진보하고 싶다고 하는 사람은 예수의 모범을 본받아서 군중으로부터 떨어져야 한다. 기꺼이 숨은 생활을 보내고자 하는 사람이라면 밖으로 나가더라도 안전하다. 기꺼이 침묵을 지키려고 하는 사람이라면 말을 하여도 안전하다. 복종을 잘 배운 사람이라면

                        1장  영적 생활을 위한 유익한 훈계

누구보다도 안전하게 사람들에게 명령을 내릴 수가 있을 것이다.

3 마음속에서 양심의 소리를 듣는 사람 이외에 안심하고 기뻐할 수 있는 사람은 없다. 그러나 성인들의 안심은 항상 하나님을 향한 외경을 함께 지니고 있었다. 그들은 완덕과 하나님의 은혜로 빛나고 있어도 더욱 그 이상의 선행을 하고, 겸손을 기르는 노력을 잊지는 않았다. 반대로 악인의 안심은 오만과 자부심에서 나오는 것으로서 결국은 그들에게 손해가 되었다. 자기가 '좋은 수도자다, 경건한 은둔자다'라고 생각하고 있어도 이 세상에 있는 동안은 자기 자신에게 완전히 안심할 수는 없는 것이다.

4 뛰어난 사람이라고 평판 받고 있는 사람이 자기 자신을 지나치게 과신하므로 멸망의 위기에 빠지는 일도 있다. 그러므로 많은 사람들에게 있어서는 아무런 유혹도 느끼지 못하는 것보다도 때때로 유혹에 부닥치는 편이 유익이 된다. 자기는 안전하다고 과신하지 않도록, 뽐내지 않도록, 또한 외부의 위로에 조심성 없이 빠지지 않기 위해서는 아, 덧없는 기쁨을 추구하지 말자. 세상의 일에 관계하지 않는 사람이 있다면 그는 얼마나 순수한 양심을 가진 사람일까? 쓸모없는 걱정을 끊고, 구원받는 일, 하나님의 일만을 생각하며, 모든 신뢰를 하나님에게 거는 사람이 있다면 그는 얼마나 평화와 조용함을 지닌 사람일까?

5 마음으로부터 순수한 통회를 일으키자고 일심으로 힘쓰지 않으면 누구도 하늘의 위로를 받을 가치가 없다. 당신이 마음으로부터 통회하려고 생각한다면 방으로 물러나서 시끌시끌한 세상을 피하

자. 「당신은 조용한 방 안에서 통회를 한다」(시편 4:4)고 기록되어 있
다. 방안에서 하나님을 생각할 때에 당신은 밖에서 때때로 잃어버
린 사항들을 발견하게 될 것이다. 즐겁게 오래 지내면 지낼수록 방
안은 즐거운 곳이 된다. 그러나 방 안을 자주 비우면 자연히 그곳
을 혐오하게 된다. 개심의 처음부터 즐겁게 방에서 지내게 되면 뒤
에 가서 그 곳은 당신의 그리운 친구가 되고 가장 유쾌하게 위로를
받는 장소가 될 것이다.

6   침묵과 정적(靜寂) 가운데서 경건한 영혼은 덕으로 전진하고, 성서
의 오의(奧義)를 배운다. 그는 자신을 씻어서 깨끗하게 하기 위해서
이 방에서 매일 밤 눈물을 흘릴 것이다. 시끌시끌한 세상에서 떨
어지면 떨어질수록 창조주에게 친근하게 다가갈 수가 있다. 지인,
우인으로부터 떨어지는 사람에게 하나님은 그의 천사를 데리고
다가와 주신다. 영적인 선을 소홀히 하고 기적을 행하기보다 숨은
생활 속에서 자기의 영혼을 지키는 편이 좋다. 수도자로서는 가끔
가다가 하는 외출도 삼가서 사람들에게 보이는 것을 피하고, 또한
사람들을 보는 것조차도 기피하는 것이 바람직하다.

7   어째서 가져서는 안 될 것을 보려고 하는 것일까? 「세상은 지나가
버린다. 동시에 세상적인 욕망도」(요한일서 2:17). 관능의 쾌락에 끌
려서 사람들은 외출의 유혹을 받는다. 그렇지만 그때가 지나가 버
리면 무거운 양심과 산만한 마음 이외에 무엇을 받을 수가 있겠는
가? 즐거운 외출은 슬픈 귀로로 되는 수가 많다. 밤의 즐거운 환담
은 슬픈 아침을 맞이한다. 관능의 쾌락은 달콤하게 숨어들었다가
마지막에 그 사람을 물어 죽인다.

                                             

다른 곳에서 보고 싶은 것은 여기서도 볼 수 있는 게 아닌가? 천지와 그 모든 것을 보자. 그것에 의해서 다른 모든 것이 성립되어 있다. 영구히 존속되는 것을 이 세상의 어디에서 발견할 수 있을 것인가? 보고 맛보면 만족할 것이라고 아마 당신은 생각할지 모르지만 실은 그러하지 아니하다. 가령 한 번 죽 훑어봐서 전우주가 보인다 하더라고 그것은 덧없는 환영(幻影) 이외의 무엇이겠는가? 눈을 들어서 높이 하나님을 우러러보고 당신의 죄와 부주의를 용서해 달라고 기도하라. 덧없는 사항은 덧없는 사람들에게 맡기자. 그리고 당신은 하나님으로부터 명령받은 일에 일심으로 힘쓰자. 당신의 뒷문을 닫고. 사랑하는 예수를 당신 곁에 초대하여 당신의 방 안에서 예수와 함께 머무르자. 다른 어떤 곳에서도 그처럼 평화로운 곳을 발견할 수 없을 것이다. 당신이 외출하지 않고, 세상의 소리에 귀를 기울이지 않는다면 더욱 맑은 평화를 지니게 될 것이다. 때때로 새로운 것을 듣고 싶어 하는 생각만으로도 마음을 어지럽힌다고 하는 사실을 잊지 말라.

# 회개(悔改)

1 　덕으로 진보하려고 생각한다면 하나님에 대한 외경을 지키고, 과
도한 자유를 피하며, 오감(五感)을 억제하여 무턱대고 미칠 듯이 기
뻐하지 말라. 뉘우치는 마음을 일으켜라. 그렇게 하면 열성이 일어
난다. 회개는 많은 선을 가져오지만, 어지러운 생활은 곧 그 선을
잃게 한다. 인간은 흘러가게 되어 있는 몸이며, 영혼 또한 여러 가
지 위험에 노출되어 있으니 우리들이 이 세상에서 기쁨에 넘치는
생활을 할 수 있을 것이라고 생각하는 것은 틀린 생각이라고 해도
좋다.

2 　우리들의 마음은 천박하므로 결점을 고치려고 명심하고 있지 않

　　　　　　　　　　　　　　1장　영적 생활을 위한 유익한 훈계

으면 영혼이 손상되는 데 대하여 둔감한 것이다. 그리하여 울지 않으면 안 될 때에 어리석게도 웃어 버린다. 진실한 자유와 바른 기쁨은 순수한 양심과 하나님에 대한 외경에 있다. 자기의 마음을 어지럽히는 원인을 멀리하고, 회개에 전심(專心)하는 사람은 행복하다. 자기의 양심을 더럽히고, 또한 자기를 현혹하는 것을 멀리하는 사람은 행복하다.

용감하게 싸워라. 습관은 다른 습관에 의해서 패배시킬 수가 있다. 당신이 다른 사람들에게 관계하지 않는다면 다른 사람도 당신이 하는 일에 상관하지 않을 것이다.

3   다른 사람의 분쟁을 떠맡지 말라. 또한 윗사람의 문제에 참견하지 말라. 무엇보다도 자기 자신을 경계하자. 그리고 당신이 사랑하고 있는 사람에게 말하는 것 이상으로 자기 자신을 질책하자. 다른 사람의 지지를 얻지 못하더라도 그 때문에 한탄해서는 안 된다. 오히려 당신의 생활이 하나님의 종으로서, 경건한 수도자로서, 선량함과 신중함이 결여되어 있음에 유념하자. 이 세상에서 많은 위로, 특히 감각적인 쾌락을 많이 갖지 않는 것이야말로 안전하고 유익한 것이다. 또한 내적인 위로를 갖지 않았거나, 혹은 좀처럼 느끼지 못했다면 그것은 자기의 책임이다. 그것은 회개하는 마음을 구하지 않았을뿐더러 세속의 헛된 위로를 끊어 버리지 못했기 때문이다.

4   당신은 하나님의 위로를 받기에 부족하고, 오히려 많은 환난을 받지 않으면 안 될 인간이라고 자인하자. 완전히 회개했을 때 사람들은 이 세상의 모든 것을 답답하고 고통스럽게 느끼게 될 것이다.

덕이 있는 사람은 울며, 또한 한탄하기에 족한 이유를 언제나 발견하고 있다. 자기를 생각하고, 이웃 사람들을 생각하더라도 이 세상에서는 환난이 없는 사람이 없다는 것을 알게 된다. 자기를 엄격하게 반성하면 반성할수록 슬프게 한탄할 이유를 발견하게 된다. 틀림없이 고통과 회개의 원인이 되는 것은 우리들의 죄와 악이다. 우리들은 하늘의 일을 극히 드물게밖에 바라볼 수 없을 정도로 이 세상의 것에 속박되어 있다.

5 얼마만큼 오래 살 것인가를 생각하지 말고, 언제 죽을까를 생각한다면 당신은 보다 더 열심히 결점을 고치려고 힘쓸 것이다. 또 만일 미래의 지옥이나 연옥(煉獄)의 죄를 깊이 묵상한다면 지금의 고생과 환난을 달게 참아 내며, 이 세상의 어떠한 괴로움도 두려워하지 않으리라고 나는 생각한다. 그렇지만 그와 같은 일에 관심을 갖지 않기 때문에 지금도 세속의 즐거움에 끌려서 냉담하게 덕으로 나아가려고 하지 않는 것이다.

6 우리들의 비참한 육체가 대수롭지 않은 일에도 투덜대며 불평하는 것은 앞에서 말한 정신이 결여되어 있기 때문이다. 그러므로 회개의 마음을 주시도록 겸손하게 주에게 기도하며, 예언자들과 함께 이렇게 말하자. 「주여 눈물에 젖은 빵으로써 나를 기르시며, 나로 하여금 회개의 눈물이 넘쳐흐르게 하옵소서.」(시편 84:5).

   1장 영적 생활을 위한 유익한 훈계

# 인생의 비참함을
# 생각한다

1   하나님에게로 향하지 않는 한 어디에 있거나, 어디로 가더라도 당신은 비참한 것이다. 일이 바라는 대로 되지 않는다고 해서 왜 당신은 괴로워하는가? 모든 것이 자기의 바라는 대로 된다고 잘라 말할 사람이 누구인가? 나도 당신도, 이 세상의 어떤 사람도 그렇다고는 말할 수 없다. 이 세상에서 아무런 환난도, 걱정도 갖고 있지 않은 사람은 한 사람도 없다. 국왕도, 교황도, 그렇다면 행복한 사람이란 누구인가? 그것은 하나님을 위해서 무슨 일인가를 참아내고 있는 사람임에 틀림이 없다.

2　마음이 약한 사람, 또한 신체가 약한 사람은 「저 사람의 생활은 얼마나 좋은 것일까? 얼마나 부유한 혜택을 받았으며, 얼마나 위대하고, 얼마나 높은 권세와 지위를 가지고 있는 것일까?」하고 부러워하게 된다. 그러니까 당신의 마음을 하나님께로 향하자. 그렇게 하면 지상의 이와 같이 좋은 것들이 모두 헛되고 불확실한 것들로서 불안과 두려움을 가지고서 소유하지 않으면 안 될 귀찮은 것들임을 알게 될 것이다. 사람의 행복은 지상의 것들을 풍부하게 가지는 것에 있지 아니하다. 적당히 있으면 충분하다. 이 세상에 사는 것은 정말로 비참한 것이다. 정신의 길로 나아가려고 생각하면 생각할수록 현재의 생활이 답답한 것으로 느껴진다. 그것은 타락한 인생의 결점을 통절하게 느끼며, 그것이 확실하게 보이는 것 같기 때문이다. 먹는 것, 일어나는 것, 잠자는 것, 쉬는 것, 일하는 것, 신체적인 필요에 신경을 쓰는 것은 그것으로부터 해방되어 모든 죄를 피하고자 하는 경건한 사람에게 있어서 얼마나 고통스럽고, 한탄스러운 일인지 모른다.

3　실로 내적으로 사는 사람은 이 세상에 있어서의 신체상의 배려를 번거롭게 생각한다. 그래서 예언자들은 그것으로부터 해방되고 싶다고 간절히 기도하며 「주여 신체상의 배려에서 나를 해방시켜 주십시오」하고 말했다(시편 25:17). 그러나 자기의 이 비참함을 깨닫지 못하는 사람은 불쌍하다. 이 비참하고 허무한 생활에 집착하고 있는 사람은 한층 더 불쌍하다. 그중에는 일하면서, 혹은 자선(慈善)을 청하면서 간신히 살아 갈 수 있을 정도의 소유 밖에 가지고 있지 않으면서 이 세상에서 언제까지라도 살 수 있다면 하나님 나라의 일 등은 생각해 보지도 않을 정도로 현세의 생활에 집착하고 있는

　　　　　1장 영적 생활을 위한 유익한 훈계

사람이 있다.

4    지상의 쾌락에 듬뿍 빠져서 물질적인 것만을 맛보고 산다는 것은
     얼마나 어리석고 신앙이 없는 사람들인지 모른다. 이 가없은 사람
     들은 자기들이 사랑했던 것이 얼마나 하찮은 것이었던가를 뼈아
     픈 손해를 입은 다음에 마지막에 알게 될 것이다. 그러나 하나님의
     성인들과 그리스도의 진실한 친구들은 육체를 즐겁게 하는 것이
     나, 이 세상에서 번영하는 것을 추구하지 않고, 그 모든 희망과 신
     뢰를 영원한 선에 두고 있다. 보이는 것을 사랑하고, 낮은 것에 질
     질 끌려가지 않도록 그들의 바람은 높은, 불후(不朽)의 보이지 않는
     것을 향하고 있었다. 형제여! 신뢰하고 영적인 길로 나아가라. 그
     기회의 시간은 아직 있다.

5    왜 당신은 좋은 결심을 늦추고 있는가? 벌떡 일어서서 곧 실행하
     며, 그리고「행동할 때는 지금이다. 싸울 때는 지금이다. 자기의 생
     활을 고치는 것은 지금이다」라고 말하라. 당신이 슬퍼할 때, 환난
     을 만났을 때 그때야말로 공덕을 쌓을 때이다. 당신은 위로에 도달
     할 때까지는 물과 불을 빠져나가야 한다(시편 66:12). 자기 자신을 가
     차 없이 다루지 아니하면 어떤 결점에도 이겨 낼 리가 없다. 우리
     들이 이 약한 육체를 가지고 있는 한 죄를 피할 수 없으며, 또한 권
     태와 고통을 느끼지 않을 수 없다. 우리들은 기꺼이 모든 비참함을
     벗어나고 싶지만 그러나 원죄 때문에 깨끗함을 잃고, 동시에 참된
     행복을 잃어버린 우리들이다. 그러므로 악의 시대가 지나가 버리
     고,「죽지 않으면 안 될 것이 불멸 속으로 되살아날 때까지」(고린도후
     서 5:4) 인내를 가지고 하나님의 긍휼을 기다리지 않으면 안 된다.

6    항상 악으로 기울어지기 쉬운 인간은 얼마나 연약한 것일까? 오늘
     당신은 죄를 고백하고, 내일 또다시 같은 죄를 반복한다. 지금 당
     신은 무엇인가를 피하려고 결심한다. 그러나 잠시 후에는 아무런
     결심도 하지 않았던 것처럼 행동한다. 실로 우리들은 이처럼 약하
     고, 이처럼 변덕스럽기 때문에 자기를 멸시하고, 무엇 하나도 자
     기에게는 장점이 없다고 생각하는 것이 당연하다. 또한 하나님의
     은혜에 의해서 가까스로 얻은 것을 태만 때문에 일순간에 잃어버
     리는 수도 있다.

7    아침 동안부터 벌써 이처럼 냉담하게 되어 있다면 생애가 끝날 무
     렵에 가서는 과연 어떻게 될까? 양심의 평화와 안전함을 이미 쟁
     취한 것처럼 지금부터 휴식을 취하려고 하는 사람은 화를 불러온
     다. 우리들의 행위에는 아직 성덕의 표시조차 나타나 있지 않다.
     실제로는 좋은 수행자처럼 성덕을 몸에 지니는 일에 관해서 아직
     도 가르침을 받지 않으면 안 될 것이 많다. 장래에 자기의 결점을
     고치고, 영적으로 보다 더 높이 나아가려고 하는 희망을 가지고서.

                              1장  영적 생활을 위한 유익한 훈계

# 죽음을
# 묵상한다

1   머지않아 당신은 죽을 것이다. 그러므로 자기가 죽음에 대하여 어떤 대비를 하고 있는가에 대해서 생각해 보자. 사람은 오늘 살아 있더라도 내일은 이미 모습을 감추게 된다. 사람의 눈앞에서 일단 모습이 사라지면 당장 잊혀져 버린다. 현재의 것에만 마음을 향하고, 미래의 것을 생각해 보려고도 하지 않는 인간의 마음이란 얼마나 어리석고 천박한 것일까? 당신은 행동과 생각에 있어서 오늘 죽는 사람처럼 행동하지 않으면 안 된다. 깨끗한 양심을 가지고 있

다면 죽음은 그렇게 무서운 것이 아니다. 죽음을 면하려고 하기보다 죄를 피하려고 하는 편이 올바르다. 오늘 죽음의 준비가 되어 있지 않다면 내일은 어떻게 될 것인가? 내일은 확실하지 않다. 그 내일이 올지 어떨지를 어떻게 알 수 있단 말인가?

2  자기의 결점을 이처럼 조금이라도 고치려고 하지 않는 우리들이 오래 산다고 해서 무슨 이익이 되겠는가? 장수는 우리들을 보다 더 좋게 하는 것이라고만 말할 수는 없고, 때때로 죄를 불려 나갈 뿐이다. 가령 하루라도 이 세상에서 좋게 살아갈 수 있다면 사람들은 개심한 이후의 연수를 헤아릴 수 있지만, 그러나 개선의 결과는 매우 적다. 죽음이 무서운 것이라면 오래 산다는 것은 더욱 위험한 일일 것이다. 자기의 죽음의 순간을 늘 마음에 두고, 매일 죽음의 준비를 하는 사람은 행복하다. 언젠가 누군가가 죽는 것을 본다면 당신도 그것과 같은 길을 걷지 않으면 안 되는 것이라고 생각하자.

3  아침이 열리면 저녁때는 오지 않는다고 생각하자. 저녁때가 되면 다음 날 아침이 있다고 생각하지 말라. 언제나 준비를 잊지 말라. 죽음이 언제 오더라도 준비가 되어 있도록 생활하자. 많은 사람들은 불의의 죽음을 맞이한다. 「인자(사람의 아들)는 생각하지 않은 때에 오기」 때문이다 (누가 12:40). 이 마지막 때가 오면 당신은 과거의 생활에 대해서 지금까지와는 다른 생각을 가지게 되며, 열심히 하지 않고 소홀히 했던 것을 후회하게 될 것이다.

4  죽을 때에 이와 같이 있었으면 좋겠다고 생각하는 것처럼 살아 있는 동안에 힘쓰는 사람은 얼마나 다행하고 현명한 사람인지 모른

　　　　　　　　　　　　　　1장  영적 생활을 위한 유익한 훈계

다. 전적으로 세속을 경멸하는 것, 덕으로 나아가려고 열심히 바라는 것, 규칙을 사랑하는 것, 고행하는 것, 복종하는 것, 자기를 버리는 것, 그리고 그리스도를 향한 사랑 때문에 모든 환난을 참아 내는 것은 좋게 죽을 것이라는 확신의 근거가 된다. 건강할 동안에는 좋은 일을 많이 할 수 있지만, 병이 든 다음에 무슨 일을 할 수 있을지는 알 수 없다. 병들었을 때 선으로 나아가는 사람은 의외로 적다. 각지의 순례를 하여 성덕에 도달해야 하지만, 그것이 여의치 않은 것과 마찬가지로,

5    우인이나 친척을 의지하지 말라. 또한 당신의 구원에 관한 일을 뒤로 미루지 말라. 당신이 생각하는 것보다 빠르게 사람들은 당신의 일을 잊어버리기 때문이다. 사후에 다른 사람이 기도해 주기를 부탁하는 것보다 아직 만나는 동안에, 지금 자기가 준비하여 선행을 미리 하늘에 보내 두는 것이 좋다. 당신이 지금 자기를 위하여 준비해 두지 않으면 장래에 누가 당신의 구원을 유념해 줄 것인가? 중요한 때는 지금이다. 구원의 날은 지금이다. 적당한 때는 지금이다(고린도후서 6:2). 그러나 한탄스럽게도 당신은 영원한 생명을 확보하는 공덕을 얻기 위하여 이 지금을 보다 더 잘 이용하려고 하지 않는다. 자기를 고치기 위해서 하루라도, 한때라도 그렇게 하고 싶다고 생각되는 날이 올 것이다. 그럴 때가 있을지 어떨지는 모르지만…….

6    아, 사랑하는 형제여! 만약에 당신이 언제나 죽음을 염두에 두고 산다면 어느 정도의 위험, 어느 정도의 공포를 면할 수 있을 것이다. 공포가 아니라 기쁨을 가지고 죽음을 맞이하도록 힘쓰자. 이

제부터 이 세상에서 죽을 것을 배워라. 그렇게 하면 죽을 때에 당신은 그리스도와 함께 살게 될 것이다. 지금부터 모든 것을 경멸하는 것을 배워라. 그렇게 하면 그때에 자유롭게 그리스도에게 가까이 갈 수 있을 것이다. 이제부터 고행을 하며, 당신의 육체를 억누르는 것을 배워라. 그렇게 하면 그때에 당신은 완전한 신뢰를 가지게 될 것이다.

7  어리석은 사람아! 왜 당신은 장수할 것이라고 생각하고 있는가? 하루조차도 확실하지 않은데, 얼마나 많은 사람들이 이 착각 속에 헤매며 생각하지도 않은 때에 이 세상을 떠나갔던 것일까? 어떤 사람은 칼에 찔려서, 어떤 사람은 익사하고, 어떤 사람은 높은 곳에서 떨어져서 머리를 깨고, 어떤 사람은 식사하는 동안에 숨이 끊어지고, 또 어떤 사람은 놀고 있는 때에 갑자기 죽었다. 몇 번이나 당신은 그러한 이야기를 들었을 것이다. 어떤 사람은 불로써, 어떤 사람은 검(劍)으로써, 어떤 사람은 페스트로써, 어떤 사람은 강도의 손에 걸려서 죽었……. 이렇게 하여 어떤 사람이라도 마지막에는 죽음이다. 사람의 목숨은 그림자처럼 곧 사라져 버리는 것이다.

8  당신이 죽은 후에 누가 당신을 생각해 내며, 당신을 위해서 기도해 줄 것인가? 사랑하는 형제여! 지금 동안에 선을 행하라. 당신은 언제 죽을지도 알 수 없으며, 또한 죽은 후에 어떻게 될지도 알 수 없다. 시간이 있는 동안에 불후의 부를 모으자. 당신의 구원 이외의 것은 아무것도 생각하지 말고, 하나님에 관해서만 마음을 배려하라. 하나님의 성인들을 존경하고, 그들의 모범을 본받아서 하늘의

   1장  영적 생활을 위한 유익한 훈계

친구들을 만들어라. 그렇게 하면 당신이 이 세상을 떠나갈 때에 그
들이 당신을 영원한 처소로 맞이해 들일 것이다(누가복음 16:9).

9    이 세상에서 자기는 지상의 번거로운 일에는 관계가 없는 여행자
이며, 타국인이라고 생각하자. 자기의 마음을 언제나 자유롭게 높
이 있는 하나님에게로 향하자. 당신은 아직 참다운 불멸의 나라를
여기에 가지고 있지 않다(히브리서 13:14). 기도와 나날의 동경(憧憬)과
눈물을 하나님에게로 향하자. 그렇게 하면 신체가 죽은 후의 당신
의 영혼은 경사스럽게 주에게로 올라갈 것이다. 아멘.

# 죄인의
# 심판과 벌

1   당신은 최고의 목적을 보자. 어느 날엔가 당신은 모든 것을 꿰뚫어 보시는 분, 선물로써도 속일 수 없고, 구실이 이유가 될 수 없으며, 다만 정의에 따라서 심판하는 엄한 심판자의 앞에 서지 않으면 안 된다고 생각하자. 아, 비참하고 어리석은 죄인이여! 화를 내고 있는 사람 앞에서조차도 떨고 있는 당신은 당신의 모든 것을 꿰뚫어 보고 있는 하나님의 앞에 나가서 무엇이라고 대답할 수 있을 것인가? 왜 심판의 날에 대비하려고 하지 않는가? 그 날에는 누구 한 사람이라도 다른 사람으로부터 변호도, 보호도 받을 수 없다.
사람들은 각각 충분한 짐을 짊어지고 있다. 지금에야말로 당신의 수고에는 공덕이 있다. 당신의 눈물은 하나님에게 받아들여지고, 당신의 기원도 받아들여지고, 당신의 괴로움은 보답을 받으며, 당신은 정화된다.

2   모욕을 받았다면 받은 모욕보다도 상대방의 나쁜 짓을 위해서 슬퍼하고, 자기에게 반대하는 사람들을 위해서 기분 좋게 기도하며, 마음으로부터 그 죄를 용서해 주고, 상대방에게 용서를 비는 데 인색하지 않은 사람, 또한 성내기보다도 오히려 다정하게 상대방을

        1장 영적 생활을 위한 유익한 훈계

가엾게 여기며, 때때로 자기 자신을 꾸짖고, 육체를 전적으로 영
에게 복종시키려고 하는 인내를 가진 사람은 이미 이 세상에 있어
서 구원을 얻게 할 연옥을 지나고 있다. 내세에 보상을 받기보다도
지금 죄를 속죄하여 악을 근절하는 것이 좋다. 그러나 육체에 대한
사악한 사랑 때문에 우리들은 자기를 속이기 일쑤다.

3   저 불이 태우는 것은 당신의 죄 이외에 무엇이겠는가? 지금 당신
이 자기 자신에게 엄하지 않으면 엄하지 않을수록, 그리고 자기의
육체에 따르면 따를수록 더욱더 괴로운 벌을 받으며, 더욱더 다량
의 연료(燃料)를 쌓게 된다. 사람은 죄를 범한 오감(五感)을 특히 벌
받게 된다. 게으름을 피운 사람은 무서운 태장의 매에 시달리게 될
것이다. 미식(美食)을 한 사람은 무서운 굶주림과 갈증의 괴로움에
시달리게 될 것이다. 음행을 한 사람과 쾌락을 좇던 사람은 불타는
역청탄(瀝靑炭)과 냄새가 나는 유황 속에서 진정(鎭定)될 것이다. 또
질투한 사람은 너무 괴로워서 광견처럼 짖어 댈 것이다.

4   어떤 악에도 각기 다른 벌이 있다. 거기에 가면 교만한 사람들은
치욕으로 뒤덮이고, 탐욕스러운 사람들은 적빈(赤貧)으로 위협받는
다. 거기에 가면 괴로움의 일각은 이 세상에서의 괴로운 고행의 백
년보다도 더 괴롭다. 거기에 가면 멸망한 사람들 때문에 일각의 휴
식도, 위로도 없다. 이 세상에서는 때때로 즐거운 때도 있고, 친구
의 위로를 받는 일도 있지만——. 그러므로 심판의 날에 성인들과
함께 안전하게 있을 수 있도록 지금 당신의 죄를 반성하고, 그것을
통회하자.

5    그때에 성인들은 자기들을 괴롭히고, 박해한 사람들과는 반대로 평화 속에서 쉴 것이다(지혜서 5:1). 그때에 이 세상에서 인간들의 심판에 겸허하게 따랐던 사람이 다른 사람을 심판하러 서게 될 것이다. 그때에 가난한 사람들과 겸허한 사람들은 크게 안도하고, 교만한 사람들은 어느 쪽을 향하더라도 공포에 부들부들 떨게 될 것이다. 그때에 그리스도를 위해서 어리석었던 사람과 경멸받던 사람들이 슬기로웠던 사람들임을 알게 될 것이다. 그때에 인내를 가지고 감수했던 환난은 즐거움의 근원이 될 것이다. 「악을 행했던 입들은 모두 닫혀진다.」(시편 107:42) 그때에 신심이 깊었던 사람은 기뻐하고, 종교를 반대했던 사람은 한탄하며 슬퍼하게 될 것이다. 그때에 고행을 했던 사람은 즐겁게 지냈던 사람들보다도 기쁨에 힘이 솟아날 것이다. 그때에 변변치 않은 옷은 빛나고, 사치한 옷은 검게 흐려질 것이다. 그때에 가난한 주거는 장려(壯麗)한 저택보다도 찬미될 것이다. 그때에 세상의 전권(全權)을 손에 쥐었던 사람보다도 끊임없이 인내한 쪽이 쓸모가 있을 것이다. 그때에 세상의 모든 교활한 지혜보다도 단순하게 순종을 한 쪽이 훨씬 더 찬미받을 것이다.

6    그때에 깊은 학문보다도 깨끗하고 순진한 양심을 가진 사람이 훨씬 더 큰 기쁨을 가져올 것이다. 그때에 부를 경멸하던 것이 이 세상의 모든 보물을 가진 것보다도 더 가치가 있음을 알게 될 것이다. 그때에 신앙심이 깊은 기도의 추억이 맛있는 식사의 추억 이상으로 당신을 위로할 것이다. 그때에 긴 수다보다도 침묵을 지켰던 것이 훨씬 더 기쁨을 가져올 것이다. 그때에 깨끗한 행동은 많은 웅변보다도 가치가 있을 것이다. 그때에 엄격한 생활과 가혹한

                    1장 영적 생활을 위한 유익한 훈계

고행은 지상의 어떤 즐거움보다도 당신을 기쁘게 할 것이다. 그러므로 지금 작은 괴로움을 참아 내는 것을 배워라. 그렇게 하면 그때에 다시 무거운 괴로움을 피할 수 있을 것이다. 당신이 다음 세상에서 부과될 괴로움을 먼저 이 세상에서 받아 버리자. 지금 이런 약간의 괴로움을 참아 내지 못하는 몸이라면 어떻게 영원한 괴로운 벌을 참아 낼 수 있을 것인가? 지금 약간 불유쾌한 것조차도 이처럼 참아 내지 못한다면 지옥의 불은 어떠할 것인가? 정말로 당신에게는 이 세상에서도 즐기고, 다음 세상에서도 그리스도와 함께 행복하게 살아가는 두 가지의 행복은 허용되지 않는 것이다.

7   당신이 오늘날까지 끊임없이 명예와 쾌락 속에서 살았다고 하더라도 지금 돌연 죽지 않으면 안 된다고 한다면 그것들이 무슨 쓸모가 있겠는가? 하나님을 사랑하고, 하나님을 섬기는 일 이외에는 모두가 헛된 것이다. 마음을 들어서 하나님을 사랑하는 사람은 죽음도, 괴로움도, 심판도, 지옥도 무섭지 않다. 완전한 사랑은 하나님을 향한 안전한 길을 영혼 앞에 펼쳐 놓는 것이다. 거기에 반해서 죄를 범하고도 후회하지 않는 사람이 죽음과 심판을 두려워하는 것은 당연한 일이다. 하나님 앞에 대한 사랑이 당신을 죄로부터 멀어지게 할 수 없다 하더라도 적어도 지옥을 무서워하며 죄를 피하자. 하나님에 대한 외경을 지옥에 대한 공포의 다음에 두는 사람은 오래도록 좋은 길을 더듬어 갈 수 없고, 잠시 후에는 악마의 덫에 걸리고 말 것이다.

# 생활을
# 열심히 고친다

1 하나님을 모심에 있어서는 경계를 게을리 하지 말고, 근면하게 하라. 그리고 왜 자기가 수도회에 들어왔는지, 왜 세속을 버렸는지를 때때로 생각하자. 그것은 전적으로 하나님에게 살기 위해서이며, 영적인 사람이 되기 위해서가 아니었던가? 그러므로 열심히 덕행으로 향해서 나아가라. 그렇게 하면 멀지 않아 당신은 지금까지 노고의 보답을 받을 것이다. 거기에는 이미 어떤 두려움도, 괴로움도 없다. 당신의 노고는 이제 잠시 동안이다. 그 후에는 깊은 휴식, 아니 영원한 행복이 있다. 당신이 충실히, 그리고 열심히 선을 계속 행하면 의심할 것도 없이 하나님은 당신에게 보답을 한다. 충실하고 관대하다. 당신은 보답에 달할 수 있다고 하는 확실한 희망을 언제나 가지고 있지 않으면 안 된다. 그러나 열심을 잃지 않고, 교만에 빠지지 않기 위해서는 그것이 확실하다고 믿어 버리지 않는 편이 좋다.

2 공포와 희망의 사이를 늘 왔다 갔다 하며 동요하던 어떤 사람이 어느 날 번민을 참지 못하여 성당 내의 제단 앞에 꿇어 엎드려 기도하며, 마음속으로 이렇게 생각했다. 「아, 내가 마지막까지 선의 길

    1장  영적 생활을 위한 유익한 훈계

을 계속할 수 있음을 알고 있다면…….」 그러자 곧 마음속으로 하나님의 대답을 들었다. 「그것을 알아서 어쩔 셈이냐? 그것을 알고 있다면 이렇게 하고 싶다고 생각하는 것을 지금 행하라. 그렇게 하면 너의 행복한 결말은 확실하다」고. 그 사람은 곧 격려를 받고, 위로를 받아서 하나님의 뜻에 자기를 맡기고, 마음의 불안이 없어졌다. 그 사람은 이제 자기의 결말이 어떻게 될까를 알려고 하지 않고, 오히려 모든 선행을 시작하되 성취시키는 것은 하나님으로서 자기는 하나님의 뜻에 들어맞는 일을 일심으로 찾으면 된다는 것을 알았다(로마서 12:2)

3 「주님에게 부탁하라. 그리고 선을 행하라」고 예언자들은 말하고 있다. 또한 「이 세상에서 주어진 생활을 영위하라. 그렇게 하면 하늘의 즐거움을 받는다」(시편 37:3)라고. 영의 완덕과 마음으로부터의 개심 때문에 많은 사람들을 멀리해야 한다는 것은 곤란과 싸우는 노고를 아끼지 말아야 하기 때문에 마음속으로 싫어하게 된다. 자기에게 있어서 가장 고통스러운 것에 용감하게 향해서 나아가는 데 힘쓰는 사람은 누구보다도 덕의 진보가 빠르다. 사람은 누구라도 자기 자신을 이기고, 마음을 억제하면 억제할수록 덕으로 나아가게 되고, 보다 더 큰 은혜를 받는 것이다.

4 그러나 자기에게 이기고, 자기를 억제한다고 하더라도 모두가 같은 정도의 욕망을 가지고 있다는 뜻은 아니다. 다만 열심히 하는 사람은 많은 탐욕에 괴로워하면서도 생활이 바르므로 덕으로 나아가는 열성이 부족한 사람보다도 완덕으로 향해서 힘차게 나아간다. 자기를 고치는 데 관해서 특히 두 가지의 일은 쓸모가 있다.

타락한 인성(人性)이 기울어지기 쉬운 점을 강하게 물리치고, 지기에게 있어서 필요한 선을 열심히 추구하는 것이다. 또한 당신의 마음에 들지 않은 단점을 다른 사람 속에서 발견한다면 그 단점을 자기 속에서 발견하여 거기에 이기도록 힘쓰지 않으면 안 된다.

5  자기를 고치기 위해서는 어떤 기회도 놓치지 말라. 그러므로 좋은 모범을 듣거나, 보거나 하면 그것을 본받도록 힘쓰자. 또 비난할 만한 일을 보았으면 그것을 행하지 않도록 유의하며, 만약에 행한 일이 있다면 즉시 고치도록 노력하자. 당신이 다른 사람을 주시하고 있는 것처럼 다른 사람도 당신에게 주시의 눈을 향하고 있다. 열심히 하고, 신앙심이 깊으며, 품행이 좋을뿐더러 규율이 바른 형제들을 보는 것은 즐거운 일이다. 그에 반해서 소명 받은 길을 벗어나서 규율을 짓밟고 생활하고 있는 형제들을 보는 것은 슬프고, 보기 흉한 일이다. 자기의 소명을 받은 의무를 소홀히 하고, 부과되지 않은 일을 하려고 하는 것은 실로 유해한 일이다.

6  자기가 정한 결심을 언제나 기억하고, 눈을 그리스도의 십자가로 향하자. 예수 그리스도의 생활을 묵상하면 당신은 크게 부끄러워할 데가 있게 마련이다. 이미 오랫동안 하나님의 길을 알고 있었는데 아직껏 자기 자신의 생활이 그리스도를 본받고 있지 않았기 때문이다. 신심을 집중시키고, 주의하여 주의 생활과 수난을 돌아다보는 수도자는 자기에게 있어서 유익한 것을 모두 거기에서 풍부하게 발견한다.
아, 십자가상의 예수가 우리들의 마음속에 올 수 있다면 얼마만큼 빨리, 그리고 완전하게 거기에서 가르침을 받아 호되게 우리들을 훈련시킬 수 있을 것이 아닌가?

7 정말로 열심히 하는 수도자는 명령받은 것을 모두 기분 좋게 받아
들여서 수행한다. 거기에 반하여 의무를 게을리 하는 냉담한 수도
자는 괴로움에 괴로움을 겹쳐서 사면팔방으로부터 고민을 받게
된다. 영적인 위로도 갖지 못하고, 또한 외부의 위로를 받는 일도
금지되어 있기 때문이다. 규율을 지키지 않는 수도자는 위험의 구
렁텅이에 직면해 있다. 안이한 것만을 추구하는 사람은 언제나 괴
로운 생활을 보낼 것이다. 이 일도 저 일도 그 사람의 마음에 들지
않기 때문이다.

8 엄격한 규율 아래에서 수도 생활을 영위하고 있는 많은 수도자들
은 어떻게 하고 있을까? 함부로 외출하지도 않고, 세속을 떠나서
수도에 몰두하고 있다. 다시 말해서 변변치 않은 음식을 먹고, 허
술한 옷을 입고, 일심으로 일을 하며, 거의 늘 침묵을 지키고, 오
랫동안 묵상을 행하며, 아침에는 일찍 일어나고, 오랫동안 기도하
며, 때때로 독서를 하고, 모든 규율을 잘 지키고 있다. 카르투지오
회(會)나, 시토회(會), 그 밖의 수도회의 수도자, 수도녀(修道女)를 보
라, 그들은 주에게 찬미를 노래하기 위해서 매일 밤 일어나 있다.
당신이 그 성스러운 노력을 게을리 하는 것은 부끄러워해야 할 일
이 아닌가?

9 아, 마음과 입을 가지고 주이신 하나님을 칭송하는 이외의 노력이
우리들에게 없는 것이라면!…… 먹고, 마시고, 잠잘 필요가 없이
늘 하나님을 칭송하고, 영적인 것만을 생각하며 날을 보낼 수 있다

면! —— 만약에 그렇게 할 수 있다면 신체를 위해서 마음을 쓰지 않으면 안 될 지금보다도 훨씬 더 행복할 것이다. 그렇게 말할 필요가 없어져 버리고 영적인 양식만을 구할 수 있는 것이라면!······ 그러나 불행하게도 우리들이 그것을 맛보는 것은 극히 드문 일이 되고 말 것이다.

10 어떤 피조물에도 위로를 구하지 않을 만큼의 완덕에 달한다면 사람들은 그때에 비로소 완전하게 하나님을 맛보며, 어떠한 일이 있더라도 기쁨 속에 있다. 그렇게 하면 그 사람은 아무리 많은 것을 가지더라도 크게 기뻐하지 않고, 조금밖에 가지고 있지 않더라도 슬퍼하지 않는다. 그 사람은 모든 것에 있어서 모든 것인 하나님, 즉 하나님에게 있어서는 어떤 것도 멸망하는 일이 없고, 썩는 것도 없으며, 그 때문에 모든 것이 살아 있고, 그 명령에 만물이 따르는 하나님의 손에 자기의 모든 것을 맡기고 있다.

11 언제나 당시의 목적을 생각하자. 그리고 잃어버렸을 때에는 두 번 다시 되찾을 수 없다고 생각하자. 열의와 노력이 없다면 언제까지라도 덕을 쌓을 수 없을 것이다. 냉담해지기 시작하면 그때부터는 불만을 알게 될 것이다. 그러나 열심히 힘쓰면 평화를 발견하고, 하나님의 은혜와 덕으로 향한 사랑 때문에 어떠한 수고도 용이하다고 느껴질 것이다. 열심히 노력하는 사람은 어떠한 것에도 대비하고 있다. 악과 탐욕에 저항하는 것은 육체노동으로 땀을 흘리는 것보다도 고통스러운 일이다. 작은 결점을 피하지 않는 사람은 점차 큰 결점으로 미끄러져 떨어진다. 하루를 효과적으로 이용했다면 저녁때가 되어서 만족할 것이다. 자기를 경계하자. 자기의 일에

                      1장 영적 생활을 위한 유익한 훈계

전심전력을 다하자. 자기에게 고통을 주자. 그리고 다른 사람의 일은 어떻게 되든 상관하지 말고, 자기의 일을 소홀하게 하지 말라. 자기에 대하여 엄하면 엄할수록 덕으로 진보할 것이다. 아멘.

# 2장

내적
생활로
이끄는 권면

# 하나님과
# 영혼과의 사귐

1  하나님의 나라는 당신들의 속에 있다고 주는 말씀하셨다(누가복음
17:21). 마음을 하나님에게로 올리자. 그렇게 하여 비참한 이 세상
을 떠나자. 그렇게 하면 당신의 영혼은 평안을 찾아낼 것이다. 외
부의 것을 경멸하고, 영적인 것에 따르는 데 익숙해지자. 그렇게
하면 하나님의 나라가 당신에게로 내려오는 것을 볼 수 있을 것이
다. 실로 하나님의 나라는「성령에게 있어서의 평화와 기쁨」(로마서
14:17)이다. 그것은 악인들에게 주어지는 것이 아니다.

만약에 당신이 마음속에 주에게 어울리는 주거(住居)를 준비한다면
그리스도는 거기에 와서 모든 위로를 당신에게 맛보일 것이다. 예
수의 영광과 미(美)는 내부에서 오는 것이며, 또한 내부에 있어서
기뻐하게 되는 것이다. 하나님은 내적인 사람을 찾아와서 다정하
게 말을 걸고 감미로운 위로와 깊은 평화를 주며, 놀랄 만한 친절
함을 보여 주신다.

2  충실한 영혼이여! 이 신랑에 대하여 당신의 마음을 준비하자. 그렇
게 하면 그는 당신 곁으로 와서 살 것이다. 그는「나를 사랑하는 사
람은 나의 말을 지킨다. 우리들은 그 사람 곁으로 가서 그와 함께

살 것이다」(요한복음 14:23)라고 말씀하셨다. 그러므로 그리스도에게 마음을 열고, 다른 누구도 들여놓지 말라. 그리스도를 함께 가질 수 있다면 당신은 부를 가지고 있다. 그것만으로 충분하다. 그는 당신을 위해서 모든 것을 헤아려서 모든 것을 가져다준다. 그렇게 되면 당신은 이제 사람들에게 부탁할 필요를 느끼지 않는다. 사람들의 생각은 쉬이 바뀌고, 또한 빠르게 사라져 버리는 것이다. 그러나 그리스도만은 영원히 멈춰서 마지막 날까지 끊임없이 강력하게 지켜 주신다.

3  약하고도 여린 인간을 너무 의지해서는 안 된다. 당신에게 유익한 사람이더라도 그를 심하게 의지해서는 안 된다. 오늘 당신 편이 되어 있던 사람이 내일 당신을 거역하는 일도 있고, 그 반대의 경우도 있다. 사람은 바람처럼 변하기 쉬운 것이다.
당신의 신뢰를 하나님에게 두어라 그렇게 하면 하나님이 당신의 유일한 사랑, 당신의 유일한 외경으로 될 것이다. 그는 그 이상을 생각할 수 없을 정도로 당신을 위로해서 이야기해 주고, 당신의 몸을 생각해 주신다.
당신의 불후의 주거는 이 세상에는 없다(히브리서 13:14). 어디에 있더라도 당신은 타국인이며, 나그네이다. 그리스도와 친하게 일치되어 있지 않으면 당신은 언제나 편안함을 알지 못할 것이다.

4  이곳에는 당신에게 휴식을 줄 곳이 없는데도 왜 주위를 둘러보고 있는가? 당신의 주거는 하늘에 있다. 멈추어 서지 않고 지나가 버리는 인간의 눈을 가지고 이 세상의 모든 것을 보지 않으면 안 된다. 모든 것이 지나가 버리며, 당신도 마찬가지이다. 당신은 이 세

    2장  내적 생활로 이끄는 권면

상의 노예가 되어서 멸망하지 않도록 이 세상의 일에 집착하지 않
도록 정신을 차려라.

당신의 생각을 항상 높으신 분에게로 올리고, 당신의 기도를 언제나
그리스도에게로 향하자. 만약에 당신이 뛰어난 것이나, 천상의 것
을 명상할 수 없다고 하더라도 그리스도의 수난에 오로지 마음을 향
해서 그 성스러운 상처 속에서 살도록 하자. 당신이 경건하게 그리
스도의 상처와 고귀한 상흔(傷痕)에 몸을 숨긴다면 환난의 때에 커다
란 위로를 받고, 다른 사람에게 업신여김을 받더라도 그것을 마음에
두지 않으며, 다른 사람의 욕설을 기꺼이 참아 낼 수 있을 것이다.


5    그리스도도 이 세상에 있어서는 사람들에게 경멸을 당하고, 고난
속에서 지인이나 우인들로부터 버림받아 단 한 사람이 되어 욕을
얻어먹으면서 남게 되었다. 그리스도는 고통과 모욕에 직면했었
다. 그런데도 당신은 사소한 일로서 이웃 사람에게 불만을 말하려
고 하는가? 그리스도에게도 반대자가 있고, 욕하는 사람이 있었
다. 그런데도 당신은 모두로부터 은혜와 우정의 표시를 받으려고
하는가? 아무런 괴로움과도 마주치지 않는다면 당신의 인내는 어
떤 보답을 받을 가치가 있는 것일까? 반대에 마주치는 것을 모두
싫어하는 당신이 어떻게 그리스도의 친구가 되겠는가? 언젠가 그
리스도의 나라에 들어가고 싶다고 생각한다면 그리스도와 함께,
그리고 그리스도를 위해서 인내하자.


6    당신이 단 한 번이라도 그리스도의 마음속에 들어가서 그 격렬한
사랑의 한 조각이라도 맛볼 수 있다면 당신은 자기의 호오나 고락
을 마음에 두지 않고, 오히려 모욕을 받고도 기뻐할 것이다. 예수

를 사랑하면 사람들은 자기 자신을 경멸하게 되는 것이다. 예수와 진리를 사랑하고, 모든 집착을 피하며, 진정으로 내적인 생활을 보내고 있는 사람은 용이하게 하나님에게로 향하고, 정신을 가지고 높이 올라가며, 위로 속에서 쉴 수가 있다.

7 다른 사람의 이야기나 비평에 의하지 않고, 그것의 가치에 의해서 사물을 평가하는 사람이야말로 참으로 슬기로운 사람이며, 사람보다도 하나님에 의해서 지도받고 있는 사람이다. 내적인 생활을 알고, 사물을 외적으로만 판단하지 않는 사람은 신앙심을 수행하기 위해서 특별한 장소와 시간을 찾을 필요를 느끼지 않는다. 내적 생활을 영위하고 있는 사람은 용이하게 몰두할 수 있다.

그들은 외부의 일에 떠밀려 가지 않는다. 또한 나날의 일이나, 일정한 기간의 노력도 방해되지는 않는다. 그들은 일이 일어나면 언제나 거기에 대처할 수 있다. 마음이 잘 정돈되어 어지럽지 않은 사람은 다른 사람의 이상한 짓이나 부당한 행동에 마음을 두지 않는다. 사람은 세상의 일에 관계하면 관계할수록 방해를 받아서 정신이 흩어지는 것이다.

8 참으로 정직한 마음을 가지고, 깨끗해진 정신의 소유자라면 당신의 모든 일로부터 선을 찾아내서 자기에게 유익하게 할 수 있다. 그렇지만 당신은 여러 가지 일을 싫어하고, 여러 가지에 현혹되어 있다. 그것은 당신이 아직 자기에게 사력을 다하고 있지 않기 때문이다. 세속의 일에 대한 불순한 집착만큼 사람의 마음을 더럽히고, 또한 속박하는 것은 없다. 당신이 속세의 위로를 버린다면 하늘로 눈을 올려 이따금 마음속에 커다란 기쁨을 느낄 것이다.

   2장  내적 생활로 이끄는 권면

# 겸손한 복종

1 누구가 당신 편에 속하고, 누구가 당신에게 반대하는가를 너무 중시하지 말라. 오히려 당신이 행하는 모든 일에 하나님이 함께 하도록 주의를 기울이자. 바른 양심을 가지고 그렇게 하면 하나님은 당신을 지켜 줄 것이다. 하나님이 지켜 주는 사람에게는 어떤 악도 해를 미치는 일이 없다. 당신이 잠자코 괴로워하는 일을 익힌다면 반드시 하나님의 도움을 받을 것이다. 하나님은 당신을 도우는 데 관해서 적당한 시기와 방법을 알고 계신다. 그러므로 당신은 하나님에게 부탁하지 않으면 안 된다. 사람을 도우고, 사람을 치욕 속에서 해방시키는 것은 하나님의 손이시다. 다른 사람이 우리들의 결점을 보고 그것을 비난한다면 그것은 우리들이 겸손을 가지게 되는 데 크게 쓸모가 있는 것이다.

2 자기의 결점을 알아차리고 자기를 낮춘다면 용이하게 타인의 노여움을 달래서 다른 사람을 만족시킬 수가 있다. 하나님은 겸손한 사람을 보호하고 해방시키며, 사랑하고 위로한다. 겸손한 사람을 명심하여 풍부하게 은혜를 주고, 그 가혹함 후에 영원한 영광으로 올려 주신다. 하나님은 겸손한 사람에게 신비를 나타내어 다정하게 그를 부르고 끌어당겨 주신다. 겸손한 사람은 시련의 때에도 평

화로움 속에 있다. 그 사람은 이 세상에서가 아니라 하나님에게 살고 있기 때문이다. 당신은 자기가 누구보다도 뒤떨어져 있다고 확신하지 않는 한 덕으로 진보했다고 생각해서는 안 된다.



2장  내적 생활로 이끄는 권면

# 평화를
# 사랑하는 사람

1   먼저 자기 자신 속에 평화를 가져라. 그렇게 하면 다른 사람에게도
    평화를 나누어 줄 수가 있다. 평화로운 사람은 대학자보다도 다른
    사람을 유익하게 할 수 있다. 감정가(感情家)는 선조차도 악으로 바
    꾸고, 또한 악을 믿기 쉽다. 그렇지만 평화를 사랑하는 사람은 모
    든 것을 선으로 바꾼다.
    마음을 평화롭게 가지고 있는 사람은 누구도 의심하지 않지만, 불
    평가로서 분격(憤激)하기 쉬운 사람은 의심으로 괴로움을 당한다.
    그런 사람은 자기도 평화를 모르고, 또한 다른 사람의 평화도 어지
    럽힌다. 또 그런 사람은 때때로 말해서는 안 될 말을 하고, 자기가
    해야 할 일을 등한히 한다. 그는 다른 사람이 하는 일에 신경을 쓰
    지만, 그러나 자기가 힘써야 할 일은 게을리 한다. 그러므로 당신
    은 먼저 자기의 영혼에 관해서 열심히 하라. 그렇게 하면 자연히
    다른 사람의 일에도 열심히 주의하게 된다.

2   당신은 자기의 행동을 변호할 줄은 알고 있지만, 다른 사람의 변호
    에는 귀를 기울이지 않는다. 차라리 자기를 꾸짖고, 형제들을 변
    호하는 것이 바른 일이다. 다른 사람에게 인내해 주기를 바란다면

당신도 다른 사람의 결점을 참아 내야 한다.

당신은 진실한 애덕과 겸손이라는 점에서 다른 누구보다도 훨씬 뒤떨어져 있음을 알지 않으면 안 된다. 평화를 사랑하는 바른 사람과 사이좋게 생활하는 것이 크게 어려운 일은 아니다. 그것은 자연히 모두가 좋아하는 일이다. 누구라도 평화를 즐기고, 자기와 같은 의견을 가진 사람을 사랑하는 것이다.

그러나 완고하고 방종한 악인, 혹은 자기에게 반역하는 사람과 함께 평화 속에서 생활하는 것은 차라리 하나님의 은총이며, 칭찬해야 할 일이고, 고상한 덕이다.

3  자기 속에 평화를 가지고, 또 다른 사람과 함께 평화를 가지는 사람이 있다. 그렇지만 자기 속에 평화를 갖지 못하고, 또 다른 사람의 평화도 어지럽히는 사람이 있다. 이런 사람은 다른 사람의 무거운 짐이 되며, 또한 그 이상으로 자기의 무거운 짐이 된다. 또 자기 속에 평화를 가질 뿐만 아니라 다른 사람도 평화로 이끌려고 힘쓰는 사람도 있다. 하여튼 이 비참한 인생에 있어서 우리들은 불행을 피하는 것보다도 겸손하게 시달리는 것에서 평화를 찾아 내지 않으면 안 된다. 잘 인내하는 것을 알고 있는 사람은 잘 평화를 가질 것이다. 그것은 자기 자신에게 이긴 사람이며, 세상을 지배하는 사람, 그리스도의 친구, 하늘의 후계자이다.

          2장  내적 생활로 이끄는 권면

# 마음의 깨끗함과 바른 의향

1   사람에게는 세속으로부터 떠나서 높이 날아 올라가기 위한 두 개의 날개가 있다. 즉 마음의 깨끗함과 단순함이다. 의향은 단순, 감정은 순수해야 한다. 단순함은 사람을 하나님에게 가까이하게 하고, 순수함은 하나님을 이해하며, 하나님을 깨닫게 한다. 당신의 마음이 방종하지 않고, 모든 집착에서 해방되어 있다면 어떤 선한 일을 하는 것도 어렵지는 않다.

당신이 하나님의 뜻과 타인의 이익 이외에 아무것도 목적을 두지 않고, 아무것도 추구하지 않는다면 마음의 자유로운 혜택을 얻을 것이다. 당신의 마음이 순수하다면 어떠한 피조물도 당신에게 있어서 생명의 거울이 되고, 지식의 책이 된다. 아무리 작고, 미천한 피조물이라도 모두 하나님의 자비를 나타내고 있는 것이므로…….

2   당신의 마음이 깨끗하고 선량하다면 모든 것을 있는 그대로 보아서 이해할 수가 있다. 순수한 마음에 있어서는 하늘에도, 지옥에도 감추어진 곳이 없다. 사람은 자기 마음의 여하에 의해서 외부의

것을 판단하는 것이다. 이 세상에 기쁨이 있다면 그것을 맛보는 것은 깨끗한 마음을 가진 사람임에 틀림없다. 그리고 또한 환난과 번민이 있다고 한다면 그것을 누구보다도 강하게 느끼는 것은 양심이 흐려진 사람이다. 쇠를 불 속에 넣으면 녹이 사라지고 작열(灼熱)하는 것처럼 마음을 올려서 하나님을 향하는 사람은 권태를 벗어던지고 새로운 사람으로 바꾸어 태어난다.

3　열심이 깨어나기 시작하면 약간의 괴로움도 싫어하게 되고, 나아가서 세속의 위로를 추구하게 된다. 그러나 진실로 자기를 억제하고, 하나님의 길을 용감하게 걸어가면 앞서는 무겁고, 주체 못하던 것을 가볍다고까지 생각하게 될 것이다.

　　　　　　　　　　2장　내적 생활로 이끄는 권면

# 자기를
# 반성한다

1    우리들이 자기를 지나치게 신뢰해서는 안 된다. 우리들은 능력과 분별을 잃어버리기 쉽다. 우리들의 마음의 빛은 모자란다. 그런데도 지금까지의 등한함에 의해서 그것마저도 잊어버리고 있다. 우리들은 자기의 마음이 얼마나 장님이 되어 있는지조차 깨닫지 못하고 있다. 우리들은 몇 번이나 악을 행하고, 게다가 다시 나쁜 일에는 그것을 변명하려고까지 하고 있다. 욕망에 지배되어 있는 것을 열의(熱意) 때문이라고 믿어 버리는 일도 있다.

또한 타인의 작은 단점을 나무라면서 자기의 단점은 그것보다도 큰데도 못 보고 지나쳐 버리는 수가 있다. 다른 사람으로부터 받는 괴로움에는 매우 민감하지만 자기 때문에 다른 사람이 얼마나 괴로워하고 있는가 하는 것은 알아차리려고도 하지 않는다. 자기의 행동을 바르게 반성한다면 다른 사람을 엄하게 심판할 이유가 없음을 깨닫게 될 것이다.

2    영적인 사람은 무엇보다도 먼저 자기의 영혼을 생각한다. 자기에게 주의하고 있는 사람은 경솔하게 다른 사람의 일을 말하지 않는다. 다른 사람에 관해서 말하지 않을뿐더러, 자기를 반성하지 않

는 한 사람들은 언제까지라도 영적으로 경건한 사람은 되지 않는다. 자기의 일과 하나님의 일에 깊이 마음을 배려한다면 외부의 일에는 그다지 흔들리지 않는 것이다. 자기 자신에게 있지 않을 때 당신은 어디에 있는 것일까? 당신이 전 세계를 걸어서 돌아다닌다고 하더라도 자기를 등한히 한다면 무슨 이익이 있겠는가? 진정한 평화를 맛보고, 마음의 조화를 얻으려고 생각한다면 당신은 다른 사람의 일을 전부 내버려 두고 먼저 자기 자신에게 주의하지 않으면 안 된다.

3   당신이 세속의 일을 자기로부터 분리한다면 커다란 영적인 이익을 얻는다. 그러나 세속의 일에 마음을 둔다면 커다란 손해를 입는다. 하나님으로부터의 일이 아닌 한 당신은 어떠한 것도 위대하다, 고상하다, 탐탁하다, 기분이 좋다고들 생각해서는 안 된다. 피조물로부터 받는 위로는 어떠한 것도 헛된 것이라고 생각하자. 하나님을 사랑하는 영혼은 하나님보다도 뒤떨어지는 것을 모두 경시한다. 하나님만이 영원하며, 광대무변하며, 모든 것을 충족시키며, 영혼의 위로이고, 마음의 참다운 기쁨이다.

   2장  내적 생활로 이끄는 권면

# 바른 양심의
# 즐거움

1 선량한 사람의 자부심은 바른 양심의 증명이다. 바른 양심을 가지고, 그렇게 하면 즐거움이 끝이 없다. 바른 양심은 여러 가지 사건들을 참아 내는 힘을 주어 불행 속에 있더라도 언제나 기쁨을 낳는다. 그것에 반해서 부정한 양심은 언제나 두려움과 불안에 차 있다. 당신의 양심이 당신 자신을 책망하지 않는다면 당신은 기분 좋게 쉴 수 있다.

　선을 행한 때 이외에는 만족하지 말라. 악인은 진정한 기쁨을 맛보지 못하고, 마음의 평화를 알지 못한다. 「악인에게는 평화가 없다」(이사야 48:22, 57:21)고 주가 말씀하신 대로다. 악인이 「우리들에게는 불행이 일어나지 않는다. 누가 우리들에게 손해를 가할 것인가?」라고 말하더라도 그 말을 믿어서는 안 된다. 돌연 하나님의 노여움이 나타나서 그들의 행동은 모두 무로 되고, 그 계획은 연기처럼 사라져 버릴 것이므로(시편 145:4)……

2 환난을 자랑으로 삼는 것은 하나님을 사랑하는 영혼에게 있어서 곤란한 일은 아니다. 그것은 주의 십자가를 자랑하는 일이기 때문이다. 인간이 주고, 또 받는 영광은 한정된 것이다. 이 세상의 영광

에는 항상 슬픔이 따라다닌다. 선량한 사람의 진정한 영광은 타인
의 판단에 있는 것이 아니라 그 사람 자신의 양심에 있다. 바른 사
람의 쾌활함은 하나님으로부터 나온 것으로서 그것은 하나님에게
있다. 바른 사람의 기쁨은 진리에 의한 것이다.

영원하고 진실한 영광을 바라는 사람은 이 세상의 영광을 뒤돌아
보지 않는다. 이 세상의 영광을 구하며, 그것을 경멸하지 않는 것
은 하늘의 영광을 충분히 사랑하고 있지 않다는 증거이다. 세상의
칭찬도 얕보는 것도 마음에 두지 않는 사람은 매우 침착한 마음을
가지고 있다.

3  마음이 순수한 사람은 어떤 일이 있더라도 만족하고 편안하게 산
다. 사람들로부터 칭찬을 받더라도 그 때문에 성덕(聖德)으로 나아
가지도 않고, 경멸을 받더라도 그 때문에 저속하게 되는 것도 아니
다. 있는 그대로의 당신이 당신인 것이다. 그리고 당신은 하나님
앞에서만은 지금 있는 것 이상으로 선량한 것도 아니다. 당신의 마
음속을 반성해 보면 당신은 사람들이 하는 말에 유념할 필요를 느
끼지 않을 것이다. 사람들은 외관만을 보지만, 하나님은 마음의
밑바닥을 보고 계신다. 사람들은 외부의 행동을 보지만, 하나님은
의향을 보고 계신다.

늘 선을 행하면서 그러면서도 겸손해지는 것은 겸허한 마음의 증
거이다. 이 세상의 어떤 것으로부터도, 어떤 사람으로부터도 위로
를 구하려고 하지 않는 것은 깨끗함과 마음의 고상함의 증거이다.

4  다른 사람의 찬성을 구하려고 하지 않는 사람은 하나님에게 자기
를 완전히 맡기고 있는 사람이다. 성(聖)바울이 말했듯이 자기가 칭

                              2장  내적 생활로 이끄는 권면

찬할 것이 아니라 주가 칭찬하는 것이야말로 하나님의 마음에 드는 자이다(고린도후서 10:18). 내적으로 하나님과 일치하여 살고, 외부의 것에 전혀 속박되지 않는 것은 진실로 내적인 사람의 상태이다.

# 만사를
# 초월하여
# 예수를 사랑한다

1   예수를 사랑하고, 예수를 위하여 자기를 경멸하는 것의 참된 의미를 이해하는 사람은 행복하다. 그 사랑은 모든 사랑을 초월하는 것이 아니면 안 된다. 왜냐하면 예수는 자기 한 사람이 만사를 초월하여 사랑받기를 바라고 계시기 때문이다. 피조물에 대한 사랑은 잘못되기 쉽고, 변하기 쉽다.

그러나 예수에 대한 사랑은 성실하고, 변하지 않는 것이다. 덧없는 피조물에게 부탁하려고 하는 사람은 그것과 함께 넘어진다. 그렇지만 예수 쪽을 택하는 사람은 언제까지라도 흔들리지 않는다. 모두가 당신을 떠나가더라도 당신으로부터 떠나가는 일이 없이 당신을 멸망으로부터 지켜 주는 분을 자기의 친구로 삼아서 사랑하자. 바라든 바라지 않든 관계없이 언젠가 당신은 모든 것으로부터 결별하지 않으면 안 된다.

2   살아 있을 때에도, 죽을 때에도 언제나 예수의 가까이에 있자. 다른 모든 것이 없어지더라도 당신을 도울 수 있는 유일한 분의 진실함에 당신 자신을 맡기자. 당신을 사랑하는 분은 타인이 그 사랑에

   2장  내적 생활로 이끄는 권면

끼어드는 것을 용서하지 않고, 자기 한 사람이 마음속의 왕좌(王座)에 앉기를 바라고 계신다. 당신이 모든 피조물을 마음속으로부터 멀리한다면 예수는 기꺼이 당신의 마음의 주거에 오신다.

예수 이외의 인간을 의지하려고 한다면 그것은 당신에게 있어서 죽음과 마찬가지라는 사실을 알게 될 것이다. 바람에 흔들리는 갈대에게 의지하려고 하지 말라. 「모든 육체는 풀과 같고, 그 영광은 풀의 꽃과 같이 마른다.」(베드로전서 1:24)

3  사람의 외면에만 눈을 멈춘다면 당신은 곧 기대를 배신당하게 될 것이다. 자기의 위안과 이익을 위해서 남에게 부탁하려고 하면 결국은 자기가 손해를 입었음을 알게 되는 일이 가끔 있다. 그러나 만사에 있어서 예수를 찾는다면 그 예수를 꼭 찾아내게 될 것이다. 자기 자신을 찾는다면 자기 자신을 손해와 함께 발견한다. 예수를 찾지 않는 사람은 이 세상과 이 세상의 모든 적보다도 그 이상으로 자기 자신에게 손해를 지우게 될 것이다.

# 예수와의 다정한 우정

1   예수가 우리들과 함께 계신다면 만사는 호조(好調)로 나아가며, 어떤 일도 곤란하게는 보이지 않는다. 그러나 예수에게 버림을 받는다면 만사가 고통스럽게 된다. 예수가 우리들의 마음에 이야기해 주지 않는 때에는 어떠한 위로도 헛된 것이다. 그러나 예수가 한 마디라도 말씀해 주신다면 우리들이 받는 위로는 크다. 막달라의 마리아는 마르다로부터 「선생님이 오셔서 너를 부르신다」(요한복음 11:28)고 하는 말을 들었을 때 울고 있었는데 곧 일어서지 않았던가? 예수가 우리들을 눈물 속에서 마음의 기쁨으로 불러들일 때에는 행복하다.

아, 예수가 없을 때 당신은 얼마나 정감이 없고, 얼마나 냉정하였던가? 예수 이외의 무엇인가를 바랐을 때 당신은 얼마나 미흡하고, 얼마나 공허하였던가? 그것은 이 세상의 모든 것을 잃어버리는 것보다도 큰 손해가 아니었던가?

2   예수가 없다면 이 세상은 당신에게 무엇을 줄 수 있을 것인가? 예수 없이 살아가는 것은 참기 어려운 지옥이며, 예수와 함께 살아가는 것은 아름다운 천국이다. 예수가 당신과 함께 있다면 어떤 적도

       

당신에게 손해를 끼칠 수 없다.

예수를 발견하는 사람은 귀한 보물을, 아니 모든 보물보다 나은 보물을 발견한다. 거기에 반하여 예수를 잃어버린 사람은 대단히 큰 것을 이 세상보다도 큰 것을 잃어버린다. 예수 없이 살아가는 것은 더 할 나위 없이 가난하고, 예수와 함께 바르게 살아가는 사람은 커다란 부를 가지고 있다.

3   예수와 함께 다정하게 살아가는 것을 안다는 것은 비길 데 없는 수완(手腕)이며, 예수를 가지는 것을 아는 것은 무상(無上)의 지혜이다. 겸손하고, 평화로운 사람이 돼라. 그렇게 하면 예수는 당신과 함께 계신다. 경건하고, 유화(柔和)한 사람이 돼라. 그렇게 하면 예수는 당신과 함께 머물게 된다.

외부의 것에 흥미를 가지려고 한다면 곧 예수를 잃어버리고, 하나님의 은총을 잃어버린다. 예수를 잃어버린다면 당신은 누구의 밑으로 피하며, 누구를 친구로 삼을 것인가? 한 사람의 진실한 친구도 가지고 있지 않다면 당신은 살아갈 수가 없다. 예수가 당신의 친구가 아니라면 당신의 생활은 너무도 슬프고, 너무도 따분하다. 누구인가 다른 사람을 당신이 의지하고, 당신의 즐거움으로 삼는다면 당신은 실로 미련한 사람이다. 예수를 거역하려면 전 세계를 거역하는 편을 택하라. 요컨대 당신의 사랑하는 사람들 중에서도 특히 예수는 그들보다도 훨씬 더 사랑하는 대상이 되지 않으면 안 된다.

4   예수를 위해서 모든 사람을 사랑하자. 그러나 예수를 예수로서 사랑하자. 예수 그리스도만을 특별히 사랑하자. 어떤 친구보다도 그

는 충실한 친구이다. 그를 위해서 그로 말미암아 친구도, 적도 사랑하자. 그리하여 그 사람들이 그를 알고, 그를 사랑하도록 기도하라. 특히 칭찬받으려고 하거나 사랑받으려고 해서는 안 된다. 그것은 유일하고, 지극히 높으신 하나님만이 바라는 일이다. 또한 사람들로부터 특별히 사랑받기를 바라지 말라. 그리고 당신의 마음도 사람들에 대한 사랑에게 점령당하지 말라. 예수만이 당신의 마음과 모든 바른 사람들 속에 있도록 바라지 않으면 안 된다.

5  어떤 피조물에게도 속박당하지 말고, 깨끗하고 자유로운 마음을 가져라. 주가 얼마나 다정한가(시편 34:8)를 알고 그 우정을 맛보려고 생각한다면 다른 모든 것에 대한 사랑을 버리고, 깨끗한 마음을 하나님에게 바치지 않으면 안 된다.

당신이 이 세상의 모든 것을 쫓아내고 하나님과만 일치하려면 먼저 하나님의 은총을 받고, 지도를 받아야 한다. 하나님의 은총이 인간에게 내려올 때에는 사람들은 어떤 일이라도 되지만, 그것이 없어지면 가난하고, 약하게 되며, 괴로움에 동요된 채로 남게 된다.

그러나 그런 때에도 사람들은 실망하고 낙담해서는 아니 된다. 오히려 기분 좋게 하나님의 뜻을 받아 자기의 몸에 일어나는 일을 모두 예수 그리스도의 영광을 위해서 참아 내지 않으면 안 된다. 겨울이 지나가면 여름이 되고, 밤이 지나가면 낮이 되며, 폭풍우가 지나가면 쾌청한 날을 볼 수 있기 때문이다.

  2장  내적 생활로 이끄는 권면

# 위로를<br>잃어버렸다

1 하나님의 은총이 있을 때 인간으로부터의 위로를 버리는 것은 쉽
다. 그렇지만 인간으로부터도, 하나님으로부터도 위로를 받지 않
고 생활하며, 하나님의 영광을 위해서 기꺼이 마음의 갈증을 참아
내고, 모든 점에 있어서 자기를 찾지 않고, 자기의 공덕을 고려하
지 않는 것은 커다란, 실로 커다란 덕이다.

하나님의 은총을 받고 있을 때 쾌활하고, 경건한 생활을 하고 있더
라도 그것은 대단한 일이 아니다. 그러한 은혜는 누구라도 바라는
것이다. 하나님의 은혜로 추진되면 용이하게 전진한다. 전능하신
하나님의 지지를 받고, 최고의 지도자에게 지도를 받고 있는 사람
이 무거운 짐을 느끼지 않는 것은 당연한 일이다.

2 우리들은 언제나 무슨 위로를 찾는다. 그리고 자기 자신을 벗어나
기는 어렵다. 순교자 라우렌치오는 이 세상을 이기고, 교황에 대
하여 품고 있던 사랑에도 이겼다. 이 세상에 있어서 자기가 즐거움
으로 삼고 있던 것을 모두 희생하고, 사랑하고 있던 하나님의 대사
제(大司祭) 시스트가 그리스도에 대한 사랑을 위해서 제거당하는 것
도 참아 냈다. 이렇게 하여 그는 창조의 주를 사랑하기 위해서 인

간에 대한 사랑을 이기고, 인간으로부터의 위로보다도 하나님의
뜻 쪽을 택했다.

당신도 하나님에 대한 사랑을 위해서 그리운 친구, 어떤 의미에서
는 없어서는 안 될 친구마저도 희생하는 일을 배우지 않으면 안 된
다. 언젠가 우리들은 서로 헤어져야 한다는 것을 알고, 친구로부
터 버림받더라도 비탄에 빠져서는 안 된다.


3  사람들은 자기에게 전적으로 이기고, 사랑의 적(的)을 하나님에게
로 향하기까지는 오랫동안 쓰라린 싸움을 하지 않으면 안 된다. 자
기 자신을 중심으로 하고 있는 동안은 인간으로부터의 위안을 구
하기 쉽다. 그러나 진실로 그리스도를 사랑하며, 그 덕을 본받으
려고 힘쓰는 사람은 인간의 위로에 의지하지 않고, 감각적인 즐거
움을 바라지 않으며, 오히려 그리스도를 위하여 쓰라린 시련과 노
고를 참아 내려고 한다.


4  그러니까 하나님으로부터 영적인 위로가 주어질 때에는 감사를
가지고 그것을 받아들이자. 그렇지만 그것은 당신의 공덕의 보답
이 아니라 다만 하나님의 선물이라고 생각하자. 자만하지 말라.
지나치게 기뻐하지 말자. 그리고 헛되게 자기에게 부탁하지 말라.
도리어 그 은총을 받고 더욱 겸손하며, 행동에 있어서 점점 더 경
계하고, 보다 더 두려움을 가져라. 그때가 지나가 버리면 곧 유혹
의 때가 올 것이기 때문에…….

하나님으로부터의 위로가 없어진 때에도 곧 낙담해서는 안 된다.
도리어 겸손과 인내를 가지고 하늘의 소식을 기다리지 않으면 안
된다. 실로 하나님은 당신에게 그 이상의 위로를 줄 수가 있다. 그

                          2장  내적 생활로 이끄는 권면

것은 하나님의 길의 경험자에게 있어서는 새로운 일도 드문 일도
아니다. 대성인들과 옛날의 예언자들에게도 그러한 변천이 가끔
있었다.

5   그들 가운데의 한 사람은 은총을 받고 있을 때 이렇게 말했다. 「나
는 풍부할 때에 외쳤다. 주여 언제까지라도 이것을 잃지 말기를—
—」(시편 30:6). 그러나 그것이 없어졌을 때 자기 속에서 체험한 것을
다음과 같이 표현했다. 「당신은 얼굴을 나로부터 외면하여 나는 불
안으로 가득 찼다」(시편 30:7)라고, 그러나 그때에도 그는 실망하지
않고, 다시 열심히 주에게 기도했다. 「주여 당신을 향하여 소리를
높여 나의 하나님이신 당신에게 간절히 바랍니다」(시편 30:10)라고,
드디어 그 기도는 효과를 얻었으므로 자기의 기도가 받아들여졌
음을 증명하여 「주는 나의 기도를 받아들여 나를 가엾게 여겨 주셨
다. 나를 도와주셨다!」(시편 30:11)라고 외쳤다. 어떻게 하여 도와주
었는가 하면 「당신은 나의 눈물을 기쁨으로 바꿔 나를 환희로 가득
차게 해 주셨다」(시편 30:12)라고 말하고 있다.
위대한 성인들의 경우가 이상과 같았다고 한다면 때로는 열심히
하고, 때로는 냉담해졌다고 하더라도 약하고 부족한 우리들이 실
망해서는 안 된다. 하나님의 은총이 우리들에게 멈추거나, 혹은
가버리는 것은 하나님의 뜻 대로이다. 그러므로 욥은 「당신은 아침
일찍이 사람을 찾아와서 그 직후에 시련을 내리신다」(욥기 7:18)라고
말하고 있다.

6   하나님의 광대한 자비와 하늘의 은총에 부탁하는 것 이외에 나에
게 있어서 무엇이 의지가 되며, 무엇이 의지할 곳이 되겠는가? 친

구로서 선량한 사람들, 경건한 형제들, 충실한 우인을 가지고 있
더라도, 또한 성스러운 서적이나 좋은 철학서를 읽고 있더라도,
아름다운 노래나 찬미가로 귀를 기분 좋게 어루만지고 있더라도
만약에 내가 하나님의 은총을 갖지 않고, 빈약한 상태에 단 한 사
람으로 남아 있다면 그러한 것들도 크게 쓸모가 없고, 그다지 흥미
도 끌지 않을 것이다. 이러한 때에는 인내와 자기 자신의 포기로써
하나님의 뜻에 매달리는 것 이외에는 방법이 없다.

7  하나님의 은혜를 빼앗기고, 열심이 식는 것을 일시라도 느끼지 못
했을 정도로 신심이 두터운 사람, 신앙이 있는 사람을 나는 아직까
지 본 일이 없다. 유혹의 때를 잠시도 갖지 않았을 정도의 성덕을
가지고 하나님과 일치하며, 하나님에게 비추어진 사람은 한 사람
도 없었다. 실로 하나님에 대한 사랑을 위해서 무엇인가 환난으로
단련되지 않았던 사람은 귀중한 묵상에 적합한 사람이 아니다. 오
히려 유혹은 뒤에 주실 위안의 전조일 경우가 많다. 하늘의 위로는
유혹을 받은 사람들에게만 약속되는 것이기 때문이다. 「승리자에
게 생명나무의 열매를 먹게 하자」(요한계시록 2:7)고 주는 말씀하시고
계신다.

8  하나님의 위로가 주어지는 것은 환난을 참아 내는 힘을 강하게 하
기 위해서이다. 그 후에 유혹이 오는 것은 선행을 자랑하지 않기
위해서이다. 악마는 잠들지 않는다. 탐욕도 죽지 않는다. 그러므
로 싸우기 위해서 대비를 게을리 하지 말라. 오른쪽에도, 왼쪽에
도 쉴 줄을 모르는 적이 있기 때문에…….

   2장  내적 생활로 이끄는 권면

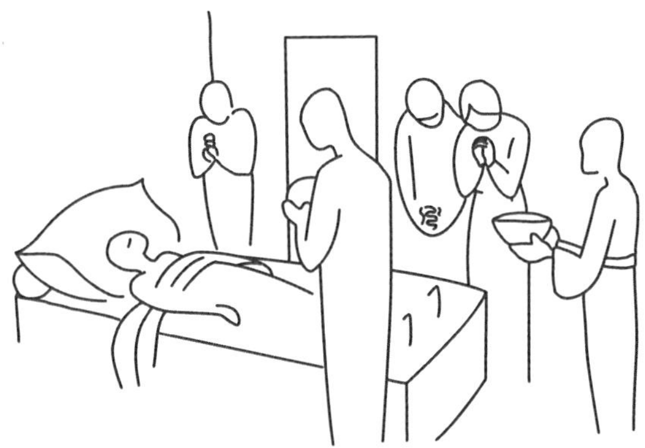

1   당신은 수고하기 위해서 태어났는데 왜 휴식을 구하는가? 위로를 기뻐하기보다도 괴로워할 것에 대비하자. 즐겁게 생활하기보다도 십자가를 짊어질 준비를 하자. 언제나 영적인 환희와 위안을 받는다면 세속의 사람들마저도 기꺼이 그것을 받으려고 할 것이다. 영적인 위로는 지상의 즐거움, 물질적인 쾌락에 앞서는 것이다. 세상의 즐거움은 헛되거나, 혹은 더러워진 것이지만, 그러나 영적인 즐거움은 충실하고, 더러움이 없다.

그것은 덕으로부터 생겨나서 깨끗한 영혼이 쏟아부어져 있기 때문이다. 그렇다고는 하지만 유일하게 혼자만으로서 생각하는 대로 하나님의 위로를 맛볼 수는 없다. 유혹의 때가 조만간 가까이 오기 때문이다.

2  하나님이 우리들의 영혼을 찾아오는 데 있어서 커다란 방해가 되는 것은 그릇된 자유와 자기에 대한 과신이다. 하나님이 그 위로를 사람들에게 주는 것은 선이며, 사람들이 거기에 감사를 돌리지 않는 것은 악이다. 우리들은 그 주시는 주에 대하여 망은(忘恩)을 하여 그 근원에게 모든 것을 돌려주려고 하지 않는다. 받은 은혜에 감사하는 사람은 새로운 은혜를 받을 가치가 있다. 그것은 교만한 사람으로부터 빼앗아서 겸손한 사람에게 주어진다.

3  나는 통회를 없애 버릴 만한 위로를 구하고 싶지 않다. 또한 시건 방짐을 기를 만한 묵상도 바라지 않는다. 숭고한 것이 모두 성(聖)이 되며, 기뻐할 일이 모두 좋으며, 바라는 것이 모두 깨끗하고, 좋아하는 것이 전부 하나님에게 기쁨을 준다고는 할 수 없다.
나를 밑바닥까지 낮추어 겸손하게 하며, 깊이 경외를 기르고, 자기를 버리는 일에 대비케 하는 은혜야말로 기꺼이 나는 받고 싶다. 하나님의 은혜의 안내를 받으며, 또한 그것이 없어졌을 때의 괴로움을 알고 있는 사람은 어떠한 선도 자기에게 돌리지 않으며, 다만 자기는 부족하고, 아무것도 가지고 있지 않은 사람이라고 고백한다.
하나님의 것은 하나님에게로 돌리고, 그리고 당신의 것을 당신이 가져라. 받은 은혜에 대해서 하나님에게 감사하고, 자기의 것으로서 죄를 자기에게 돌려라. 그리고 죄를 범했으므로 자기는 벌을 받

    2장  내적 생활로 이끄는 권면

아야 할 사람이라고 인정하자.

4 언제나 최하등의 자리에 자기를 두라. 그렇게 하면 최고의 자리를 받게 된다. 최고의 자리는 항상 최하등의 자리가 있기에 존재한다. 하나님의 눈에 있어서 가장 뛰어난 성인들은 자기로서는 가장 천한 사람이라고 생각했다. 그들의 영광이 위대했던 것과 반비례해서 그들은 겸손했다.
그들은 진리를 가지고, 하늘의 영광을 향하며, 이 세상의 헛된 칭찬을 바라지 않았다. 하나님에게만 부탁하고, 하나님에 의해서 유지되었던 그들은 결코 뽐내지 않았다. 그리고 받은 선물을 모두 하나님의 것으로 하고, 사람끼리의 영광을 구하지 않으며, 하나님으로부터의 영광만을 향하여, 특히 하나님이 자기들과 모든 성인들에 의해서 찬미되는 일만을 바랐다. 그들이 목적으로 하는 것은 위와 같은 것들뿐이었다.

5 아무리 작은 것이라도 하나님에게 감사하라. 그렇게 하면 보다 더 큰 은혜를 받는 데 족한 사람이 된다. 어떤 작은 선물도 귀중한 것이라고 생각하자. 받기에 부족한 것처럼 보이는 것도 작다든지, 천하다고 생각하지 말라. 참으로 높으신 분이 주는 것이 작은 것일 리는 없다.
하나님이 고난과 환난을 당신에게 주었다고 하더라도 그것을 감사하며 받자. 우리들 위에 일어나는 일은 모두 우리들의 구원을 헤아리는 하나님의 뜻에서 나오는 것이다. 하나님의 은총을 가지려고 하는 사람은 그것을 받았을 때 감사하며, 그것을 가지고 갔을 때 인내하고, 새로이 받도록 기도하며, 그것을 잃어버리지 않도록 겸손하게 경계한다.

# 예수의 십자가를
# 사랑하는
# 사람은 적다

1   예수의 하늘나라를 사랑하는 사람은 많지만, 그 십자가를 지려는 사람은 적다. 위로를 바라는 사람은 많으나 괴로움을 바라는 사람은 적다. 예수와 함께 식탁에 앉고 싶은 사람은 많으나 예수와 함께 단식하는 사람은 적다. 그리스도와 함께 즐기는 일을 바라지만, 그리스도를 위해서 무슨 일을 참아 내려고 하는 사람은 적다. 빵을 자를 때까지 예수에게 따르는 사람은 많지만, 수난의 잔을 함께 마시려고 하는 사람은 적다.

  2장  내적 생활로 이끄는 권면

많은 사람들은 그의 기적에 감탄한다. 그러나 십자가의 모욕까지 따르는 사람은 적다. 많은 사람들은 불행이 오지 않는 한 예수를 사랑하고, 위안을 받고 있는 한 그를 축하한다. 그러나 예수가 모습을 감추고, 잠시라도 그들로부터 떠나가 버리면 불평을 말하며, 몹시 낙담한다.

2  그러나 예수로부터 받는 위로 때문만이 아니라 예수를 예수로서 사랑하고 있는 사람은 환난이나 고통의 때에도 위로의 때와 마찬가지로 그를 찬미한다. 그리고 예수가 언제까지라도 위로를 주지 않더라도 그들은 언제나 감사와 찬미를 게을리 하지 않는다.
예수에 대한 사랑이 자기만의 이익이나 자애심이 섞이지 않는 순수한 것이라면 그것은 얼마만큼의 위력을 가지고 있는 것일까? 언제나 위안만을 구하는 사람은 고용된 사람이 아닐까? 자기의 안락과 이익만을 생각하는 것은 그리스도보다도 자기 자신을 사랑하고 있는 증거가 아닐까? 아무런 보답도 구하지 않고 하나님에게 봉사하려고 하는 사람은 어디에 있는 것일까?

3  모든 것으로부터 벗어난 영적인 사람은 극히 적다. 진실로 마음이 가난한 사람, 어떤 피조물로부터도 마음을 떼어 놓은 사람을 어디에서 발견할 수 있을까? 만약에 그러한 사람이 있다면 아득한 먼 나라에서 오는 진귀한 보물과 같은 가치가 있다(잠언 31:10). 가난한 사람에게 자기의 재산을 모두 주더라도 대수로운 일은 아니다. 죽을 정도의 고행을 계속하더라도 또한 하찮은 일이다. 모든 학문을 간직하더라도 아직 목적으로부터 멀다. 위대한 덕과 열성적인 신앙을 가지고 있더라도 무엇보다도 필요한 한 가지 일이 아직 부족

하다. 그것은 무엇일까? 모든 것을 떠나고, 자기를 버리며, 자기를 완전히 벗어나서 인간적인 모든 애정을 버리는 일 그것이 바로 이것이다. 할 수 있는 만큼의 일을 했더라도 아니 자기는 아무것도 하지 않았다고 생각하지 않으면 안 된다. 다른 사람들이 높이 사는 자기의 장점도 대단한 것이라고 생각하지 않고, '나는 쓸모없는 종이다'라고 마음속으로 생각하지 않으면 안 된다. 진리이신 예수도「명받은 일을 모두 해내고 나서 나는 쓸모없는 종이다」(누가복음 17:10)라고 말씀하셨다고 한다. 그렇게 하면 정말로 마음이 가난한 자, 모든 것을 벗어버린 자가 되며, 예언자와 함께「이제야 나는 고독하고 가난한 자가 되었다」(시편 24:16)고 말할 수 있다. 자기와 자기의 모든 것을 버리고 가장 천한 자리를 택하는 사람만큼 세력이 있는 사람, 자유로운 사람, 부유한 사람은 없다.

   

# 십자가의
# 황금의
# 길

1  「자기 자신을 버리고 십자가를 지고 예수에게 따르라」(마태복음 16:24)
라고 하는 말씀을 사람들은 매우 어려운 일이라고 생각하고 있다.
그러나 이러한 사람들에게 있어서 「저주를 받은 자들아 나를 떠나
영원한 불에 들어가라」(마태복음 25:41)고 하는 최후의 판결을 듣는 것
은 더욱 고통스러운 일일 것이다.

십자가를 지라고 하는 말을 기꺼이 받아들여서 실행하는 사람은
그때가 되어서 영원한 멸망의 선고를 들을 두려움이 없다. 십자가
의 그 표시는 주가 심판하러 왔을 때 하늘에 나타난다. 그때에 살
아 있을 동안에 십자가의 그리스도의 모범을 본받았던 십자가의
종들은 심판자 그리스도에게 커다란 신뢰를 가지고 다가가게 될
것이다.

2  그런데도 왜 당신은 십자가를 무서워하는가? 그것을 통하여 하나
님의 나라에 오르는 것이 아닌가? 십자가에야말로 구원과 생명과
적으로부터의 방어가 있다. 십자가는 하늘의 기쁨의 선물, 지혜의
위력, 마음의 환희를 준다. 십자가에는 모든 덕이 포함되어 있다.

십자가에는 완전한 성덕이 있다. 십자가에 의하지 않으면 영혼의 구원은 없고, 영원한 생명도 없다. 당신의 십자가를 지고 예수에게 따르라. 그렇게 하면 영원한 생명에 이른다.

그는 십자가를 지고 당신에게 앞서서(요한복음 19:17) 그 십자가 위에서 당신을 위해서 돌아가셨다. 그것은 당신도 십자가를 지고 그 위에서 죽게 하려고 바랐기 때문이다. 당신이 그와 함께 죽으면 다시 그와 함께 살고, 그와 함께 고통을 받으면 또 함께 영원한 영광을 받는 것이다.

3   보라 모든 것은 십자가를 지고 그 위에서 죽는 데에 있다. 그리고 생명의 참된 평화를 이끄는 성스러운 십자가의 길과 나날의 고행 이외에 길은 없다. 가고 싶은 길을 어디에든 가라, 하고 싶은 대로 찾아서 하라. 하지만 성스러운 십자가의 길보다 높고, 그것보다도 안전한 길은 발견하지 못할 것이다.

무엇이라도 당신이 바라는 대로 이끌려 가도록 마련하자. 그러나 당신은 다짜고짜로 괴로움에 마주치지 않을 수 없을 것이다. 이렇게 하여 당신은 언제나 십자가와 마주친다. 육체의 고통이든 마음의 시련이든 항상 무엇을 참아 내지 않으면 안 된다.

4   어떤 때에는 하나님이 당신으로부터 멀어지고, 어떤 때에는 다른 사람들로부터 괴로움을 당하며, 또 자주 자기 자신의 무거운 짐을 느낀다. 그리고 그 고통을 피할 약, 짐을 가볍게 할 위로를 찾아내지 못하고, 하나님의 뜻이 있을 때까지 참아 내지 않으면 안 된다. 당신이 아무런 위안도 없이 환난을 참아 내는 것을 익히고, 하나님에게 전적으로 복종하며, 고통에 의해서 다시 겸허하게 되는 것

                    2장  내적 생활로 이끄는 권면

을 하나님은 바라고 계신다. 그리스도의 고통과 비슷한 고통을 참아 내지 않으면 안 되었던 사람 이상으로 그리스도의 수난을 이해할 수 있는 사람은 없다.

그러므로 십자가는 항상 준비되어 있어서 어디에서도 당신을 기다리고 있다. 당신은 어디로 도망치더라도 그것으로부터는 도망칠 수 없다. 당신은 어디에 가더라도 자기 자신과 함께 있으며, 어디에서도 당신 자신을 발견하기 때문이다. 위에서도, 아래에도, 밖에도, 안에도 어디에서도 십자가를 발견하게 될 것이다. 만약에 당신이 마음의 평화를 가지고 영원한 면류관을 받고 싶다고 생각한다면 어디에 가서라도 인내하지 않으면 안 된다.

5    당신이 기꺼이 십자가를 진다면 십자가가 당신을 지고 희망의 땅, 모든 고통이 끝나는 땅까지 당신을 안내해 준다. 하지만 그것은 이 세상에는 없는 곳이다. 당신이 십자가를 마지못해 가진다면 그것은 당신의 무거운 짐이 되어 다시 당신을 압박하는 것처럼 느껴질 것이다. 그렇지만 그래도 내던져 버릴 수는 없다. 하나의 십자가를 버리려고 한다면 반드시 다른 십자가를, 아마도 훨씬 더 무거운 십자가를 지게 될 것이다.

6    이 세상에서 생활한 어떤 사람도 피할 수 없었던 십자가를 당신이 피할 수 있다고 생각하는가? 이 세상에서 십자가를 지지 않고, 환난을 맛보지 않았던 성인이 있을까? 주 예수 그리스도조차도 살아 있는 동안에는 한 순간이라도 수난의 고통을 느끼지 않을 수 없었다. 그리스도는 고통을 받고, 그 후에 사자(死者)로부터 되살아나서 영광에 들어가야 한다고 예수 자신이 말씀하고 계신다(누가복

음 24:26). 그런데도 왜 당신은 고귀한 십자가라고 하는 이 황금의 길 이외의 길을 찾으려고 하는가?

7  그리스도의 생애는 십자가와 순교였는데 당신은 휴식과 즐거움만을 구하려고 하는가? 만일 당신이 고통을 참아 내는 것 이외의 무엇인가를 찾으려고 한다면 마음에 명기(銘記)해 두라. 그것은 틀린 것이다. 이 세상의 덧없는 생활은 참으로 비참하며, 십자가로 둘러싸여 있는 것이다. 사람들은 완덕의 길을 오르면 오를수록 무거운 십자가를 만난다. 하나님에 대한 사랑이 깊어지면 깊어질수록 유배(流配)당한 듯한 사람들의 슬픔은 깊어지는 것이다.

8  하지만 이처럼 여러 가지 고통에 마주치더라도 위로가 전혀 없는 것은 아니다. 자기의 십자가를 참아 내면 귀중한 열매가 된다고 우리들은 알고 있으므로 자진해서 괴로움을 당하면 어떤 무거운 짐도 주의 위로를 향한 신뢰로 바뀐다. 육체가 고통으로 부서지면 영혼은 하나님의 은총에 의해서 강하게 된다.
그것뿐만 아니라 어떤 사람은 환난과 고통을 원함으로써 위안을 느끼고, 예수의 십자가와 일치하고 싶어서 환난과 고통 없이는 살고 싶지 않다고까지 생각했을 정도다. 그러나 그것은 인간의 덕에 의하는 것이 아니고, 그리스도의 은총에 의한 것이다. 하나님의 은총은 인간의 연약한 육체가 본래는 혐오하는 것을 열심히 하는 나머지 껴안고 싶어 할 정도로 큰일을 이루어 낼 수 있는 것이다.

9  십자가를 진다. 십자가를 사랑한다. 육체를 억눌러서 거기에 이긴다. 영예(榮譽)를 피한다. 기꺼이 모욕을 참는다. 자기를 무시한다.

   2장  내적 생활로 이끄는 권면

다른 사람에게 경멸당하는 것도 바란다. 역경과 손해를 참고 견딘다. 이 세상에 있어서의 행운을 바라지 않는다. 등등 이러한 일들은 인간이 좋아하기에는 합당하지 않은 것이다. 스스로 반성해 보면 이상의 일들이 하나라도 자기의 힘만으로는 되지 않는다는 것을 알게 된다. 그러나 주에게 부탁하면 당신은 하늘의 힘을 받아서 세상도, 육체도 지배할 수 있다. 신앙으로 무장하고, 그리스도의 십자가의 표시를 몸에 차면 당신은 적인 악마마저도 두려워하지 않을 것이다.

10 그러므로 그리스도의 충실한 종으로서 당신은 당신을 사랑한 나머지 십자가에 달리신 주의 십자가를 담대하게 지고 가라. 가엾은 인생에 있어서 많은 비운과 불행을 참아 낼 마음의 준비를 하라. 당신은 어디에 있어도 불행이 일어나고, 어디로 피하더라도 고통과 마주치게 될 테니까. 그것은 피하기 어려운 것이다. 그리고 고통과 환난을 피하기 위해서는 그것을 기분 좋게 참아 내는 것 이외에는 방법이 없다.

주의 친구로서 장래에 하늘나라에 들어가려고 생각한다면 사랑을 가지고 주의 잔을 마셔라. 위안에 관해서는 하나님에게 맡기자. 하나님이 뜻대로 헤아려 주도록 맡기자. 당신은 환난을 참아 낼 준비를 하고, 환난이야말로 최대의 위로라고 생각하자. 당신 혼자서 모든 환난을 짊어지고 참아 냈다고 하더라도「현세의 괴로움은 내세의 영광에 비교도 할 수 없을 정도로 미치지 못한다.」(로마서 8:18)

11 환난이 감미로운 것으로 생각되고, 괴로운 일을 좋아하게 되며, 그리스도에 대한 사랑을 위해서 그것이 맛이 있는 것으로 되면 그

때에는 모든 것이 순조롭게 되어 간다고 생각해도 좋다. 그것은 이 세상의 천국을 발견한 것이다. 그러나 괴로움을 무거운 짐으로 느끼고, 그것을 피하고 싶다고 생각하는 동안은 실수하기 쉬워서 피하려고 하면 할수록 고통이 귀찮게 따라다닌다.

12  당신이 당신의 할 수 있는 일, 즉 그리스도를 위해서 괴로워하고, 자기 자신을 죽이려고 하기 시작한다면 곧 유쾌하게 되며, 평화를 발견할 것이다. 당신이 바울과 함께 제 삼천(第三天)까지 올라갔다고 하더라도 그것은 고통을 피할 수 있는 보증으로는 되지 않는다. 예수는「그가 나의 이름을 위해서 얼마만큼 고통을 받지 않으면 안 되는가를 그에게 보이리라」(사도행전 9:16)라고 말씀하셨다. 그러므로 예수를 사랑하고 언제까지라도 섬기고 싶다고 생각한다면 당신에게 남겨진 일은 고통 이외에는 없다.

13  당신은 그리스도의 이름을 위해서 고통을 참아 내는 사람이 되어라. 그렇게 하면 당신은 얼마간 영광을 확보하였으며, 또한 하나님의 성인들은 얼마나 환희하며, 다른 사람들은 얼마나 덕에 격려를 받게 될 것인가! 어떤 사람도 인내를 칭찬하지만, 그러나 나아가서 괴로움을 당하려고 하는 사람은 적다. 당신이 그리스도를 위해서 무슨 일인가를 기꺼이 참아 내는 것은 당연한 일이다. 사람들은 이 세상을 위해서 그 이상의 고통을 참아 내고 있지 않은가?

14  잊지 말라. 당신은 이제 죽어야 할 사람으로서 살지 않으면 안 된다. 사람은 자기에게서 죽으면 하나님에게서 살기 시작한다. 그리스도를 사랑하기 위해서 기꺼이 고통을 참아 내려고 하지 않는 한

    2장  내적 생활로 이끄는 권면

하늘의 일을 이해할 가치가 없다. 기분 좋게 그리스도를 위해서 고통을 당하는 것 이상으로 하나님이 기뻐하고, 또한 이 세상에서 당신의 영혼을 유익하게 하는 것은 없다. 당신이 어느 것을 택할 수 있다면 위안을 채우는 것보다도 그리스도를 위해서 불우함을 참아 내는 쪽을 택하라. 그렇게 하면 당신은 그리스도를 닮은 사람이 되며, 성인들과 한층 더 일치될 것이다. 우리들의 공덕과 덕으로 향한 진보는 마음의 감미로움이나 위안에 있는 것이 아니라 불행과 환난을 참아 내는 데에 있다.

15 고통을 당하는 것 이외에 인간의 구원에 쓸모가 있는 편리한 길이 있다면 그리스도는 틀림없이 말과 모범으로써 그것을 내보였을 것이다. 그렇지만 예수는 그 제자들과 따르고 싶다고 바라는 사람들에게 십자가를 지라고 분명하게 명령하여 이르시기를 「나를 따르고 싶은 사람은 자기를 버리고, 자기의 십자가를 지고 나를 좇을 것이니라」(마태복음 16:24, 누가복음 9:23)라고 말씀하셨다.
요컨대 모든 것을 연구한 후에 결론은 「우리들은 많은 난을 거쳐서 하나님의 나라에 들어간다」(사도행전 14:22)고 하는 것이다.
내적 생활에 유익한 훈계는 여기에서 마친다.

# 충실한 영혼에게 말하는 그리스도의 다정한 대화

# 충실한 영혼에게
# 말하는 그리스도의
# 내적인 말씀에 대하여

1 「주이신 하나님이 나의 마음에 무엇을 말하는가를 듣자」(시편 85:8).
자기 속에서 말하는 주의 말만을 들으며, 그의 입으로부터 위로를
듣는 영혼은 행복하다. 하나님의 속삭임을 듣고, 이 세상의 소음
을 들으려고 하지 않는 귀는 행복하다. 이 세상의 소음이 아니라
마음에 가르쳐 주는 진리를 듣는 귀는 정말로 행복하다. 외부의 것
에 눈을 감고, 내부의 것만을 주목하려고 하는 눈은 행복하다. 영
혼을 이해하려고 힘쓰고, 나날의 수행에 의해서 하늘의 오의를 깨
달으려고 태도를 취하는 사람은 행복하다. 하나님만을 사귀는 일
을 즐기고, 세상의 속박을 모두 벗어버리는 사람은 행복하다.
반성하자. 나의 마음이여! 당신 속에서 주이신 하나님이 말하는 것
을 듣기 위해서 오감의 문을 닫아 버리자.

2 사랑하는 분은 말씀하신다. 「나는 당신의 구원」(시편 35:3), 당신의 평
화, 당신의 생명이다. 나와 일치하라. 그렇게 하면 평화를 발견한
다. 지나가 버릴 것을 모두 내던져 버리고, 영원한 것만을 구하자.
이 세상의 것은 모두 유혹뿐이지 않은가? 당신이 창조주로부터 버

림을 받으면 피조물이 무슨 소용이 있겠는가? 그렇다면 모든 세상의 것을 버리고, 진짜의 행복을 얻으며, 창조주의 마음에 들기 위하여 충실한 사람이 되도록 힘쓰자.

     3장  충실한 영혼에게 말하는 그리스도의 다정한 대화

# 진리는 말없이
# 우리들 속에
# 이야기한다

1  「주님, 말씀해 주십시오. 당신의 종은 듣고 있습니다(사무엘상 3:10).
나는 당신의 종입니다. 나의 지혜를 밝혀서 당신의 법도를 깨닫게
하여 주십시오(시편 119:125). 나의 마음을 당신의 입으로 기울어지
게 하여 주십시오. 당신의 말씀이 이슬처럼 나의 마음에 방울져 떨
어지도록——. 그 옛날 이스라엘의 아들들은 모세를 향하여 '당신
이 말씀해 주십시오. 듣고 있습니다. 주가 직접 말씀해 주시면 우
리들은 죽어 버립니다'(출애굽기 20:19)라고 말했습니다. 오 주님! 그

렇지만 우리는 그렇게 기도하기 싫습니다. 차라리 예언자 사무엘처럼 겸손과 사모하는 마음을 가지고 원하옵나이다. 주여, 말씀해 주십시오. "당신의 종은 듣고 있습니다"라고. 모세나, 그 밖의 예언자들의 말이 아니라, 모든 예언자들에게 영감을 주어서 밝혀 주시는 주이신 하나님이여! 나에게 말씀해 주십시오. 당신은 예언자에 의하지 않고도 나에게 모든 것을 가르쳐 주십니다. 그러나 예언자는 당신 없이는 아무 일도 되지 않습니다.

예언자의 말은 울려 퍼지더라도 마음을 끌어당기지 못합니다. 아름답게 말하지만, 당신이 침묵하고 있으면 사람의 마음을 불타오르게 하지 못합니다. 그들은 문자를 전하지만 그 의미를 깨닫게 하는 것은 당신입니다. 그들은 오의를 알리지만, 당신은 거기에 숨어 있는 진리를 내보여 주십니다. 그들은 당신의 법도를 알리지만, 그 법도를 지키도록 도와주시는 분은 당신입니다. 그들은 길을 제시하지만 그것을 계속 걸어가도록 힘을 주시는 것은 당신입니다. 그들은 외부에 활동하지만 당신은 마음을 밝혀서 가르쳐 주십니다. 그들은 밖에 물을 붓지만 당신은 성장시켜 주십니다. 그들은 말을 외치지만 그것을 이해시키는 것은 당신입니다.

그렇다면 영원한 진리의 주님, 나의 하나님이여! 모세가 아니라 당신이 말씀해 주십시오. 나는 구원의 열매를 맺지 않고는 죽고 싶지 않습니다. 내가 외부의 말만으로 가르침을 받아 안에서 불타오르지 않는다면 꼭 그렇게 되겠지요? 말을 듣고도 실행하지 않고, 알고 있으면서도 사랑하지 않으며, 믿고 지키지 않으면 심판을 받겠지요?

주여, 말씀해 주십시오. 당신의 종은 듣고 있습니다. 당신은 '영원한 생명의 말씀'(요한복음 6:68)을 이야기해 주십니다. 나의 마음을 위

   3장 충실한 영혼에게 말하는 그리스도의 다정한 대화

로하고, 나의 생애를 고쳐 주시며, 영원히 당신을 기리기 위해서

주여, 말씀해 주십시오.」

# 하나님의 말만은
# 겸허하게 들어야 한다.
# 그러나 그것을 중히
# 여기는 사람은 적다

1 「인자여, 나의 말을 들어라. 모든 철학자나 슬기로운 사람들보다 뛰어난 감미로운 말이다. 나의 말은 영과 생명이다(요한복음 6:63). 그것은 사람의 지식으로써는 헤아릴 수 없고, 헛된 자부심의 뿌리로는 되지 않으며, 다만 침묵 속에서 깊은 겸손과 커다란 사랑을 가지고 듣지 않으면 안 되는 것이다.」

   3장  충실한 영혼에게 말하는 그리스도의 다정한 대화

2    나는 말했다. 「주님, 법도에 관해서 당신으로부터 밝혀지고, 가르침을 받게 되는 자는 행복하다. 그에게는 고통의 날을 완화하여 이 세상에서도 위안을 주시게 되는 것이니까」(시편 94:12)라고.

3    주는 말씀하신다. 「나는 처음부터 예언자에게 가르치고, 지금도 끊임없이 모든 사람들에게 이야기하고 있다. 그러나 나의 소리에 귀를 닫고, 귀를 빌려 주지 않으려는 사람이 많다. 사람들은 하나님보다도 오히려 이 세상의 일에 귀를 빌려 준다. 하나님의 뜻에 따르기보다도 육체로 기울어져서 거기에 따르려고 한다. 세상은 약간의 덧없는 것밖에 약속하지 않는데도 사람들은 열심히 세상에 봉사한다. 나는 최고의 영원한 선을 약속한다. 그런데도 인간들의 마음은 움직이지 않는다.

4    이 세상과 그 소유주에게 봉사하는 것과 마찬가지의 근면함으로써 나에게 봉사하고, 나에게 복종하는 사람이 있을까? '시돈이여, 너는 부끄러워할지어다라고 바다는 말한다'(이사야 23:4). 왜 그렇게 되는가 하면 이러하다. 약간의 물건을 얻기 위해서 사람들은 긴 여행도 싫어하지 않는다. 그러나 영원한 생명을 위해서라면 한 걸음조차도 내딛기를 꺼린다. 사람들은 치사한 벌이를 줄곧 찾아서 구하며, 때로는 단 한 닢의 돈을 위해서 다투어 수치를 모른 체한다. 헛된 것이나 잡아도 부족을 느끼는 약속을 위해서 낮이나 밤이나 노고를 달게 받는다. 아, 그러나 유감스럽게도 둘도 없이 귀중한 선을 위해서, 비할 데 없는 보답을 위해서, 최고의 명예를 위해서, 한없는 영광을 위해서 약간의 수고조차 하기를 싫어한다.
    나태하고, 불평가인 종아, 부끄러워하여라. 세상 사람들이 멸망의 길로 쏜살같이 돌진하기보다도, 그래, 그것보다도 미적지근하게 당신이 영원한 생명으로 향하여 계속 걸어가고 있다는 것을. 당신이 진리를 기쁨으로 삼는 이상으로 그들은 헛된 것에 환희한다. 그런데도 불구하고 세상 사람들의 희망은 자주 배반당하지만, 나의 약속은 누구도 속이지 않고, 나를 신뢰하는 사람에게 위안을 주지 않고는 돌려보내는 일이 없다. 나는 약속한 것을 반드시 준다. 말한 것을 반드시 실행한다. 만약에 사람들이 최후까지 나를 계속 사랑한다면 나는 선인(善人) 모두에게 보답하고, 경건한 사람들에게 보답하며 엄한 시련을 준다.

5  나의 말을 명심하라. 그리고 묵상하라. 시련의 때가 되면 그것을 필요로 하기 때문이다. 지금 읽어서 이해되지 않은 것도 내가 당신을 방문했을 때 이해될 것이다. 항상 나는 선택한 자를 두 가지로 방문한다. 하나는 시련, 하나는 위안이다. 그리고 나날이 이 사람들에게 두 가지의 훈계를 행한다. 악을 책망하는 일과 덕을 권하는 일, 이것이다.
나의 말을 듣고, 그것을 행하려고 하지 않는 자는 최후의 날에 엄한 심판을 받을 것이다(요한복음 12:48).」

6  「주이신 하나님, 당신은 나의 전부입니다. 그런데 당신에게 감히 말을 거는 이 나는 누구입니까? 나는 당신의 종 가운데서도 가장 부족하고 비참한 구더기에 지나지 않습니다. 말로써 그렇게 이르는 것 이상으로 비참하고, 천한 자입니다. 주여, 나는 무입니다. 아무것 하나도 가지지 않고, 일고의 가치도 없는 자입니다. 당신만이 좋고, 성스럽고, 바른 분이십니다. 당신에게는 무엇이든 되고,

   3장 충실한 영혼에게 말하는 그리스도의 다정한 대화

아무것도 거절하지 않으며, 모든 것을 채워 주실 수가 있습니다. 다만 죄인만이 당신으로부터 거절당합니다. '주여, 잊지 말아 주십시오. 당신의 자비를'(시편 24:6). 당신은 구원의 열매가 맺어지기를 바라고 계십니다. 은총으로써 나를 채워 주십시오.

7  당신의 자비와 은총과 위안이 없이 이 슬픈 세상을 어떻게 내가 살아갈 수 있겠습니까? 주여, 얼굴을 돌리지 말아 주십시오. 방문의 때를 지연시키지 말고, 위로를 빼앗아 가지 말아 주십시오. 그렇지 않으면 나는 '거친 땅과 같이'(시편 142:6) 되겠지요? 주님, 당신의 뜻을 행하여 겸손하고, 바르게 사는 방법을 가르쳐 주십시오. 당신만이 지혜 그 자체입니다. 당신은 이 세상이 창조되고, 내가 생(生)을 받기보다도 앞서서 나의 일을 알고 계셨습니다.」

# 하나님 앞에서만은 겸허하고, 진실하게 살아간다

1  「아들아, 나를 본받아서 진리의 길을 걸어라. 단순한 마음으로 항상 나를 찾고, 구하라. 나를 본받아서 진리의 길을 걷는 자는 악에 마주쳤을 때는 보호받고, 진리의 손으로써 유혹과 악인의 중상모략으로부터 지켜 준다. 진리가 당신을 해방시켜 줄 때, 그때야말로 당신은 참다운 자유를 얻으며, 인간들의 헛된 말을 마음에 두지 않게 될 것이다.」

   3장  충실한 영혼에게 말하는 그리스도의 다정한 대화

2  「주님, 당신의 말씀은 진리입니다. 말씀하신 대로 되기를—. 당신의 진리가 나를 가르치고, 지켜 주며, 구원으로까지 이끌어 주시기를—. 진리가 모든 사악한 사랑으로부터 나를 해방시키기를—. 그렇게 하면 나는 당신과 함께 자유롭게 걸어갈 수 있겠지요.」

3  진리는 말씀하신다. 「나는 무엇이 바르고, 무엇이 나를 기쁘게 하는가를 가르치겠다. 그대는 슬픔과 쓴 맛을 맛보면서 자기가 범한 죄를 생각해 내어라. 그리고 그대가 행한 선을 생각하고 자부하지 말라. 그대는 지금도 죄를 범할 수 있으며, 여러 가지 탐욕에 둘러싸여 있다. 그대는 늘 악을 바라고, 곧 낙담하며, 쉽사리 패하고, 이내 불안을 느끼며, 낙담하는 인간이다. 그대에게는 자랑할 것이 한 가지도 없다. 다만 치욕을 가지고 있는 데에 지나지 않는다. 자기가 생각하는 것 이상으로 그대는 약한 것이다.」

4  그러므로 무엇을 하더라도 큰일을 했다고 생각해서는 안 된다. 무슨 일이라도 중대하고 가치가 있는 것, 감탄하고 칭찬할 만한 것, 바람직한 것이라고 생각해서는 안 된다. 무엇보다도 먼저 영원한 진리를 사랑하고, 자기의 낮음과 비천함을 싫어하며, 무엇보다도 악과 죄를 두려워하고, 경멸하며, 피하자. 악과 죄는 금전상의 어떤 손해보다도 혐오해야 할 것이라고 생각하자.
어떤 자는 나의 앞을 진실한 마음을 가지고 걷지 않고, 어떤 종류의 호기심과 후안무치로 나의 신비를 탐색하며, 하나님의 지고(至高)한 헤아림을 알려고 하고, 그러면서도 자기의 구원을 전혀 소홀히 하고 있다. 하지만 그들은 그 교만과 호기심 때문에 물리침을 당하고, 때때로 유혹과 죄의 포로가 되는 것이다.

5 하나님의 심판을 두려워하라. 전능자의 분노에 부들부들 떨어라. 참으로 높은 분의 행위를 따지지 말고, 다만 자기의 죄의 깊음을 생각하여 얼마나 많은 죄를 범했으며, 얼마나 많은 선을 게을리 하였는가를 뒤돌아보자. 어떤 사람은 또 서적에, 혹은 그림에, 혹은 외부적인 의식(儀式)에 신심의 전부를 두려고 한다. 그들은 입으로는 나를 말하지만, 마음에는 거의 두고 있지 않다.

그렇지만 다른 어떤 사람은 지혜를 밝히고, 애정을 순수하게 하여 항상 영원한 것을 동경(憧憬)하고, 지상의 것에 귀를 기울이지 않으며, 할 수 없이 인간으로서의 필요를 채우고 있다. 그들은 진리의 영이 속에서 무엇을 말하는가를 깨닫고 있다. 왜냐하면 진리의 영은 지상의 것을 가벼이 여기고, 천상의 것을 사랑하며, 이 세상을 버리고, 밤낮을 묻지 않고 하늘을 동경하자고 가르치기 때문이다

  

하나님 사랑의
감탄할 만한
효과

1 「비참한 나를 돌아다보아 주셨던 나의 주 예수 그리스도 아버지, 하나님, 아버지를 찬미합니다. 오, 자비의 아버지시여, 위로의 하나님이시여(고린도후서 1:3), 위로를 받기에 부족한 나에게 때때로 위안을 주시는 당신의 자비에 감사를 드립니다. 높으신 한 분에게만, 위로의 주이신 성령과 함께 당신을 세세(世世)로 찬미하며 축하드립니다. 성스러운 사랑을 주시는 주이신 하나님, 당신이 나의 마음에 내려왔을 때 나의 내심(內心)에는 모두 힘이 솟아오릅니다. 당신은 나의 영광, 나의 환희, 나의 희망, 나의 고통의 피난처입니다(시편 59:17).

2 그러나 나의 사랑은 약하고, 덕은 불완전하여 당신에 의하여 강화되고, 위로를 받을 필요가 있습니다. 때때로 나를 방문하여 성스러운 가르침을 내려 주시고, 나로부터 탐욕을 멀리 하시며, 부당한 집착을 고쳐 주십시오. 내가 건전한 마음을 가지고, 순수하게 되며, 당신을 사랑하는 사람이 되어 불행에 강하고, 바른 길을 끝까지 계속 걸어가는 사람이 되기 위해서.」

3 「사랑은 위대한 것이다. 그것은 모든 선 가운데서 가장 중대한 것
이며, 이것만이 모든 무거운 짐을 가볍게 하고, 서로 다른 것들을
모두 같은 마음으로 참아 내게 한다. 사랑하는 사람에게 있어서는
어떤 무거운 짐도 가볍게 되고, 쓴 것도 맛있고, 감미로운 것이 되
기 때문이다. 예수에 대한 숭고한 사랑은 커다란 일을 하게 하며,
점점 더 완전한 것을 바라게 한다. 사랑은 높은 것을 동경하고, 낮
은 것에 속박되려고 하지 않는다. 마음으로 깊이 뒤돌아보는 것을
방해받지 않으려고 하며, 지상적인 안락에 의해서 속박되거나 곤
란한 일에 굴하는 일이 없도록 사랑은 자유이며, 세상의 속박으
로부터 벗어나려 하고 있다. 사랑보다도 다정한 것, 강한 것, 높은
것, 넓어지는 것은 없다. 또한 사랑보다도 유쾌한 것, 풍부한 것,
좋은 것은 하늘에도 땅에도 없다. 사랑은 하나님으로부터 나오며,
하나님에게서 쉬는 것 이외에는 어떤 피조물에게도 쉴 곳을 가지
지 않는다.

4 사랑하는 사람은 날아 올라가고, 달려가며, 힘이 솟아오르고, 자
유로우며, 속박되어 있지 않다. 사랑은 모든 것을 위해서 모든 것
을 주며, 모든 것에 있어서 모든 것이 되는 하나님을 발견한다. 사
랑은 모든 선의 샘물이며, 원천(源泉)이 되고, 참으로 높으신 분 속
에서 쉬는 것이다. 사랑은 선물을 고려하지 않고, 그것보다도 오
히려 선물을 주시는 분에게로 눈을 향한다. 사랑은 한량없고, 끝
없이 연소한다. 사랑은 무거운 짐을 느끼지 않고, 노고를 노고로
여기지 않으며, 자기의 힘 이상의 것을 바라고, 불가능을 알지 못
한다. 자기는 무엇이라도 할 수 있고, 무엇을 하더라도 좋다고 생
가하기 때문이다. 그러므로 무엇이라도 할 준비가 되어 있다. 사

　　　　　　　3장 충실한 영혼에게 말하는 그리스도의 다정한 대화

랑은 무슨 일에 착수하더라도 성공하지만, 그러나 사랑이 없는 사
람은 그 힘의 약함에 곧 실망하며, 아무 일도 이룰 수가 없다.

5　사랑은 잠자는 일이 없다. 또한 자더라도 경계하고, 피로하더라도
녹초가 되지 않으며, 의무를 다만 의무로서 행하지 않고, 위협하
더라도 당황하지 않으며, 살아 있는 불꽃, 불타는 횃불처럼 상승
하고, 방해를 관통하여 올라간다.
사랑을 가진 사람이라면 그 소리가 무엇을 말하는가를 깨닫게 될
것이다. '나의 하나님이여, 나의 사랑이여, 당신은 모두 나의 것이
며, 나는 모두 당신의 것'이라고 하는 영혼의 열렬한 사랑은 하나
님의 귀에까지 올라가는 외침이다.」

6　「당신을 사랑하고, 당신에 대한 사랑에 녹아 들어가서 잠기는 일이
얼마나 기쁜가를 내가 내부인 마음의 입으로 맛보기 위해서 나의
마음을 넓혀 주십시오. 나는 남는 열과 놀라움 때문에 나를 잊어버
릴 정도로 이 사랑에 안기고 싶다고 나는 사랑의 노래를 부릅니다.
높이 높이 당신에게 따라갑니다. 나의 마음은 성스러운 사랑의 기
쁨으로 힘이 솟아올라서 당신을 끝까지 기리고 싶습니다. 자기 자
신보다도 당신을 사랑하고, 당신을 위해서 자기를 사랑하도록 나
에게 은총을 주십시오. 당신으로부터 빛나는 사랑의 법도가 명령
하는 대로, 당신이 진실로 사랑하고 있는 것을 나도 또한 사랑할
수 있도록.」

7　「사랑은 민속(敏速)하고, 진실하며, 경건하고, 쾌활하며, 환희에 차
있고, 강한 힘으로 인내하며, 현명·관용으로 용감하며, 자기의 이

익을 구하지 않는다. 사람들이 자기 자신을 구하려고 시작할 때 사랑은 식기 시작한다. 사랑은 신중·겸손·강의(強毅)·솔직하여 경박한 덧없는 일에 구애받지 않고, 절제·정결(貞潔)하여 근기가 있으며, 유화하여 오감(五感)을 삼가게 한다. 사랑은 또 순종하고, 윗사람에게 복종하며, 자기 자신은 비천하고 경멸받아야 할 사람이라고 생각하며, 하나님에게는 신심과 감사를 가지고, 영적으로 메마른 상태에 있을 때에라도 항상 하나님에게 신뢰하고, 하나님에게 희망을 둔다. 괴로워하는 일 없이 사랑으로 사는 것은 불가능한 일이다.

8  사랑하기 위해서 모든 것을 참아 나가고, 그 높은 뜻에 복종할 각오가 없는 사람을 사랑이 있는 사람이라고는 부르지 않는다. 사랑하는 사람은 사랑하는 상대를 위하여 힘든 일이나 괴로운 일을 기꺼이 감수하며, 어떤 불행이 일어나더라도 그것에서 떨어지려고 하지 않는다.」

    3장  충실한 영혼에게 말하는 그리스도의 다정한 대화

# 사랑하는 자에
# 대한 시련

1  「아들아, 그대는 아직 깊이 영리하게 나를 사랑하고 있지는 않다.」

2  「주여, 왜입니까?」

3  「왜냐하면 그대는 약간의 불행 때문에 착수했던 일을 내던지고, 너무 지나치게 안락을 구하기 때문이다. 깊이 사랑하는 자는 유혹 때에도 강력하게 일어서고, 적인 악마의 간계(奸計)를 쉽사리 믿으려 하지 않는다. 행운 때에 나를 사랑하는 것과 마찬가지로 비운 때에도 기꺼이 나를 맞이한다. 현명한 사랑은 사랑하는 분의 선물보다도 그것을 주는 분의 사랑 쪽에 눈을 기울인다. 선물의 가치보다도 오히려 사랑에 주목하여 사랑하는 분의 다음에 선물을 둔다. 숭고한 사랑을 가진 사람은 받은 선물에 만족하지 않고, 모든 선물에 앞서서 하나님인 나에게 만족한다. 그러므로 때로는 나에게 대하여, 또한 나의 성인들에 대하여 보다 이상의 사랑을 가지고 싶다고 생각하면서 그런데도 그 사랑을 느끼지 못한다고 하더라도 모든 것을 잃어버렸다고 생각해서는 안 된다. 그대가 때로 느끼는 감미한 사랑은 하나님의 은총이며, 하늘나라의 시식(試食)이라고도 말

할 수 있는 것이다. 그것을 너무 의지하지 말라. 그것은 왔다가 갔다가 하는 것이다. 차라리 마음에 일어나는 사념(邪念)과 악마의 간계를 경멸하는 일이야말로 덕의 표시이며, 공덕으로 되는 것이다.

4  따라서 여러 가지 기묘한 상상에도 놀라지 말고, 그대의 결심과 하나님에 대한 바른 의향을 확실하게 가져라. 때로는 황홀한 상태에 빠지는 것처럼 느끼고, 곧 다음에는 원래의 평범함으로 되돌아가더라도 그것은 반드시 환각(幻覺)은 아니다. 그것은 자기의 의지에 의한 것이 아니므로 그것을 바람직하다고 생각하지 말고, 오히려 그것 때문에 괴로워하고, 그것을 싫어하며, 멀리하려고 하면 그것은 그대에게 있어서 손해는 아니고, 공덕이다.

5  인간의 예로부터의 적은 그대의 덕으로 향한 소망을 방해하고, 신심행(信心行), 즉 성인에 대한 숭경(崇敬), 수난의 경건한 기념, 죄에서 구원받으려는 회상, 마음을 잘 간직하려고 하는 노력, 덕으로 나아가려고 하는 굳은 결심 등으로부터 여러 가지 방법으로써 그대를 멀리하려고 하는 것이다. 그대에게 불안과 두려운 생각을 일어나게 해서 기도나 독서로부터 멀리하려고 갖가지 사념을 일으키기도 한다. 그대가 겸손하게 고백하는 것도 적의 마음에 들지 않아서 될 수 있으면 성찬을 받지 못하게 하려고 한다. 적은 또 그대를 빠뜨리려고 함정을 파지만, 그것을 믿지 말라. 그쪽으로 눈을 돌리지 말라.
그 사념의 책임을 적에게 덮어씌우고 이렇게 말하라. 더러운 영이여, 나에게서 멀어져라. 불쌍한 것아! 부끄러워하라. 그런 것을 나에게 속삭이는 너는 불결하기 짝이 없다. 죄가 깊은 유혹자여, 나

    3장 충실한 영혼에게 말하는 그리스도의 다정한 대화

에게서 사라져라. 내 속에는 네가 들어갈 자리가 없다. 다만 용감한 전사(戰士)로서 예수가 내 마음속에 오신다. 너는 치욕을 당할 것이다. 나는 너에게 굴복할 정도라면 더욱더 고통을 받고 죽는 편이 낫다. 입을 열지 말라. 침묵하라. 함정을 파더라도 나는 이제 그 손에 놀아나지는 않는다. '주님이야말로 나의 빛, 나의 구원이다. 나에게는 두려워할 것이 없다'(시편 27:1), '무장한 군대의 공격이 있어도 나는 두려워하지 않는다'(시편 27:3), '주는 나를 도와서 나를 구원해 주신다'(시편 19:14)라고.

6    좋은 병사로서 싸워라. 힘이 약해서 쓰러지는 일이 있더라도 한층 더 분발하여 기력을 일으켜라. 보다 많은 하나님의 은혜가 주어진다는 것을 믿고. 헛된 자부와 교만함을 극력 피하자. 그렇게 하지 않으면 사람은 과실에 빠지기 쉽고, 거의 고치기 어려운 정도의 장님이 되고 만다. 어리석게도 자기를 과신하는 교만한 자가 멸망하는 것을 보고, 그대는 끊임없이 경계하며, 겸손을 훈계로 삼지 않으면 안 된다.」

# 겸손을 가지고
# 하나님의
# 은혜를 숨긴다

1 「아들아, 신심의 은혜를 숨기고, 그것에 자만하지 않으며, 그것에 관해서 많이 말하지 말고, 그것에 너무 마음을 쓰지 않으며, 오히려 자기를 경멸하여 자기는 그것을 받을 가치가 없는 자라고 생각하는 편이 그대에게 있어서 유익하고, 안전한 것이다. 또한 그것에 집착해서는 안 된다. 그 감정은 곧 다른 감정으로 바뀌기 때문이다.

하나님의 은총을 가지고 있을 때에는 그것이 없었더라면 자기가

   3장  충실한 영혼에게 말하는 그리스도의 다정한 대화

얼마나 부족하고 비참한 것이었을까를 생각하라. 위안의 은총을 받은 일에 의해서 영적 생활로 진보했다고 생각하지 말라. 오히려 위로를 빼앗긴 것을 달게 받아들이는 일이야말로 영적 진보가 있는 것이다. 그때를 만나면 그대는 열심히 기도를 계속하고, 평상시에 행하였던 신심행을 게을리 하지 말라. 될 수 있는 한 신심행에 힘쓰자. 마음의 메마름과 불안을 느꼈더라도 자기의 의무를 등한히 하지 말라.

2   많은 사람들은 일이 생각대로 나아가지 않으면 곧 인내를 잃고, 낙담하는 것이다. 어떤 길을 걸어갈 것인가 하는 것은 사람의 수중에 달린 것이 아니다. 위로의 은총을 누구에게, 언제, 어떻게 하여 줄 것인가는 모두 하나님의 뜻에 달렸을 뿐이다. 어떤 부주의한 사람들은 신심의 은총을 신중하게 사용하지 않았으므로 멸망해 버렸다. 자기의 약함을 되돌아보지 않고, 이성의 판단보다도 감정에 흘러서 미치지 못할 일을 하려고 시도해 보았기 때문이다. 그는 하나님의 뜻 이상의 것을 하려고 하다가 곧 은혜를 잊어버렸다. 이 사람은 독수리처럼 하늘을 떠돌며 거기에 둥지를 틀려고 했기 때문에 보잘것없이 버림받았다. 그것은 멸시당하고, 보물을 빼앗기며, 지기의 날개로써가 아니라 나의 날개에 의지해야 한다는 것을 그에게 가르쳐 주기 위함이다. 주의 길의 신참자(新參者), 미경험자는 현명한 사람의 의견에 따르지 않으면 실수하기 쉽고, 멸망에 빠지기 쉽다.

3   사람들의 경험 있는 의견을 들으려 하지 않고, 자기의 생각을 고집하는 사람은 그 생각을 버리지 않으면 가장 위험하게 될 것이다.

자기가 슬기로운 사람이면서 그래도 다른 사람의 의견에 겸손하게 따르는 사람은 적은 것이다. 교만과 헛된 자부심을 가지고 학문의 보물을 쌓기보다는 적은 일이라도 겸허하게 부족한 지혜로써 이해하는 편이 낫다.

그대에게 있어서 많이 가지는 것이 교만의 씨앗이 된다면 적게 가지는 편이 낫다. 이전의 부족함을 잊어버리고, 하나님의 은혜를 잊어버릴 것을 항상 두려워하고 있는 주를 향한 경외마저도 잊어버리고, 신심의 은혜를 내려 주셨을 때 기쁨에 빠지는 것은 현명한 사람의 할 짓은 아니다. 또한 고통과 불행의 때에 낙담하며, 나에 대하여 가져야만 할 신뢰를 잃어버리는 것은 덕을 쌓은 사람이 할 짓은 아니다.


4   마음이 평화로운 때에 지나치게 안심하는 사람은 싸울 때가 되면 용기를 잃고 두려워서 부들부들 떤다. 그대가 항상 겸손과 조심성을 마음에 두고, 자기의 마음을 잘 억제하며 이끌어 간다면 위험과 죄에 빠지는 일은 없다. 영적인 열심이 풍족할 때에 하나님의 빛이 제거되는 일이 있다면 그것은 어느 기간 그대의 가르침이 되고, 나의 영광이 되기 위하여 하나님이 빼앗아 간 것으로서 가까운 시일에 다시 되돌려 줄 것으로 아는 것이 좋다.


5   모든 것이 그대의 생각대로 순조롭게 가는 것보다도 시련이 있는 편이 그대에게 있어서 유익하다. 인간의 공덕은 얼마만큼 환각을 보았는가, 얼마만큼의 위로를 얻었는가, 얼마만큼 성서에 통해 있는가, 얼마만큼의 지위에 있는가가 아니라 오히려 얼마만큼 겸손하게 뿌리를 뻗고 있는가, 하나님에 대한 사랑을 가지고 있는가,

　　　　3장  충실한 영혼에게 말하는 그리스도의 다정한 대화

순수한 의향을 가지고 하나님의 영광을 위해서 일하고 있는가, 자기를 헛된 것이라고 생각하여 참으로 자기를 경멸하고, 고귀하게 여김을 받는 것보다도 가벼이 여김을 받아서 미천하게 되는 것을 바라는가에 있다.」

# 하나님 앞에서만은
# 자기를 멸시한다

1  「티끌과 같은 나라도 감히 주께 고하나이다(창세기 18:27). 만약에 내
가 그 이상의 사람이라고 생각한다면 당신은 곧 나에게 반대하며,
나의 죄 자체를 밝혀서 그것을 고소하여 변해의 여지가 없어집니
다. 오히려 내가 스스로 경멸하고, 무를 인정하며, 자부심을 버리
고, 원래 그러하듯이 자기를 티끌로 해 버리면 하나님의 은혜가 나
를 도우고, 당신의 빛이 나의 마음에 흘러 들어가서 있는 둥 마는
둥한 자존심마저 나의 무의 못에 가라앉아서 영구히 없어져 버리
겠지요? 당신은 내가 누구인가? 누구였던가? 어떻게 될 것인가를

    3장  충실한 영혼에게 말하는 그리스도의 다정한 대화

나타내 보여 주시겠지요? 나는 무와 같은 것인데도 그것을 알아차
리지 못하기 때문입니다.

만약에 내가 자기 힘의 한계 내에 뒤떨어져 남게 된다면 나는 그대
로 무가 되며, 약한 사람이 됩니다. 그러나 당신이 나를 보살펴 주
신다면 곧 나는 힘이 나며 새로운 기쁨으로 가득 찹니다. 그리하여
나는 자기의 무게로 언제나 낮은 쪽으로 끌려가야 하는데도 이처
럼 빨리 끌려 올라와서 이처럼 다정하게 당신의 품에 안기게 된 것
에 놀라게 되겠지요?


2   그것을 해 주시는 것은 나의 공덕보다도 일찍이 나를 떠받쳐 주시
고, 커다란 위험으로부터 나를 지켜 주시며, 실로 수많은 악으로
부터 나를 구출해 주신 당신입니다. 나는 불행하게도 자기를 사랑
하여 길을 잃고 헤매었습니다. 그러나 당신만을 구하고, 순수한
마음을 가지고 당신을 사랑함으로써 나는 당신과 자기를 동시에
발견하여 이 사랑 때문에 보다 더 깊게 자기의 무를 깨달았습니다.
아, 다정한 예수여! 당신은 나의 공덕보다도 이상으로, 또한 내가
바라고 구하는 것 이상으로 은총을 주십니다.


3   나의 하나님이여! 당신은 축하를 받으십시오. 당신은 은혜를 받을
가치가 없는 사람에게도 그 관용과 한없는 자비를 베풀며, 망은(忘恩)
의 무리나, 당신에게서 떠나가 버린 사람에게도 은혜를 주십니다.
우리들을 당신 쪽으로 향하게 하여 주십시오. 우리들을 감사를 아는
자, 겸허한 자, 신앙이 있는 자로 만들어 주십시오. 우리들을 구원하
고, 힘이 나게 하며, 강하게 하시는 분은 당신이기 때문입니다.」

# 궁극 목적인
# 하나님에게
# 일체를 돌아가게 한다

1 「아들아, 참으로 행복하게 되려고 생각한다면 나를 그대의 최고의
궁극적인 목적으로 삼지 않으면 안 된다. 이 의향은 자기 자신과
피조물로 기울어지기 쉬운 그대의 사랑을 순수하게 할 것이다. 그
대가 자기만의 만족을 구한다며 곧 시들어 버려서 쇠퇴하게 될 것
이다. 모든 것을 준 것은 나이기 때문에 모든 것을 먼저 나에게로
돌아오게 하라. 그리고 일체는 최고의 선으로부터 나오는 것, 모

   

든 것은 근원이 되는 나에게로 돌아가게 해야 한다고 생각하라.

2    작은 것도, 위대한 것도, 가난한 것도, 부유한 것도 살아 있는 샘물인 나에게서 살아 있는 물을 퍼 간다. 나아와서 자유롭게 나를 섬기는 자는 풍부하게 은혜를 받는다. 그러나 나 이외에서 영광을 구하고, 또한 무슨 다른 것에서 위로를 구하는 자는 참다운 기쁨에서 쉬지 못하며, 그 마음은 넓어지지 않고, 여러 가지 방해를 받아서 슬픔을 발견할 뿐이다. 그러므로 그대는 선을 자기 자신에게로 돌려서는 안 된다. 덕을 인간에게로 돌려서는 안 된다.
모든 것은 하나님으로부터 나오는 것으로서 하나님에게서 나오는 것이 없다면 인간은 무엇 하나도 가질 수가 없다. 모든 것을 준 나는 모든 것이 나에게로 돌아오기를 바란다. 게다가 거기에 대해서 감사하기를 엄숙하게 요구한다.

3    그것은 헛된 허영심을 멀리하게 하는 진리이다. 그대의 마음에 하늘의 은혜와 참다운 애덕이 들어간다면 질투나, 도량이 좁은 자애심 따위가 자리 잡을 여지는 없어진다. 실로 하나님에 대한 사랑은 모든 것에 이기고, 사람의 마음을 크게 해 주는 것이다.
그대에게 지혜가 있다면 나에게 있어서만 기뻐하고, 나에게만 의지하려고 할 것이다. '하나님 한 분 외에는 선한 이가 없느니라'(누가복음 18:19)라고 하기 때문이다. 하나님은 모든 것에 있어서 찬미받고, 축하받아야 할 분이시다.」

# 이 세상을
# 버린 자에게 있어서
# 주에게 봉사하는
# 일은 즐겁다

1 「주여, 나는 또 말합니다. 잠자코 있을 수가 없습니다. 나는 하늘에 계신 나의 하나님, 나의 왕의 귀에 이렇게 말씀드립니다. '오, 주여, 당신의 외경 속에 사는 사람들을 위해서 준비된 기쁨은 얼마나 위대한지 모릅니다!'라고. 당신을 사랑하고, 온 마음을 바쳐서 당신에게 쓰임 받는 자에게 있어서 당신은 어떠한 분이실까요? 당신을 사랑하는 자에게 주시는 영적인 명상의 기쁨은 말로는 다 표현할 수 없을 정도의 것입니다. 당신의 사랑의 다정함으로 인하여 당신은 나에게 나타나셨습니다. 당신은 내가 존재하기 전에 나를 만들고, 당신으로부터 떨어져서 헤매고 있을 때에 봉사로 되돌아오게 해서 당신을 사랑하게 하려고 하셨습니다. 아, 부단한 사랑의 샘이여, 나는 무어라고 말해야 좋겠습니까! 죄에 더러워져서 헤매고 있을 때 나를 돌아다보아 주신 당신을 어떻게 잊을 수가 있겠습니까? 당신이 나타내 보여 주신 자비는 종의 기대보다 훨씬 뛰어난 것이며, 당신이 주신 은혜와 우정은 종의 모든 공덕보다 나은 것입니다. 이와 같은 정도의 은총에 대하여 나는 무엇을 되돌려 드

　　　3장  충실한 영혼에게 말하는 그리스도의 다정한 대화

릴까요? 모든 것을 버리고, 이 세상과 떨어져서 수도 생활로 들어
간다는 것은 모두에게 주어지는 것은 아닙니다.

피조물은 모두 당신을 섬겨야 하는 것이므로 내가 당신을 섬기는
것은 대단한 일이라고는 말할 수 없습니다. 아니 당신을 섬기는 것
을 자기가 대단한 일이라고 생각해서는 안 됩니다. 오히려 당신이
이처럼 부족하고 미거한 나를 종으로 받아들여서 사랑하는 아들
의 한 사람으로 가입시켜 주신 일이야말로 대단한 일, 놀랄 만한
일이라고 말하지 않으면 안 됩니다.

2    주님, 보십시오. 내가 가지고 있는 것, 당신에게 봉사하기 위한 것
은 모두 당신의 것입니다. 그러나 실은 내가 섬기기보다도 당신이
나에게 섬겨 주시는 것입니다. 당신이 인간을 위해서 만든 천지는
인간을 섬길 준비를 하고, 매일 당신의 명령대로 움직이고 있습니
다. 그렇지만 그것도 오히려 작은 것입니다. 당신은 천지에조차도
인간을 섬기라고 명령하셨습니다. 그 위에 당신 자신이 인간에게
봉사하고, 인간에게 언젠가는 당신 자신을 주신다고 약속하셨습
니다.

3    이 한없는 은혜의 보답으로 나는 무엇을 해야 합니까? 아, 생애에
걸쳐서 나는 나날이 당신을 섬기고 싶습니다. 하다못해 하루라도
당신에게 적합한 봉사를 하고 싶습니다. 참으로 당신은 모든 봉
사, 모든 명예, 영원한 찬미에 적합하신 분입니다.

당신은 진실로 나의 주이며, 나는 부족한 종입니다. 나는 전력을
다하여 당신을 섬겨야 하며, 언제까지라도 싫증내지 않고 당신을
축하해야 합니다. 나는 그렇게 바라고, 그렇게 하고 싶습니다. 당

신의 은총에 의해서 나의 부족함을 보충해 주십시오.


4  당신을 섬기고, 당신을 위해서 일체의 것을 가벼이 여기는 것은 커
다란 명예, 최고의 영광입니다. 나아가서 당신을 향한 봉사에 따
르는 사람들은 하나님의 은혜로 채워질 것입니다. 당신에 대한 사
랑 때문에 모든 감각적인 쾌락을 내던져 버린 사람들은 성령의 신
선한 위로를 맛보게 될 것입니다. 또한 당신 때문에 좁은 길을 택
하고, 이 세상의 모든 번거로움을 버린 사람은 영적인 자유를 획득
하겠지요?


5  아, 즐겁고, 기쁨에 넘치는 하나님에 대한 봉사여! 이것에 의해서
인간은 참으로 자유로운 것이 되고, 성스러운 것이 됩니다. 인간을
천사와 같은 것으로 하고, 하나님에게 칭찬받는 것, 악마가 무서워
하는 것, 신자들의 모범이 되게 하는 것은 실로 수도 생활의 성스
러운 생활입니다. 아, 그립고 바람직한 봉사여! 우리들은 이것에
의해서 최고의 선을 가지게 되고, 영원한 기쁨을 얻는 것입니다.」


  3장  충실한 영혼에게 말하는 그리스도의 다정한 대화

# 마음의 소망을 고찰하여
# 또한 그것을 억제하지
# 않으면 안 된다

1 「아들아, 그대는 아직 잘 알지 못하는 많은 일들을 알 필요가 있다.」

2 「그것이 무엇입니까? 주님.」

3 「그대는 자기의 바람을 전적으로 나의 생각에 일치시키고, 자존심을 피하며, 그 대신 나의 뜻에 상응하도록 하는 생각만을 길러야

한다. 여러 가지 욕심에 사로잡혀서 그것에 떠밀려 가고 있다. 그러니까 그대가 움직이는 것이 나의 영광을 위해서인지, 그렇지 않으면 자기의 안락을 위해서인가를 잘 돌아다보자. 만약에 그대의 행동의 목적이 나에게 있다면 내가 어떻게 결정하더라도 그대는 언제나 만족할 것이다. 그러나 만약에 자기 자신의 이익을 꾀하는 마음이 숨어 있다면 바로 그것이 그대에게 지장을 주어 불안하게 하는 것이다.

4  그러므로 그대는 정해진 계획에 집착착하지 말라. 뒤에 가서 후회하는 일이 없도록, 또한 전에는 마음에 들어서 최선의 것이라고 바라던 것을 뒤에 가서 싫어하는 일이 없도록 하라. 실은 좋다고 생각하는 마음의 움직임에도 즉시 따라서는 안 되고, 또 그 반대의 경우를 즉시 피하는 것도 안 된다. 좋은 결심과 바람도 때때로 억제하지 않으면 안 된다. 무사려함 때문에 지혜가 길을 찾지 못하고 헤매는 일이 없도록 하고, 통일되지 않는 방침이 타인의 실패를 가져오게 하는 일도 없도록 하며, 타인의 반대를 받아 불안해지거나 쓰러져 버리는 일이 없도록.

5  때로는 또 용기를 불러일으켜서 감각적 욕망에 도전하는 것이 좋다. 신체가 무엇을 바라는가에 배려하지 말고, 오히려 어떻게 하더라도 신체를 영에 따르게 하도록 노력하는 것이 좋다. 어떠한 일이라도 기꺼이 받아들이고, 적은 일에 만족하며, 변변치 않은 것에 기뻐하고, 마음에 들지 않은 것에 불평을 늘어놓지 않도록 신체를 억제하고, 복종시키지 않으면 안 된다.」

  3장  충실한 영혼에게 말하는 그리스도의 다정한 대화

# 인내의 실행,<br>감각과의<br>싸움

1 「주이신 하나님, 나에게 인내가 필요한 것은 정말입니다. 이 세상에서는 한 걸음 걸을 때마다 반대에 부딪히기 때문입니다. 내가 평화를 얻기 위하여 일심으로 노력하더라도 생활이 싸움과 괴로움이 없는 것으로 되는 일은 있을 수 없기 때문입니다.」

2 「아들아, 바로 그대로이다. 그렇지만 그대는 유혹도, 거역도 없는 평화를 구해서는 안 된다. 내가 바라는 것은 온갖 환난을 뚫고 나가며, 반항에 단련되어 오히려 거기에서 평화를 발견했다고 생각하게 만들고 싶은 것이다.
환난을 참아 내지 못하면 어떻게 연옥의 불을 참아 낼 수 있겠는가? 두 개의 악 가운데서 작은 쪽을 택하지 않으면 안 된다. 그러므로 미래의 영원한 겁화(劫火)를 피하기 위해서 현재의 고통을 하나님의 사랑을 위해서 기분 좋게 참아 내도록 힘쓰자.

3 세상의 인간들에게는 고통이 적다거나, 전혀 없다고 생각하고 있는가? 안락한 생활을 보내고 있는 사람들 중에도 그러한 사람은 없다.」

4 「그러나 그들은 많은 즐거움을 가지고 있으며, 생각나는 대로 살고 있으므로 환난을 그다지 고통으로 느끼지 않겠지요?」라고 그대는 말하겠지?

「만일 바라는 것을 모두 가지고 있다고 하더라도 그것이 언제까지나 계속된다고 생각하는가? 이 세상의 부유함은 연기처럼 사라져 간다(시편 37:20). 지나가 버린 환락은 흔적도 남기지 않는다. 그것뿐만 아니라 그들은 살아 있을 때에도 괴로움, 번거로움, 두려움을 전혀 느끼지 않고 즐거워했던 것은 아니다. 쾌락 그 자체가 고통의 근원이 되는 일이 많기 때문이다. 그리고 그렇게 되는 것이 당연하다. 무턱대고 쾌락을 좇는다고 해서 불안과 고통을 느끼는 일이 없이 쾌락을 맛볼 수 있는 것은 아니다.


5 아, 이 세상의 쾌락은 얼마나 짧고, 얼마나 거짓에 차 있으며, 얼마나 문란하고, 얼마나 더러워진 것일까? 그러나 인간은 거기에 취하고, 맹목적이 되어 사실을 깨닫지 못하고, 말을 못 하는 짐승처럼 이 썩어 버려야 할 생의 약간의 쾌락 때문에 영혼의 멸망을 불러온다. 그러나 아들아, 그대는 '탐욕에 따르지 말고, 그것을 마음으로부터 쫓아내 버려라'(외경 집회서 18:30), '그대의 기쁨을 주에게 구하라. 그렇게 하면 주는 바라는 것을 주신다'(시편 37:4).


6 진실로 기쁨을 가지고, 나에게서 풍성한 위로를 얻으려고 생각한다면 세상의 일체의 것을 업신여기고, 저속한 즐거움을 떼어 놓고, 축복과 풍부한 위로가 있는 곳을 쳐다보라. 이 세상의 사람들과 물건들이 주는 모든 즐거움을 멀리하면 멀리할수록 나의 속에서 달콤하고, 깊은 위로를 발견하게 될 것이다. 그러나 어떠한 비

   

탄(悲歎)과 자기에 대한 매운 싸움을 겪지 않고, 처음부터 그것을 얻을 수는 없다. 뿌리 깊은 습관이 맞서 온다. 그러나 그것은 새로운 좋은 습관에 의해서 패배한다.

육체는 항의한다. 그러나 정신의 열(熱)에 의해서 육체는 억제된다. 오래된 뱀은 그대를 유혹한다. 몹시 괴롭힌다. 그러나 기도에 의해서 그것을 쫓아 버릴 수가 있다. 또한 그 위에 그대가 참아 낸 고통이 뱀이 들어오는 입구를 닫아 버리는 데 쓸모가 있을 것이다」.

# 예수 그리스도의
# 모범을 본받는
# 겸허한 종의 순종

1 「아들아, 순종을 피하는 것은 자기 스스로 하나님의 은혜를 치워
버리는 자이다. 자기만의 선을 구하는 자는 널리 골고루 주어지는
은총마저도 잃어버린다. 기분 좋게 윗사람에게 복종하지 않은 사
람은 육체가 아직 전적으로 영에 복종하지 않고, 때때로 반역하고
있는 증거이다. 그러므로 육체를 지배하려고 생각한다면 윗사람
에게 빨리 복종하는 것을 배워라. 마음속이 거칠어져 있지 않으면
밖의 적에게 용이하게 이길 수가 있다.

    3장  충실한 영혼에게 말하는 그리스도의 다정한 대화

육체와 정신을 조화스럽게 하지 않으면 그대에게 있어서 자기 자
신보다도 유해(有害)한 영혼의 적은 없다. 그대가 육(肉)과 혈(血)에게
이기려고 생각한다면 절대로 자기 자신을 경멸할 필요가 있다. 그
대가 타인의 의지에 따르는 것을 주저하고 있는 것은 아직 강한 자
애심이 있기 때문이다.

2   높고도 전능(全能)하며, 무에서 만물을 창조한 나는 그대를 위해서
겸손하게 인간에게 복종했다. 하나님을 위해서 인간에게 복종하
는 것, 그것이 무엇일까? 나는 겸손에 의해서 그대의 교만함을 없
애려고 누구보다도 작은 것, 최후의 것이 되었다. 먼지여, 복종하
는 것을 배워라. 티끌이여, 자기를 멸시하여 모두의 발밑에 굴복
하는 것을 배워라. 여러 가지 욕망을 쳐부수고, 누구에게라도 완
전히 복종하는 것을 배워라.

3   자기 자신에 대해서는 맹렬하게 싸워라. 그리고 자기 속에 교만의
암(癌)이 만연하는 것을 용서하지 말라. 차라리 모든 사람들에게 길
가의 흙처럼 짓밟히는 아주 작은 자가 되라. 헛된 인간들이여, 왜
비탄하는가? 더러운 죄인이여, 얼마나 하나님을 얕보고, 몇 번이
나 지옥에 떨어져야 할 자였는데 어떻게 하여 당신을 비난하는 자
에게 항변하려고 하는가? 그렇지만 그대의 영혼을 나는 받아들인
다. 그렇게 함으로써 언젠가 그대에게 나의 사랑을 알게 하여 감사
함으로써 나의 은혜에 보답케 하고, 진실한 순종과 겸손 속에 살게
하여 인내하면서 자기 자신에 대한 경멸을 배우게 하려고 자비에
의해서 그대를 잠시 내팽개쳐 놓았다.」

# 선행에 교만을
# 부리지 않게 하려고
# 은밀한 하나님의
# 길을 생각한다

1 「주님, 당신은 나에 대하여 천둥과 같은 심판의 말씀을 들려 주셨습니다. 그때 나의 뼈는 흔들리고, 나의 영혼은 부들부들 떨렸습니다. 하늘마저도 당신 앞에서는 깨끗하지 못한 것이라는 생각에 이르렀을 때 나는 전율했습니다. 당신이 천사들에게서도 악을 발견하고, 그 죄를 용서할 수 없다면 나는 도대체 어떻게 되는 것입니까? 별이 하늘에서 떨어졌는데 먼지인 내가 무엇을 자부하겠습니까? 칭찬을 받을 값어치가 있는 일을 한 사람이 낮게 떨어지고, 천사의 빵을 먹고 있던 사람이 돼지의 먹이로 만족하고 있는 것을 나는 보았습니다.

2 그러므로 주님, 만약에 당신이 손을 빼면 나에게는 아무런 덕도 없습니다. 당신이 지배를 그만두시면 사람의 지혜는 쓸모가 없습니다. 당신이 손으로 지탱해 주지 않으면 사람들은 아무런 힘도 가지고 있지 않습니다. 당신이 보증하지 않으면 순결한 사람도 안전할 수 없습니다. 당신의 감시가 없으면 우리들의 경계는 쓸모가 없습

   3장 충실한 영혼에게 말하는 그리스도의 다정한 대화

니다. 당신에게 버림받으면 우리들은 마음이 침울해져서 멸망합
니다.

그러나 당신이 우리들을 지켜보신다면 곧 생명을 되찾습니다. 우
리들은 변하기 쉬운 것이지만 당신에 의해서 확고하게 됩니다. 곧
냉담하게 될 자이지만 당신에 의해서 열이 보내지는 것입니다.


3　　아, 나는 자기를 얼마만큼 깔보고 멸시하지 않으면 안 됩니까? 가
령 무엇인가 좋은 것을 가지고 있더라도 그것을 무시하지 않으면
안 되는 것입니다. 오, 주여, 나는 얼마만큼 깊이 당신의 헤아릴 수
없는 심판에 복종하지 않으면 안 되는 것입니까?

그 심판 앞에서 나는 자기가 무 이외의 아무것도 아니라는 것을 깨
닫습니다. 무한하신 분이시여, 끝없는 바다여, 거기에 있어서 나
는 모두 무이며, 나라는 것을 무엇 하나도 발견할 수 없습니다. 그
렇다면 자랑과 자부심이 어디로 숨었을까요? 일체의 헛된 자부심
은 나에 대한 당신의 심판의 깊이에 삼켜지고 말았습니다.


4　　주님, 당신에게 있어서 인간이 무엇일까요?「진흙이 토기장이에
대하여 무엇을 뽐내겠습니까?(이사야 45:9). 진실로 하나님에게 복종
할 마음을 가진 사람이 어떻게 사람들의 헛된 칭찬에 뽐내겠습니
까? 전 세계마저도 진리인 하나님에게 복종한 사람을 교만하게 만
들 수는 없습니다. 또 하나님에게 의지한 사람은 인간들의 어떠한
칭찬에도 움직이지 않습니다. 그 칭찬을 주는 사람은 누구이든 무
이며, 그 소리와 함께 사라져 버리지만, 하나님의 진리는 영원히
썩지 않는 것입니다(시편 117:2).」

# 바라는 것에 관해서
# 어떻게 행동하며,
# 어떻게 말할까?

1 「아들아, 그대는 어떠한 경우에도 이렇게 말하지 않으면 안 된다. '주님, 당신의 뜻이라면 그렇게 하여 주십시오. 주여, 이 일이 당신의 영광이 된다면 명성을 위해서 그렇게 하여 주십시오. 주님, 만일 나에게 적당하고, 이익이 있다고 생각하신다면 당신의 영광을 위해서 나에게 그것을 사용하게 하여 주십시오. 그러나 그것이 나의 해가 되고, 영혼의 구원을 위해서 쓸모가 없는 일이라면 나에게서 그 소망마저도 물리쳐 주십시오'라고.

   3장  충실한 영혼에게 말하는 그리스도의 다정한 대화

인간의 눈으로 보아서 좋은 것처럼 보이더라도 모든 소망이 성령
으로부터 나왔다고는 말할 수 없다. 어떤 일을 바라는 것이 선의에
서인지, 악의에서인지, 아니면 단순하게 자존심 때문인지를 판단
하는 것은 곤란하다. 최초에는 선의에 이끌린다고 생각하고 있더
라도 최후에는 그 잘못을 깨달은 사람이 많이 있다.

2    따라서 마음에 떠오르는 것은 모두 하나님에 대한 외경과 겸허한
마음을 가지고 바라지 않으면 안 된다. 때로는 단념과 신뢰를 가지
고 모든 것을 나에게 맡기고, 이렇게 말하는 것이 좋다. '주님, 당
신은 나에게 있어서 무엇이 좋은 일인지를 알고 계십니다. 뜻대로
헤아려 주십시오. 당신의 바라는 것을 바라는 대로, 바라는 때에
나에게 주십시오. 당신의 지혜에 따라서 뜻대로, 당신의 영광을
위해서 나를 다루어 주십시오. 나를 뜻의 장소에 두고, 자유롭게
대접해 주십시오. 나는 당신의 손 안에 있습니다. 뜻대로 나를 사
용해 주십시오. 나는 당신의 종으로서 만사에 대비하고 있습니다.
나는 자기를 위해서가 아니라 당신을 위해서 살고 싶습니다. 되도
록 완전하게, 또 어울리게 살고 싶습니다'라고.」

3    자비 깊은 예수, 당신의 은혜를 주십시오. 하나님의 은혜여, 항상
나와 함께 있어서 나의 나날의 노고를 도와주시고(외경 지혜서 9:10),
또 최후까지 나를 이끌어 주십시오. 당신이 가장 좋아하는 것을 항
상 나에게 바라게 하고, 당신의 뜻이 나의 소망으로 되게 하여 주
십시오. 그리하여 나의 의지를 항상 뜻에 따르게 하고, 완전히 일
치시켜 주십시오. 나의 바라는 것, 바라지 않는 것이 반드시 당신
과 같으며, 당신이 소망하는 것, 소망하지 않는 것을 나에게도 소

망하게 하고, 혹은 소망하지 않도록 하는 은혜를 주십시오.

4   이 세상의 모든 것에 무심하고, 당신을 위해서 가벼이 여김을 받고, 무시당하는 일을 좋아하게 하여 주십시오. 어떤 소망보다도 앞서서 당신 가운데서 쉬고, 당신에게서 평화를 발견하도록 하여 주십시오. 당신은 참다운 평화이며, 유일한 휴식입니다.

당신이 오시지 않으면 모든 것이 괴롭고, 불안한 것이 됩니다. 그 평화, 지고(至高), 영원한 선이신 당신이 오시는 것만이 내가 평화와 휴식을 발견하게 되는 것입니다(시편 4:8). 아멘.

     3장 충실한 영혼에게 말하는 그리스도의 다정한 대화

# 참다운 위로는
# 하나님에게만 있다

1  자기의 위로로서 상상하고, 바라는 것을 나는 이 세상에서가 아니라 내세에서 기대하고 있습니다.  내가 가령 이 세상이 주는 모든 위로를 가지고, 그 기쁨을 맛본다고 하더라도 그것이 영속(永續)되지 않는다는 것은 확실합니다. 나의 영혼이여, 부족한 자의 위로이신 주이며, 겸손한 자를 높이시는 하나님에게서만 충분히 위로를 받고, 남아도는 행복을 얻을 수 있다. 나의 영혼이여, 잠시 동안 기다려라. 그렇게 하면 하늘에서 여러 가지 풍부한 선을 맛볼 수 있다. 만일 지금 지상의 선을 탐낸다면 영원한 하늘의 선을 잃게 될 것이

다. 다만 지상의 것은 사용하는 데 그치고, 그 소망의 적(的)에 영원한 것만을 두는 것이 좋다. 당신은 지상의 덧없는 것에는 그것이 무엇이더라도 만족할 수가 없다. 나는 그 때문에 만들어진 자가 아니기 때문이다.

2   이 세상의 모든 것을 가지고 있더라도 나는 완전히 행복할 수가 없고, 모든 것을 창조한 하나님에게서만 행복이 있습니다. 그 행복은 이 세상에 집착하는 어리석은 자들이 바라고 있는 행복이 아니라 그리스도의 종이 기대하는 것, 하늘에 그 마음을 두는(빌립보서 3:20) 영적인 순수한 마음을 가진 사람들이 이 세상에서도 맛볼 수 있는 그 행복입니다. 인간으로부터 오는 위로는 어차피 덧없고 공허하지만, 그러나 진리의 하나님이 마음에 주시는 것은 참다운 위로이며, 행복의 샘입니다.

경건한 사람은 위로의 주이신 예수에게 어디에 가더라도 수행하며, '주 예수여, 언제라도, 어디에서라도 나를 지켜 주십시오'라고 말할 것이다. 인간으로부터 오는 위로를 무엇 하나도 가지지 않기를 바라며, 그것만이 나의 유일한 위로로 삼을 것이다. 만약에 하늘의 위로를 빼앗기더라도 당신에 의해서 주어지는 바른 시련과 뜻을 나의 최고의 위로로 삼고 싶은 것입니다. 당신은 종에게 영구히 계속 화를 내는 일도 없을 뿐만 아니라 영구히 계속 위협하는 일도 하지 않으시는 분입니다.」(시편 103:9)

       3장 충실한 영혼에게 말하는 그리스도의 다정한 대화

1   「아들아, 나의 바라는 대로 그대를 다루겠다. 그대에게 있어서 무엇이 유익한가를 나는 알고 있다. 그대는 인간으로서 생각한다. 그리고 대부분의 일에 관해서 인간적인 감정에 맡기기 일쑤다.」

2   「주님, 그것은 참말입니다. 나에 대한 당신의 배려는 내가 자기를 위해서 하고 있는 모든 배려에 앞서는 것입니다. 자기의 걱정을 당신에게 맡기지 않는 사람은 커다란 위험에 둘러싸여 있는 것입니

다. 주님, 나의 의지가 항상 바르고, 강하게 당신에게 일치되어 있도록 나의 일을 뜻대로 헤아려 주십시오. 당신이 나에게 해 주시는 모든 것은 단지 나의 선을 위해서입니다. 내가 암흑에 남겨지시기를 바라신다고 하더라도 당신은 축하받으시도록, 또한 나를 광명으로 비추어 주신다고 하더라도 당신은 축하받으시도록, 나를 위로해 주신다면 또한 당신은 축하받으시도록, 나를 환난을 당하게 하더라도 마찬가지로 당신은 언제나 축하받으시도록!」

3 「아들아, 만약에 그대가 나와 함께 걸어가려고 한다면 이러한 태도로 살지 않으면 안 된다. 그대는 기쁨과 만찬가지로 괴로워하는 일에 대비하지 않으면 안 된다. 또한 가난하고 부족하더라도 풍부하고 부유한 것과 같은 각오로써 기분 좋게 참아 나가야 한다.」

4 「주님, 나는 당신에 대한 사랑을 위해서 당신이 바라시는 일을 기꺼이 참아 냅니다. 당신이 주시는 것이라면 같은 마음을 가지고 선도, 악도, 단 것도, 쓴 것도, 기쁨도, 슬픔도 받을 각오입니다. 그리하여 나에게 일어나는 모든 것을 위해서 당신에게 감사할 것입니다. 나를 모든 죄로부터 지켜 주십시오. 그렇게 하면 나는 죽음도 지옥도 두려워하지 않습니다. 당신이 영구히 나를 버리고, 나의 이름을 영원한 생명의 책에서 지워 버리지 않는 한 나는 어떤 환난에도, 고통에도 손상되지 않을 것입니다.」

   

# 지상의 고통을
# 그리스도의 모범에 따라
# 평정(平靜)하게
# 참고 견딘다

1　「아들아, 나는 그대를 구하기 위해서 하늘에서 내려왔다. 내가 그 대의 비참함을 떠맡은 것은 그 필요가 있어서가 아니라 사랑했기 때문이다. 그대가 인내를 배워서 지상의 신고(辛苦)를 기분 좋게 감 수하도록 길들이기 위해서였다. 실로 나는 이 세상에 내려와서 십 자가상에 죽기까지 괴로워하지 않은 때는 없었다.

나는 이 세상의 것을 거의 가지고 있지 않았다. 나는 때때로 타인 의 비난을 들었다. 부끄러움과 모욕을 유화하게 참아 냈다. 준 은 혜의 회답으로서 모독을 하늘로부터의 가르침의 반환이라 여기고 비난을 받아들였다.

2　「주님, 당신은 아버지의 뜻을 완전하게 완수하고, 그 생애에 걸쳐 서 인내하였습니다. 그렇다면 비참한 죄인인 내가 당신의 뜻에 따 라서 괴로움을 견디고, 자기의 구원을 위해서 당신의 뜻이 이를 때 까지 허무한 이 생명의 무거운 짐을 참고 견디는 것은 당연한 일입 니다. 참으로 이 세상의 생활은 무거운 것이지만, 그러나 당신의

은총에 의해서 그것은 공덕이 되고, 당신의 생활을 배우며, 성인들에게 따름으로써 약한 우리들에게 있어서도 그것은 밝고, 참기 쉬운 것이 됩니다.

또한 그 위에 옛날 율법의 시대에는 하늘의 문이 닫혀 있고, 하늘로 가는 길은 어두웠기 때문에 그 무렵에는 하나님의 나라를 얻으려고 힘쓰는 사람이 많지 않았습니다. 그러나 지금의 생활에는 그 무렵보다도 더욱 많은 위로가 주어지고 있습니다. 구원의 나라에 대비하고 있던 바른 사람들조차 당신이 수난과 사거(死去)함으로써 이 세상을 속죄하기까지는 하늘나라에 들어가는 것이 허용되지 않았습니다.

3  주님, 나와 모든 신자들에게 영원한 나라에 이르는 똑바르고, 안전한 길을 가르쳐 주신 당신에게 나는 어떻게 감사의 뜻을 표해야 좋겠습니까? 당신의 생활은 우리들이 걸어가지 않으면 안 될 길입니다. 우리들이 인내를 한다면 영원한 영관(榮冠)인 당신에게 이를 수가 있을까요? 만약에 당신이 우리들에게 앞서서 가르쳐 주시지 않았다면 누가 당신에게 따르려고 유념했을까요? 아, 그 뛰어난 모범을 우러러보지 않았다면 얼마나 많은 사람들이 배후에 멀리 남겨졌겠지요? 우리들은 당신이 행한 모든 기적과 가르침을 들었는데도 아직도 이처럼 미적지근합니다. 그렇다면 당신에게 따르기 위한 광명이 주어지지 않았다면 과연 나는 어떻게 되어 있었을까요?」

　　　　3장  충실한 영혼에게 말하는 그리스도의 다정한 대화

# 모욕을
# 참는 것과
# 참다운 인내

1 「아들아, 무슨 말을 하는가? 나와 성인들의 수난을 생각하여 불평을 하지 말라. 그대는 아직 피를 흘릴 정도로 저항한 일이 없다(히브리서 12:4). 많은 곤란을 참고, 강한 유혹을 받으며, 지독하게 괴로움을 당하고, 온갖 시련으로 단련된 사람들에 비하면 지금 그대의 괴로움은 특별히 내세울 만한 것이 못된다. 다른 사람의 괴로움을 생각하자. 그렇게 하면 그대는 작은 괴로움을 용이하게 참아 내게 된다. 그리고 만약에 그것이 그대에게 있어서 작은 괴로움이라고 생

각되지 않는다면 그것은 그대의 인내가 부족하기 때문이다. 그렇다고는 하지만 그대의 괴로움이 적든 많든 만사를 인내하자.

2   고통을 받을 각오를 강하게 하면 강하게 할수록 지혜는 깊어지고, 공덕은 커지며, 마음이 단련되어 무거운 짐은 가벼워진다. '저런 인간으로부터 이런 취급을 받는 것은 참을 수 없다. 나는 이런 모욕을 받을 이유가 없다. 저 사람은 나에게 큰 손해를 끼치며, 생각할 수도 없는 일로써 나를 나무라고 있다. 다른 사람으로부터 받았다면 기꺼이 참을 수 있고, 그것이라면 참을 만한 것이라고 생각하겠지만.' 그대는 이렇게 생각해서는 안 된다. 이러한 사고방식은 어리석은 것이다. 그대는 인내의 덕이란 무엇인가를 생각하지 않고, 누구로부터 보답을 받을 것인가를 고려하지 않으며, 오히려 받은 모욕, 모욕을 준 사람, 어떤 모욕을 받았는가 하는 것만을 생각하고 있다.

3   자기가 생각할 정도의 고통을 자기가 생각하는 사람에게서만 받고, 참아 내는 사람은 정말로 인내가 있는 사람은 아니다. 참으로 인내가 있는 사람은 누구로부터 시험을 당하고 있는가. 윗사람으로부터인가, 동료로부터인가, 아랫사람으로부터인가, 덕이 있는 사람으로부터인가, 죄가 많은 불량배로부터인가 하는 것을 생각하지 않고, 누구로부터 오는 것인가를 차별하지 않으며, 몇 번, 얼마나 많이 받더라도 모두를 기꺼이 감사하면서 하나님의 손에서 받고, 그러면서도 그것에 의해서 커다란 이익을 얻었다고 생각하는 것이다. 하나님의 앞에서는 하나님을 위해서 참아 낸 어떤 작은 일도 보답을 받는 것이다.

          3장 충실한 영혼에게 말하는 그리스도의 다정한 대화

4    승리를 얻고 싶다면 언제나 싸울 준비를 갖추고 있도록 유념하라.
     싸움 없이는 인내의 영관을 얻을 수가 없다. 그러니 영관을 얻으
     려고 생각한다면 용감하게 싸우고, 인내하자. 고생을 참지 못하면
     휴식할 권리도 없다. 싸움을 싫어하면 승리는 얻을 수 없다.」

5    「주님, 당신의 은총에 의해서 본래라면 나에게 할 수 없던 일도 할
     수 있게 하여 주십시오. 당신도 아시는 바와 같이 나는 고통에 약
     해서 사소한 방해가 있어도 곧 낙담해 버립니다. 하나님의 영광을
     위해서 시련을 받게 하여 주십시오. 당신을 위해서 괴로워하고,
     박해를 받는 것은 나의 영혼에 있어서는 이익이 됩니다」.

# 자기의 약함과
# 이 세상의 비참함을
# 고백한다

1  자기가 자기의 죄를 고백하자(시편 32:5). 주여, 나의 약함을 고백합
니다. 나는 작은 일로서 낙담하고, 슬퍼합니다. 씩씩하게 행하겠
다고 결심하지만 약간의 유혹이 와도 곧 허둥거립니다. 나에 대한
시련은 정말로 하찮은 일에서 생겨납니다. 나만은 안심이라고 생
각하고 있을 때에 나는 가벼운 바람에도 넘어져 버립니다.

2  주님, 기회 있을 때마다 나타나는 나의 허약함, 연약함을 보아 주

     3장  충실한 영혼에게 말하는 그리스도의 다정한 대화

십시오. 내가 진흙에 빠져 버리지 않도록, 언제까지라도 버림받는
일이 없도록, 나를 불쌍히 여기시고 진흙 속에서 끌어올려 주십시
오. 당신 앞에서 내가 슬퍼하고, 당황하는 것은 내가 탐욕에 약하
며, 실패하기 쉬운 인간이기 때문입니다. 나는 유혹에 질질 끌려
가는 일은 없어도 그 집요함에 괴로움을 받으며, 속을 썩이고, 매
일 그런 싸움을 반복하는 데 질리고 말았습니다. 나는 자기의 비참
함을 알고 있습니다. 불길한 상상이 일어나기 쉬우며, 그것도 좀
처럼 사라지지 않습니다.

3    충실한 영혼을 사랑으로 불태워 주시는 강대한 이스라엘의 하나
     님이시여, 당신의 종의 곤란과 수고를 돌아보셔서 아무쪼록 지켜
     주십시오. 아직 완전히 영에 복종하지 않은 비참한 육체에 의해서
     다시 낡은 인간이 머리를 쳐드는 일이 없도록 하늘의 힘으로써 나
     를 격려해 주십시오. 이 불쌍한 생명이 계속되는 한 나는 육체에
     대하여 계속 싸워 나갈 것입니다.
     환난과 비참함이 끊이지 않고, 적과 올가미에 둘러싸여 있는 이 생
     활이란 도대체 무엇일까요? 하나의 환난과 유혹이 지나가면 곧 다
     른 것이 찾아옵니다. 아니 아직 싸움이 계속되고 있는데 다른 적이
     덮쳐 옵니다.

4    이런 쓰디쓴 불행과 슬픔이 감도는 인생을 어떻게 사랑할 수 있습
     니까? 죽음과 화(禍)를 낳는 것을 어떻게 생명이라고 말할 수 있을
     까요? 그런데도 사람들은 그것을 사랑하고, 거기에서 즐거움을
     찾습니다. 세상은 헛되다고 비난하면서 용이하게 그것을 버리려
     고 하지 않는 것은 우리들이 육체의 욕망에 지배되고 있기 때문입

니다. 세상이 끌어들이는 것과 그것을 경멸하는 것과는 커다란 차이가 있습니다. 육신의 정욕과 안목의 정욕과 생활의 허영(요한일서 2:16)은 사람의 마음을 세상으로 끌어당기지만, 거기에 잇따르는 벌과 고통은 사람의 마음에 세상에 대한 증오와 혐오를 불러일으킵니다.

5  유감스럽게도 세상의 노예가 되어 있는 사람들은 부당한 쾌락에 빠져 있습니다. 이러한 영혼은 가시나무 속에서 사는 것을 기뻐하고 있습니다(욥기 30:7). 왜냐하면 그들은 하나님에 의한 기쁨과 덕의 내적 아름다움을 맛본 일이 없기 때문입니다. 도리어 완전히 세상을 버리고, 성스러운 규칙에 따라서 하나님에게서 살려고 하는 사람들은 정말로 세상을 버리고, 약속된 하나님의 기쁨을 알며, 세상이 얼마나 그릇되어 있는가, 어느 정도로 기만에 차 있는가를 분명하게 알고 있습니다.」

# 어떤 선에도,<br>선물에도 앞서서<br>하나님 속에서<br>평화를 발견한다

1 「나의 영혼이여, 모든 것에 앞서서 항상 다만 주에게서 위로를 구
하자. 하나님은 성인의 영원한 휴식처이다. 사랑하지 않으면 안
될 예수여, 피조물이 아니라 다만 당신 속에 나를 휴식시켜 주십시
오. 건강과 미(美), 영광과 명예, 세력과 지위, 학문과 교양, 부와 예
술, 기쁨과 즐거움, 평판과 찬사, 안락과 위로, 희망과 약속, 공덕
과 소망, 당신이 주시는 선물과 은총, 사람의 마음이 받아서 맛보

는 환락과 유쾌, 또한 최후로 천사와 대천사와 하늘의 만군(萬軍),
보이는 것, 보이지 않는 것을 막론하고, 나의 하나님, 당신 이외의
모든 것에 앞서서 당신 속에서 나를 휴식시켜 주십시오.

2  주이신 나의 하나님, 당신은 만사를 넘어서 자비이며, 지고자(至高
者), 전능자이시고, 완전히 흡족한 것, 감미로운 위로를 주시는 분
이며, 아름답게 사랑해야 할 분, 숭고한 영광이 있는 분이십니다.
당신 속에 일체의 선은 완전히 일치되어 존재합니다. 일찍이 그러
했듯이, 지금도, 언제라도. 그러므로 당신 이외의 무엇을 주더라
도 나는 불만이고, 부족합니다. 당신을 보지 않고, 당신을 받지 못
한다면 당신이 보여 주고, 약속하는 것도 나에게 있어서는 부족합
니다. 실로 나의 마음은 모든 선물과 피조물을 두고, 다만 당신에
게 쉬지 않는 한 진실로 쉬고, 완전하게 만족할 줄을 모르는 것입
니다.

3  아, 사랑하는 배우자이신 예수 그리스도여, 순수한 사랑의 적(的)
이며, 만물의 주여, 당신에게 쉬려고 하여 날아가고 싶은데 그것
을 위해서 참다운 자유의 날개를 주실 분은 누구입니까? 내가 당
신만을 섬기고, 당신이 얼마나 다정한 분인가를 완전하게 알게 되
는 것은 언제일까요? 나의 하나님이어, 내가 당신을 너무도 사랑
한 나머지 나를 잊어버리고, 극히 약간의 사람들이 알고 있는 곳
을 향해 인간의 생각과 방법을 초월한 방법으로써 전적으로 마음
을 바치는 것은 언제입니까? 그러나 지금 나는 때때로 탄식하면서
수고로운 짐을 지고 있습니다. 이 눈물의 골짜기에서는 많은 불행
이 일어나고, 마음을 괴롭히며, 슬프게 하며, 어둡게 하고, 나를 방

    3장  충실한 영혼에게 말하는 그리스도의 다정한 대화

해하며, 헤매게 하고, 당신으로부터 멀리하게 하여 나를 당신에게
향하지 못하게 할뿐더러 지복(至福)의 영혼에게 끊임없이 주어지는
그 기쁨의 일치를 맛보지 못하게 합니다. 아아, 예수여, 영원한 광
휘(光輝), 영의 위로여, 나의 동경과 근심거리에 당신의 동정심을 움
직여 주십시오.

4   주여, 당신 앞에서 나는 다만 침묵해야 하지만, 그래도 당신에게
말합니다. 나의 주님, 당신이 오시는 것은 언제입니까? 부족한 종
인 나에게 내려오셔서 기쁘게 찾아내 주십시오. 내 위에 손을 뻗쳐
서 불행한 나를 환난에서 구원해 주십시오. 오셔 주십시오. 주여,
오십시오. 당신이 오시지 않으면 나에게 하루도 일각도 기쁨이 없
습니다. 당신이야말로 나의 기쁨입니다. 당신이 오시지 않으면 나
의 식탁은 허전합니다. 당신이 그 존재로써 나를 살리고, 해방하
며, 다정한 얼굴을 보여 주지 아니하면 나는 불행하고, 수인(囚人)처
럼 쇠사슬에 계속 묶여 있습니다.

5   다른 사람들은 그 소망에 따라서 당신 이외의 무엇인가를 구할지
도 모릅니다. 그러나 나에게는 희망과 영원한 구원인 당신 이외에
는 바람직한 것이 없고, 또한 바라지도 않겠지요? 하나님의 은총
을 주어서 나의 마음에 말해 주실 때까지는 침묵하지 않고 계속 기
원합니다.」

6   「나를 부르고, 구한 그대에게 나는 왔다. 그대의 눈물과 소망, 겸손
과 통회가 나를 그대 쪽으로 움직였다.」

7  그래서 나는 말했다. 「주님, 나는 당신을 부르며 당신 속에서 즐거움을 추구합니다. 나는 당신을 위해서 모든 것을 버립니다. 나는 당신을 구했지만, 그보다도 먼저 당신이 나를 움직여 주셨습니다. 무한한 자비에 의해서 종에게 은혜를 주신 주여, 당신은 축하받으시기를! 자기의 죄와 미천함을 항상 잊지 않고, 당신 앞에 깊이 깊이 겸손할 이외에 이 종은 할 바를 모르겠습니다. 천지의 불가사의함이 수없이 많이 있지만, 당신에게 비교할 만한 것은 없습니다. 당신이 하시는 일은 좋고, 그 심판은 바릅니다. 그리고 당신의 섭리는 만물을 지배합니다. 오, 아버지의 지혜여, 상찬과 영광이 있기를! 나의 입, 나의 마음, 모든 피조물이 당신을 기리고, 축하하기를!」

   3장 충실한 영혼에게 말하는 그리스도의 다정한 대화

# 하나님의
# 은혜를
# 잊어서는 안 된다

1 「주님, 법도를 깨달을 수 있도록 나의 마음을 열어 주시고, 당신의 길을 걷는 법을 가르쳐 주십시오. 그 뜻을 알려 주십시오. 또한 당신의 특수한, 또 일반적인 은혜를 마음으로부터의 존경과 주의 깊은 사려를 가지고 받아들이도록 나에게 기억시켜 주십시오. 그렇게 해 주시면 나는 금후(今後) 적당하게 당신에게 감사하게 될 것입니다. 나는 단 한 가지의 어떤 작은 은총에조차도 어울리는 감사를 드릴 수 없다는 것을 알고 그것을 고백합니다. 나는 당신이 주신 하나의 은총에조차 적합하지 않으며, 당신의 위대함과 관용을 생각할 때 그 은혜의 깊이에 망연(茫然)할 뿐입니다.

2 우리들이 영혼과 신체에 가지고 있는 모든 것, 내부와 외부에 가지고 있는 자연 또는 초자연의 은혜는 모두 당신의 선물입니다. 일체의 그것들의 선을 주시는 관대와 자비와 인자(仁慈)가 풍부한 당신을 칭송합니다. 또한 어떤 사람에게는 많이, 어떤 사람에게는 적게 은혜가 주어졌다고 하더라도 모두가 당신의 것이며, 당신 없이는 손톱만큼의 작은 은총도 받을 수가 없습니다.

3 많이 받은 사람은 그것이 자기의 공덕인 것처럼 자랑하지 말고, 타인에게 자만하는 일도 없어야 하며, 적게 받은 사람을 경멸하는 일도 해서는 안 됩니다. 무슨 일도 자기에게 돌아가게 하는 일이 없이 겸허하고 경건하게 감사하는 사람이 위대한 사람이기 때문입니다. 그리고 자기는 누구보다도 미천하고, 누구보다도 무가치하다고 생각하는 사람이 커다란 은총을 받을 가치가 있는 사람입니다.

4 한편 적게 받은 사람은 그 때문에 슬퍼하고, 후회하지 말고, 많이 받은 사람을 부러워하지도 말고, 당신에 관해서만 생각하지 않으면 안 됩니다. 사람에게 차별 없이(베드로전서 1:17) 풍부하게, 무상으로, 기꺼이 선물을 주시는 당신의 자비를 회상하여서 찬미하지 않으면 안 됩니다.
당신은 각자에게 무엇을 주면 좋을까를 알고 계십니다. 그리고 한 사람에게는 적게, 한 사람에게는 많이 주더라도 그 이유를 판단하는 것은 우리들이 아니라, 각자의 공덕을 알고 계시는 당신입니다.

5 하나님이신 주여, 인간의 눈으로 밖에서 보면 상찬과 명예를 받을 만한 것을 많이 가지고 있지 않은 것을 나는 은총이라고 생각하고 있습니다. 따라서 사람들은 자기의 부족함과 미천함을 생각하여 알더라도 그것을 가혹한 일, 슬픈 일이라고 생각하여 실망하여서는 안 됩니다. 오히려 위안과 기쁨을 마음속에 품어야 합니다.
하나님이여, 당신은 자기의 친한 친구로서 가난한 사람, 겸허한 사람, 세상에서 경멸받는 사람들을 택하셨습니다. 그것은 '당신이 이 세상의 지배자로서 세운'(시편 45:16) 사도들이 증명하는 대로입니다. 그들은 이 세상에서 불평을 말하지 않고, 참으로 겸손, 단순하

                     3장 충실한 영혼에게 말하는 그리스도의 다정한 대화

며, 악의와 거짓을 완전히 피하고, 이름을 위하여 경멸받는 것을
기뻐하며(사도행전 5:41), 세상이 혐오하는 것을 사랑으로써 껴안았던
것입니다.


6   따라서 당신을 사랑하고, 당신의 은총을 아는 사람은 자기 속에 영
    원히 결정된 뜻이 실현되고 있다는 것을 생각하여 무엇보다도 앞
    서서 기뻐하고 그것 때문에 위안을 느끼고 만족하며, 다른 사람들
    이 상위(上位)의 것이 되고 싶다고 바라는 것과 마찬가지의 마음을
    가지고 자기는 최후의 것이 되는 것을 바라며, 최후의 자리에 앉는
    것을 제일의 자리에 앉는 것과 마찬가지로 만족하여 받아들이고,
    사람들이 이 세상에서 고귀하게 공경받는 것을 기뻐하는 것처럼
    자기는 천한 것, 경멸받는 것, 명성도 평판도 없는 사람이라는 것
    을 기뻐하는 것이다. 당신의 뜻과 그 영광을 위해서 일하는 열성은
    다른 모든 명예에 앞서는 것이며, 자기가 받은, 혹은 받을 모든 기
    쁨에 앞서서 우리들은 그것을 위로로 삼고, 기쁨으로 삼지 않으면
    안 되는 것입니다」.

# 마음에 평화를 주는 네 가지의 조건

1 「아들아, 이제 나는 그대에게 평화와 참된 자유의 길을 가르쳐 주겠다.」

2 「주님, 그렇게 해 주십시오. 저는 기꺼이 듣겠습니다.」

3 「아들아, 자기의 의지보다도 다른 사람의 의지에 따르도록 힘써라. 많이 가지기보다도 적게 가지기를 바라자. 항상 미천한 자리

  3장  충실한 영혼에게 말하는 그리스도의 다정한 대화

에 만족하고, 모두의 아래에 앉기를 바라자. 하나님의 뜻이 그대 속에 완전하게 행해지기를 기원하라. 이러한 마음가짐을 가진 사람이 편안하고, 조용한 나라에 들어가는 것이다.」

4  「주님, 당신의 그 간단한 말은 완덕에 이르기 위한 소중한 말입니다. 말로서는 간단하지만, 심원한 의미와 풍부한 열매가 있습니다. 내가 그 훈계를 충실하게 지킨다면 나는 이 정도로 동요할 리가 없습니다. 내가 불안을 느끼고, 고i민에 시달릴 때에는 그 가르침에서 떠나 있음을 알아차리게 됩니다. 그러나 전능한 당신은 나의 영적인 진보를 바라고 계십니다. 부디 나의 위에 은혜를 더하셔서 당신의 훈계를 지켜서 구원에 이르도록 하여 주십시오.」

## 사념(邪念)을 막는 기도

5  「주이신 나의 하나님, 나를 멀리하지 말아 주십시오. 나의 하나님이여 도와주십시오(시편 71:12). 사념과 공포가 나의 마음을 괴롭히려고 덮쳐 옵니다. 나는 어떻게 그것을 쫓아낼 수 있겠습니까?」

6  주는 말씀하신다.「나는 그대보다 앞서 가서 세상의 교만한 자를 낮아지게 하리라(이사야 45:2). 나는 감옥의 문을 열고, 감추어진 신비를 그대에게 보이리라.」

7  「주님, 그렇게 하여 주십시오. 당신이 오시면 사념은 사라집니다. 나의 단 하나의 희망, 유일한 위안은 모든 환난에 있어서 당신에게 부탁하고, 당신을 신뢰하며, 마음속으로 당신의 도움을 빌며, 인

내심 강하게 위로를 기다리는 일입니다.」

## 지혜의 빛을 구하는 기도

8 「예수여, 내적인 광휘로 나를 비추어 나의 마음의 구석에서 모든
어둠을 쫓아내 주십시오. 나의 방심을 억제하여 나에게 습격해 오
는 유혹을 끊어 버려 주십시오. 나를 위하여 강하게 싸워서 흉악한
맹수 같은 탐욕을 쓰러뜨리고, 당신의 힘에 의해서 나에게 평화를
되돌리고(시편 122:7), 성소(聖所), 즉 깨끗한 양심에 당신에 대한 찬미
가 울려 퍼지게 하여 주십시오. 바람과 폭풍에 명하여 바다를 향하
여 "조용해져라"라고 말하고, 바람을 향하여 "불지 말라"라고 말해
주십시오. 그렇게 하면 바람이 멎고, 바다가 잔잔해지겠지요(마태
복음 8:26).

9 당신의 빛과 진리를 보내 주십시오(시편 43:3). 그것은 이 세상을 비
추어 주기 위해서입니다. 그것이 비추어지기 전에는 세상은 공허
한 불모지(不毛地)와 같은 것입니다. 당신의 은혜를 하늘로부터 내
리부어서 나의 마음을 하늘의 이슬로 젖게 하여 주십시오. 나의 토
지가 풍성하게 열매를 맺도록 경건한 물을 흘러 들어가게 하여 죄
의 무게에 눌려 있는 나의 마음을 끌어 올려서 나의 모든 소망을 하
늘로 향하게 하여 주십시오. 그렇게 하면 나는 하늘의 행복을 맛보
고, 지상의 것을 싫어하게 되겠지요?

10 이 세상이 주는 덧없는 위로에서 나를 멀어지게 하여 당신 쪽으로
끌어올려 주십시오. 이 세상의 것은 모두 나의 요구를 채우지 못하

　　　　3장  충실한 영혼에게 말하는 그리스도의 다정한 대화

고, 나에게 위로를 주지 못합니다. 사랑이라는 풀리지 않는 고삐로써 나를 당신에게 잡아매어 주십시오. 사랑하는 마음에는 당신만으로 충분합니다. 당신이 오시지 않으면 이 세상은 모두 무가치한 것입니다.」

# 호기심에 목말라서
# 다른 사람의 일을
# 탐색해서는 안 된다

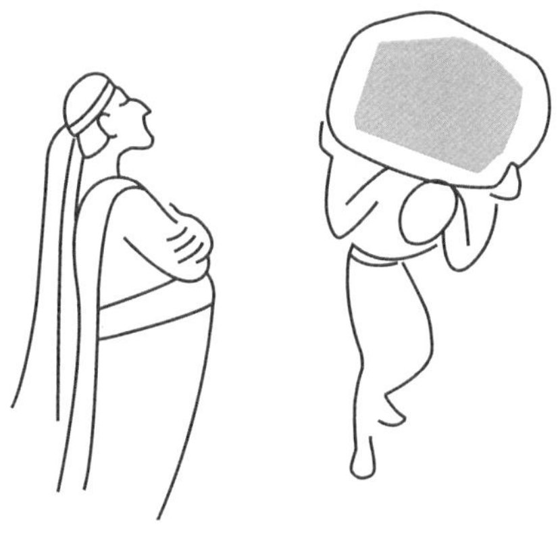

1  「아들아, 호기심을 버려라. 쓸데없는 참견을 하지 말라. 이 일이 그대와 무슨 관계가 있는가? 너는 나를 따르도록 힘써라(요한복음 21:22). 저 사람은 이러하다. 이 사람은 저러하다. 그는 저 일, 이 일을 한다. 그것이 그대에게 있어서 무슨 상관이 있다는 말인가? 그대는 다른 사람의 일에 책임이 없다. 자기 자신의 책임을 묻게 되는 것이다. 그런데도 왜 다른 사람의 일에 참견하는가? 나만이 모든 사람을 알고, 이 세상에서 일어나는 모든 일을 알고 있다. 그리

  3장  충실한 영혼에게 말하는 그리스도의 다정한 대화

고 모두가 어떻게 하고 있는가, 무엇을 생각하고 있는가, 무엇을
바라고 있는가, 무엇을 목적으로 하고 있는가를 알고 있다.
그러므로 그러한 일은 나에게 맡겨라. 그대는 마음의 평화를 가지
도록 유념하라. 시끄러운 사람들은 뜻대로 시끄럽게 하도록 놓아
두라. 그들이 하거나, 말하거나 하는 것은 모두 그들 위에 되돌아
온다. 나를 속일 수 있는 인간은 없다.

2   그림자와 같은 명성이나, 다정한 사람이라든지, 특별한 애정을 마
음에 두지 말라. 이러한 일들은 사람의 마음을 헷갈리게 하여 어둡
게 할 뿐이다. 그대가 충실하게 내가 오기를 기다리고 마음의 문을
연다면 나는 기꺼이 그대에게 나의 말을 들려주고, 신비를 나타내
보이겠다. 현명해져라. 기도하면서 경계하라(베드로전서 4:7). 그리고
모든 것을 겸손한 실행의 기회로 삼아라.」

# 마음의 평화와
# 참다운 영적 진보는
# 어디에 있는가?

1 「아들아, 나는 이렇게 말했다. '평안을 너희에게 끼치노니 곧 나의 평안을 너희에게 주노라. 내가 너희에게 주는 것은 세상이 주는 것과 같지 아니 하니라'(요한복음 14:27)라고. 누구든지 평화를 바라지만, 참다운 평화를 얻게 하는 일에 유념하는 사람은 적다. 나의 평화는 마음의 겸허함, 유화함과 함께 있다. 그대는 이 평화를 인내를 가지고 자기의 것으로 만들어라. 그대가 나의 소리를 듣고 그것에 따른다면 풍부한 평화를 맛볼 수 있다.」

2 「그렇다면 주님, 나는 어떻게 해야 좋습니까?」

3 「자기가 무엇을 하고, 무엇을 말하는가에 항상 주의하라. 그리고 그대의 의향을 내가 좋아하는 것으로만 향하게 하며, 그 이외의 무엇도 바라지 않도록 하라. 다른 사람의 행동과 말을 경솔하게 판단하지 말고, 자기의 책임이 없는 일에 관계하지 말라. 그렇게 하면 함부로 평화를 잃는 일은 없을 것이다.

    3장 충실한 영혼에게 말하는 그리스도의 다정한 대화

4    언제나 불안을 느끼지 않고, 마음과 몸의 괴로움을 경험하지 않은
     사람이 이 세상에는 있을 수 없다. 영원한 행복의 상태에 있어서
     만 있을 수 있는 일이다. 또한 어떠한 적도 없다고 해서 만사가 호
     조로 진행되고 있다고 생각하지 말라. 만사가 생각대로 된다고 해
     서 모두가 완전하다고 생각하지 말라. 신심과 마음의 기쁨을 느끼
     더라도 하나님의 사랑을 받고 있다고 생각하지 말라. 정말로 덕을
     사랑하는 사람은 그러한 것으로써 알 수 있는 것이 아니고, 인간의
     영적 진보도 거기에는 없다.」

5    「그렇다면 어디에 있는 것입니까? 주님.」

6    「그것은 마음으로부터 하나님의 뜻에 맡기는 일, 작은 일에도, 큰
     일에도, 이 세상에서도, 내세에서도 자기의 이익을 추구하지 않
     는 데에 있다. 이렇게 하면 호운(好運)의 때에도, 불행의 때에도 만
     사를 같은 눈으로 보고, 같은 판단으로 헤아리며, 항상 하나님에
     게 감사하면서 살 수가 있다. 모든 위로를 빼앗기더라도 그 이상의
     고통스러운 일을 참아 내려고 마음을 강하게 하고, 희망 위에 굳게
     서며, 자기는 이처럼 고통을 받을 인간이 아니라는 변해를 그만두
     고, 어떠한 경우에도 나의 정의를 인정하며, 나의 뜻을 칭송하면
     그대는 참다운 평화의 길을 걷고 있는 증거이다. 그렇게 하면 나의
     얼굴을 볼 희망을 가질 수 있다. 만약에 그대가 자기 자신을 완전
     히 경시할 경지가 되면 방랑의 세상에서도 마음의 평화를 풍부하
     게 맛볼 수 있다.」

# 지상의 번뇌에서 해방된
# 영혼의 초월성,
# 그것은 독서로서가 아니라
# 겸손한 기도에서 받는다

1   「하늘의 전망에서 항상 마음을 떼어 놓지 말고, 냉담하기 때문이
    아니라 피조물에 대한 집착을 버린 자유로운 마음을 가진 사람의
    특권으로써 여러 가지 번거로움 속에서도 거기에 속박되지 않는
    것은 이미 완덕이 있는 사람이다.

   3장  충실한 영혼에게 말하는 그리스도의 다정한 대화

2    아아, 자비심이 깊은 하나님, 나를 이 세상의 번거로움에서 보호
     하여 주십시오. 나의 마음이 그것에 묶이지 않도록 육체에 필요한
     것을 버리게 하고, 쾌락에 빠지지 않도록 하며, 또한 영혼에 방해
     되는 일에 의욕이 꺾여 꼼짝 못하게 되어 실망하지 않도록 지켜 주
     십시오. 내가 그것을 원하고 구하는 것은 세상의 사람들이 바라는
     헛된 사항에서뿐만은 아닙니다. 인류가 받은 저주의 결과 당신의
     종의 마음에 벌로써 내리거나, 소망할 때에 영혼의 완전한 자유를
     방해하는 그러한 불행으로부터 나를 해방해 주십시오.

3    오, 나의 하나님, 이루 말로써 다할 수 없는 자비의 하나님이여, 영
     원한 것으로부터 나를 멀리하게 하고, 현세의 즐거움으로써 나를
     유혹하는 육체적 위로를 모두 고통으로 바꾸어 주십시오. 나의 하
     나님이여, 살과 피를 영에게 이기지 못하게 하며, 세상과 그 일시
     적인 영광에 내가 기만당하는 것을 허용하지 말아 주십시오. 악마
     와 그 올가미가 나를 쓰러뜨리는 것을 허락하지 말고, 오히려 그것
     을 참아 내는 인내와 근기를 수여하여 주십시오. 이 세상의 모든
     위로 대신에 당신의 영의 더할 나위 없는 기쁨을 부어 주고, 육체
     의 사랑 대신에 하나님을 향한 사랑을 부어 주십시오.

4    먹고, 마시고, 입는 신체를 유지하기 위하여 필요한 그러한 것들
     은 하나님에게 열심인 사람들에게 있어서는 무거운 짐이 됩니다.
     이러한 것들에 너무 집착하지 말고, 그것을 절약하여 사용할 것을
     가르쳐 주십시오. 모든 것을 내버릴 수는 없고, 신체도 유지하지
     않으면 안 되기 때문입니다. 그러나 불필요한 것, 단지 즐거움이
     되는 것을 구하는 것은 법규에 의해서 금지되어 있습니다. 그렇게

하지 않으면 육체는 곧 영혼을 거스르기 때문입니다. 이 두 가지 사이에 손을 뻗어서 내가 어느 쪽으로도 치우치지 않도록 지탱하고 지켜 주십시오.」

# 사람을
# 하나님으로부터
# 멀리하게 하는 것은
# 자애심이다

1 「아들아, 그대는 모든 것을 받기 위해서 모든 것을 줄 필요가 있다. 단 하나도 자기를 위해서 남겨서는 안 된다. 무엇보다도 그대에게 해를 주는 것은 자애심이라는 것을 잊지 말아라. 그대가 가지고 있는 애정과 집념은 무엇이든지 손을 떼기 어려운 것들이다. 그대의 사랑이 순진하고, 깨끗하고, 절도 있는 것이라면 그대는 피조물의 노예는 되지 않는다.

가져서는 안 될 것을 가지려고 하지 말라. 무엇보다도 그대에게 해를 주는 것은 자애심이라는 것을 잊지 말아라. 그대가 가지고 있는 애정과 집념은 무엇이든지 손을 떼기 어려운 것들이다. 그대의 사랑이 순진하고, 깨끗하고, 절도 있는 것이라면 그대는 피조물의 노예는 되지 않는다.

가져서는 안 될 것을 가지려고 하지 말라. 영적인 손해를 받고, 내적인 자유를 잃게 하는 것을 가지려고 하지 말라. 그대가 자기 자신과 가지고 있는 것, 바라고 있는 것 모두를 나에게 바치려고 하지 않는 것은 기괴한 일이다.

2 왜 공허한 슬픔에 눌려서 압도당하려고 하는가? 왜 불필요한 번거로움에 괴로워하는가? 나의 뜻에 충실하게 의탁하여라. 그렇게 하면 어떠한 손해도 받지 않을 것이다. 이것저것을 구해서 자기의 안락과 자기의 뜻을 통하기 위해서 이곳저곳에 있고 싶다고 바란다면 언제까지라도 안주할 곳을 찾지 못하고, 심로(心勞)에서 해방될 수가 없다. 왜냐하면 무엇에든 결점이 있고, 어디에서도 반대자를 발견하기 때문이다.

3 행복을 바라려면 이 세상의 물건을 얻는 일, 혹은 그것을 증가시키는 일은 아무런 쓸모도 없다. 오히려 그것을 버리고, 그 소망의 뿌리를 끊어 버리는 편이 낫다. 그것은 금전이나 재보(財寶)에 관해서만 한 말이 아니다. 명예에 대한 동경에 관해서도 헛된 칭찬에 관해서도 마찬가지이다. 이러한 것들은 이 세상과 함께 지나가 버리는 것이다.

그대가 있는 곳은 그대에게 열심히 하지 않으면 견고한 요새가 아

마음의 깨끗함과 하늘의 지혜를 구하는 기도

                 3장 충실한 영혼에게 말하는 그리스도의 다정한 대화

니다. 또한 이 세상으로부터 구한 평화도 그대의 마음이 참다운 토
대에 기초를 두고 있지 않으면, 바꾸어서 말하면 나를 토대로 하고
있지 않으면 아무리 주거를 바꾸더라도 마음을 선으로 고칠 수는
없다. 주거를 옮길 기회가 있어서 그 기회를 이용하였다고 하더라
도 그대가 피하려고 했던 것과 같은 일, 아니 그 이상으로 나쁜 일
을 새로운 주거에서 발견하게 될 것이다.」

4  「하나님, 성령의 은혜로써 나를 강하게 하여 주십시오. 당신의 덕
에 의해서 나를 내적으로 강한 사람이 되게 하시고, 나의 마음으로
부터 무익한 번잡함과 불안을 버리게 하여 주십시오. 그것은 내가
천한 소망에도, 고귀한 소망에도 끌려들어가지 않기 위해서입니
다. 그러한 모든 것에 일고의 가치도 주지 않고, 자신도 그것들과
함께 지나가 버릴 것임을 나의 마음에 굳게 생각하게 하여 주십시
오. 이 세상에는 하나도 영속되는 것은 없습니다. 모든 것은 헛된
것, 마음을 슬프게 하는 것입니다(외경 집회서 1:14). 이렇게 생각하는
사람이야말로 총명한 사람이라고 할 수 있을 것입니다.

5  오 주님, 하늘의 지혜를 수여해 주십시오. 만사에 있어서 당신만
을 구하고, 당신을 알며, 당신을 사랑하며, 이 세상의 일도 지혜의
정함에 따라서 판단시켜 주십시오. 아첨하는 자를 현명하게 피하
고, 반대하는 자를 참고 견디도록 가르쳐 주십시오. 말에 따라서
움직여지지 않고, 사악하게 아부하는 인어(人魚) 같은 자에게 마음
을 두지 않는 것은 위대한 지혜입니다. 이렇게 하면 이미 시작한
길을 안전하게 계속 걸어갈 수가 있는 것입니다.」

# 욕을 하는<br>사람에 대하여

1 「아들아, 누군가가 그대에게 악의를 품고, 마음에 걸리는 말을 했다고 하더라도 그것에 고통을 받지 말라. 그대는 일컬어지는 것 이상으로 나쁜 인간이다. 누구보다도 약한 인간이라고 생각하는 것이 좋다. 만약에 그대가 영의 길을 걷는다면 사람들의 이야기에 귀를 기울이지 않을 것이다. 불행의 때에 침묵하고, 마음속으로 나를 향하며, 다른 사람의 비평에 좌우되지 않는 것은 얕지 않은 덕이다.

2 그대의 평화를 다른 사람의 말 위에 두지 말라. 그것에 의해서 그대 자신이 변할 수는 없다. 진정한 평화와 진정한 영광은 어디에 있는 것인가? 나에게만 있는 것이 아닌가? 사람들의 마음에 들려고 힘쓰지 말고, 또한 마음에 들지 않더라도 겁내지 않는 사람에게는 커다란 평화가 있다. 마음의 불안과 오감의 흐트러짐은 부당한 사랑과 근거 없는 두려움에서 생겨나는 것이다.」

 3장 충실한 영혼에게 말하는 그리스도의 다정한 대화

# 환난 때에
# 하나님에게 기원하고,
# 하나님을 축하한다

1 「내가 이 유혹, 이 환난을 만나도록 정하신 주님, 당신의 이름은 세세에 축하받으시도록(외경 토비아 3:23). 나는 그 고통을 늦출 수 없습니다. 그렇지만 그것이 나에게 유익하도록 당신이 도와주십시오. 주여, 지금 나는 비애의 밑바닥에 있습니다. 나의 마음에는 평화가 없고, 시련의 괴롭힘을 받고 있습니다.

사랑하는 아버지여, 나는 뭐라고 말해야 좋을지 모르겠습니다. 나는 곤경에 빠져 있습니다. 나를 구출해 주십시오(요한복음 12:27). 내가 이렇게 된 것은 겸손을 알기 위해서, 당신에 의해서 구원받기 위해서, 당신에게 영광을 돌리기 위함입니다. 주여, 나를 여기에서 구출하여 주십시오(시편 109:26). 부족한 나에게는 무엇 하나도 되지 않습니다. 당신이 이끌어 주지 않으면 어디에 가야 좋을지도 알지 못합니다. 주여, 지금도 나에게 인내심을 주어서 도와주신다면 아무리 시련이 무겁더라도 나는 두려워하지 않습니다.

2  이 고통 속에서 나는 이렇게 말하겠습니다. 당신의 뜻이 행하여지도록(마태 6:42). 내가 고통을 받고, 책망을 받는 것은 당연한 일입니다. 폭풍우가 지나가고, 청천(晴天)이 오기까지 나는 참아 내겠습니다. 참고 싶습니다. 그러나 전능한 손은 이 시련에서 나를 구출하고, 그것을 완화해 주시겠지요? 일찍이 가끔 그렇게 하여 주셨듯이 주는 내가 쓰러지지 않도록 헤아려 주십니다. 나의 하나님이여, 불쌍히 여겨 주십시오. "하나님의 오른손이 하는 일"(시편 77:10)은 나에게 있어서는 대단히 어렵지만, 하나님에게 있어서는 참으로 쉬운 일입니다.」

   3장 충실한 영혼에게 말하는 그리스도의 다정한 대화

1 「아들아, 나는 고통의 날에 위로를 내려 주는 주이다(나훔 1:7). 슬플 때에는 나에게 가까이 하여라. 위로를 방해하는 것은 기도에 의지하여 부탁하라. 그대가 오는 모양이 늦기 때문이다. 나의 곁으로 오기에 앞서서 그대는 다른 위로를 찾아서 세속의 일로써 기분을 달래려고 했다. 의지하여 부탁하는 자를 구원하는 것은 나뿐이며, 나 이외에는 강력한 지탱도, 유익한 진언(進言)도 없고, 영속적인 시

술(施術)도 없다는 것을 알아차리기까지는 무엇 하나도 쓸모가 없다. 그러나 폭풍우는 지나갔다. 원기를 되돌려서 나의 동정의 빛에 의하여 힘을 내어라. 나는 모든 것을 원상태로 풍부하게 차고 넘치도록 다시 세우기 위해서 그대의 옆에 있다.

2　나에게 있어서 곤란한 일이 있을까? 약속만 하고, 그것을 실행하지 않는 인간과 내가 같은 것일까? 굳게 서서 꾸준히 계속하라. 관용을 가진 용자(勇者)가 되어라. 그대를 위해서도 적당한 때에 위로가 올 것이다. 나를 기다려라. 나는 와서 그대를 바로잡을 것이다. 유혹이 그대를 괴롭히고, 헛된 공포가 그대를 위협한다. 미래에 일어날 일을 근심한들 무슨 소용이 있겠는가? 걱정에 걱정을 거듭할 뿐이 아닌가? 한 날의 괴로움은 그 날에 족하니라(마태복음 6:34). 미래를 일희일우(一喜一憂)하는 것은 쓸데없는 헛된 일이다. 그것은 일어나지 않을지도 모르니까.

3　사람들은 상상으로 헷갈리는 일이 곧잘 있다. 그러나 적의 암시에 용이하게 끌려 들어가는 것은 마음이 좁은 증거이다. 악령은 허실(虛實)을 섞은 허무한 희망을 갖게 하거나, 혹은 미혹으로 몰아넣는다. 죄에 빠지게 하기 위해서는 현재에 대한 집착이라든가, 미래에 대한 공포라든가를 가리지 않고, 온갖 수단을 사용한다. 그러므로 두려워해서는 안 된다.
나를 믿어라. 나의 동정심을 신뢰하여라. 그대가 나로부터 멀리 떨어져 있다고 생각할 때에 나는 평소보다 더 그대 가까이에 있다. 그리고 그대가 이제 틀렸다고 생각할 때에는 그때야말로 공덕을 나타내 보일 때이다. 일이 생각하는 것과 반대로 되었을 때에도 일체를 잃어버린 것은 아니다. 지금의 감정만으로 판단해서는 안 된다. 그리고 빠져 나갈 활로가 이제 없어진 것처럼 시련에 굴복해서도 안 된다.

4    내가 어느 기간 동안 그대에게 시련을 보내고, 혹은 그대가 간절히 바라는 위로를 주지 않았다고 하더라도 나로부터 버림받았다고 생각하지 말아라. 하늘나라에 이르기 위해서는 이 길을 통하지 않으면 안 되는 것이다. 그대에게 있어서도, 또한 다른 나의 종에게 있어서도 만사가 뜻대로 순조롭게 가기보다도 불행으로 단련되는 편이 확실하게 유익하다. 나는 사람들의 은밀한 생각마저도 꿰뚫어 보고 있다. 그대의 영원한 구원을 위해서는 때때로 영적인 기쁨을 맛보지 않는 편이 낫다고 알고 있다. 그것은 성공하여 자만하지 않고, 가지지 않았던 것을 가지고 있는 것처럼 자부하지 않기 위해서이다. 내가 주었던 것을 나는 적당한 때에 그대로부터 빼앗아 갈 수가 있다.

5    내가 주는 것은 나의 것이다. 만약에 그것을 되찾아 간다고 해도 그대의 것을 빼앗은 것은 아니다. 그대에게 주는 좋은 것과 선물은 나의 것이기 때문이다.
온갖 고통과 불행이 그대에게 일어나는 것을 내가 허용했다고 하더라도 그 때문에 화를 내거나 낙담하거나 해서는 안 된다. 나는 곧 그대를 도와서 일으키고, 모든 무거운 짐을 기쁨으로 바꿀 수가 있다. 그대에게 대하여 그렇게 행할 때에도 언제나 나는 바르다. 어떠한 경우에도 그대는 나에게 감사하지 않으면 안 된다.

6 만약에 그대에게 이해력이 있고, 진리에 기초를 두고 판단한다면 불행을 만나더라도 비참하게 실망할 이유가 없다. 차라리 그 때문에 기뻐하고, 하나님에게 감사하지 않으면 안 된다. 내가 그대를 용서하지 않고 방문하는 것을 무상의 기쁨으로 삼지 않으면 안 된다. '아버지께서 나를 사랑하신 것같이 나도 너희를 사랑한다'(요한복음 15:9)라고 나는 사랑하는 제자들에게 말했다. 그러면서도 나는 제자들에게 이 세상의 즐거움을 주지 않고, 오히려 싸움 속으로 보냈다. 명예가 아니라 모욕을, 안락함이 아니라 노고를, 휴식이 아니라 인내를 주어 위대한 열매를 맺게 하려고 했다. 아들아, 나의 이 말을 잊지 말아라.」

 

# 창조주를
# 발견하기 위해서
# 일체의 피조물을
# 버린다

1 「주님, 나의 마음에 어떤 인간도, 어떤 피조물도 들어갈 여지가 없을 정도의 높이에 이르기 위해서는 당신의 은총이 더욱 필요하다는 것을 통감합니다. 내가 무엇엔가에 마음을 점령당해 있는 한 자유롭게 당신을 향하여 날아오르지 못합니다. 높이 날아서 휴식의 장소를 발견하기 위해서 나에게 암비둘기의 날개를 수여해 주실 분은 누구인가(시편 55:6)라고 말한 그 사람은 당신에게 날아오르고 싶다고 바랐던 것입니다. 맑은 눈으로 이 세상을 바라보는 사람보다도 평화로운 사람이 있을까요? 이 세상에서 아무것도 바라지 않는 사람보다도 자유로운 사람이 있을까요?

그러므로 피조물을 초월해야 하며, 자기 자신을 완전히 잊어버리고, 마음을 높이 가지고, 만물의 창조주인 당신과 피조물은 비교할 수도 없다는 것을 알지 않으면 안 됩니다. 이 세상의 것으로부터 완전히 마음을 떼지 않으면 자유롭게 하늘로 날아오를 수가 없습니다. 묵상 생활을 잘 보내고 있는 사람이 적은 것은 이 세상의 덧없는 만물로부터 마음이 떠나야 한다는 것을 아는 사람이 적기 때문입니다.

2  그러나 그것에 달하기 위해서는 영혼을 높이 올리고, 자기 자신을
잊어버리게 할 하나님의 은혜가 필요합니다. 인간이 이 높이에 달
하고, 이 세상으로부터 해방되어 하나님과 완전히 일치할 때까지
는 그가 가지고 있는 것이 그것이 무엇이더라도 대단한 것이 아닙
니다. 무한(無限), 영원의 선 이외의 무슨 일을 위대한 것, 고귀한 것
이라고 생각하는 사람은 언제까지라도 이 세상에서 천한 인간이
며, 내세에서는 하나님의 왕좌까지 오르지 못합니다.
하나님 이외의 것은 모두 무이며, 또한 무라고 생각하지 않으면 안
됩니다. 하나님에게 비추어진 경건한 사람의 지혜와 박학(博學)한
사람의 지혜와는 커다란 차이가 있습니다. 인간의 지혜를 가지고
꾸준히 쌓은 지식보다도 하나님에게 비추어진 사람의 지혜 쪽이
훨씬 더 고귀합니다.


3  묵상을 바라는 사람은 많으나 그렇게 되기 위해서 필요한 수단을
실행하는 사람은 적습니다. 또한 절제에 관심을 갖지 않고, 외부
의 행동이나 모양에만 관심을 가지는 것도 커다란 방해가 됩니다.
잡아도 잡아도 부족함을 느끼는 일을 위해서 마음을 쓰면서 영혼
의 일을 진실하게 마음속으로 조용히 생각하는 일이 거의 없는 우
리들이 영적인 사람이 될 수 있을까요? 우리들은 어떤 영에 이끌
려 가고 있는 것일까요? 도대체 자기를 무엇이라고 생각하고 있는
것일까요?


4  아아, 불쌍한 것은 우리들입니다. 잠시 동안 하나님을 생각하다가
도 밖의 일에 곧 마음을 빼앗겨서 자기의 할 일을 엄밀하게 조사해
보려고도 하지 않습니다. 우리들은 마음의 집착이 어디로 향해 있

  3장  충실한 영혼에게 말하는 그리스도의 다정한 대화

는지에 대해서는 주의를 기울이지 않습니다. 또한 자기가 얼마나 불결한가를 마음 괴롭게도 생각하지 않습니다. 불순한 욕심이 모든 인간을 미혹하여(창세기 6:12) 그 때문에 대홍수가 일어났습니다. 마음이 더러워져 있기 때문에 거기에서 나오는 행위도 나쁩니다. 그것은 당연한 일로서 내부적인 덕이 뒤떨어져 있는 증거입니다. 깨끗한 마음에서 나오는 것이야말로 좋은 생활의 열매입니다.

5 사람은 다른 사람이 무엇을 했는가를 물어보고 싶어 합니다. 그러나 얼마만큼의 덕을 가지고 행동했는가에 대해서는 주의를 기울이려고 하지 않습니다. 강한가, 부자인가, 미모인가, 능숙한가, 글을 잘 쓰는가, 목소리가 좋은가, 일을 잘 하는가 등에 관해서만 주의 깊게 조사합니다.

그렇지만 얼마만큼 겸손했는가, 유화했는가, 인내가 있었는가, 경건했는가, 영적인 사람이었는가에 대해서 점검하려고 하는 사람은 적은 것입니다. 세상 사람들은 외부에 눈을 돌리지만, 하나님의 은혜는 인간의 내부로 향합니다. 전자는 왕왕 실수를 하지만, 후자는 과오를 범하지 않도록 하나님에게 희망을 둡니다.」

# 자기를 버리고,
# 탐욕을 끊는다

1 「아들아, 완전히 자기를 버리지 않으면 완전한 자유는 맛볼 수 없을 것이다. 재산에 집착하는 자, 자기를 사랑하는 자, 욕심을 부리는 자, 호기심에 목마른 자, 침착하지 못한 자, 예수 그리스도의 영광이 아니라 일신의 안락을 추구하는 자는 완전한 자유를 얻기 위해서 많은 지장을 가지고 있다. 이자들은 사상누각을 만들지만, 그것들은 어차피 하나님에게서 나온 것이 아니므로 멸망할 것들이다. 이 짧은 말을 잘 머릿속에 넣어라. 모든 것을 손에서 놓으면 모든 것을 찾아낼 수 있다. 탐욕을 버리면 평화를 발견한다. 이 말을 잘 묵상하고, 그리고 실행하면 그대는 일체를 이해하게 될 것이다.」

2 「주님, 당신이 말씀하신 것은 하루에 될 일이 아니고, 심심풀이도 아닙니다. 그 간단한 말에는 수도 생활의 모든 완덕이 포함되어 있습니다.」

3 「아들아, 영적인 완덕에 달하는 길을 알고 난 후에는 물러나서는 안 되고, 실망해서도 안 된다. 아니 오히려 숭고한 정상에 오르려고 희망하여 노력하지 않으면 안 된다. 그대가 자애심을 억제하고

   3장  충실한 영혼에게 말하는 그리스도의 다정한 대화

다만 나의 명령에 따르며, 내가 아버지로서 그대에게 준 방향으로 복종하면 그때에 그대는 하나님에게 받아들여져서 그대의 생애는 평화와 환희에 가득 찰 것이다.

그러나 그대가 제거하지 않으면 안 될 것이 아직 많다. 그것을 나에게 모두 바치지 않으면 바라는 것을 얻을 수 없다. 부유하게 되기 위해서는 불로써 연단한 나의 황금을 사라(요한계시록 3:18). 이 황금은 이 세상의 것을 밟아 부수는 하늘의 지혜이다. 지상의 지식을 다음으로 하며, 헛된 것으로써 만족하는 일을 그만두어라.

4    사람들의 세상에서 귀중하다고 생각되고 있는 것이 아니라 천한 것을 사라고 나는 앞서서 말했다. 자부하지 않고, 이 세상에서 위대한 것으로 삼고 있는 것을 좋아하지 않는 하늘의 지혜는 정말로 이 세상에서 작은 것, 무가치한 것, 잊혀진 것들이다. 사람들은 입으로만 하늘의 지혜를 칭송하지만, 실제 생활에 있어서는 그것으로부터 멀리 떨어져 있다. 그러나 그것은 거의 모든 사람에게 감추어져 있는 귀중한 보석이다.」

# 마음은
# 변하기 쉬운 것,
# 최고의 목적을
# 하나님에게 둘 것

1 「아들아, 지금의 기분을 목적으로 하지 말라. 그것은 곧 바뀌는 것
이다. 살아 있는 동안에는 싫더라도 기분이 변화한다. 지금 기뻐
하고 있다가도 곧 비탄에 잠기고, 지금은 조용하다가도 곧 불안해
지며, 지금은 열심히 하다가도 곧 냉담해지고, 지금은 근면하지만
곧 나태해지며, 지금은 집착하다가도 곧 경박해진다.
그렇지만 마음에 빛이 비추어진 지혜 있는 사람은 그 바뀌는 속에
서도 굳게 서고, 마음에 느끼고 있는 것을 밖으로 나타내지 않고,
동요의 바람에 마음을 두지 않으며, 다만 자기의 마음이 필요하고
바람직한 것으로 향해 있는지 어떤지에만 유의하고 있다. 그는 여
러 가지 일 속에서 단순하고 바른 의향의 눈을 항상 나에게로 향하
여 언제나 변함이 없는 마음을 가지고 남아서 머무른다.

2 의향이 순수하면 순수할수록 이 세상의 폭풍우 속을 인내심 강하
게 돌진한다. 그러나 항상 깨끗해야 할 이 의향도 자칫하면 흐려지
기 십상이다. 쾌락의 무엇인가가 눈에 들어오면 곧 그것으로 눈을

   

향한다. 자애심을 벗어 버린 사람은 좀처럼 없다. 그 옛날 베다니의 마르다와 마리아가 있는 곳으로 온 유대인들은 예수를 만나는 것만이 아니라 라자로를 보기 위해서였다. 따라서 의향은 항상 순수하게 지니고 정직하고 단순한 것으로 하여 여러 가지 방해를 제거하고, 나에게 향하지 않으면 안 된다.」

# 주를 사랑하는 마음은
# 모든 것에 있어서,
# 모든 것에 앞서서
# 주를 맛본다

1 「아아 나의 하나님, 나의 전부여, 내가 이 이상 무엇을 바라고, 이 이상의 행복을 어디에서 발견하겠습니까? 맛이 있는 다정한 말씀이여, 이 세상도, 이 세상의 것도 사랑하지 않고, 다만 말씀을 사랑하는 사람에게 있어서는! 나의 하나님, 나의 모든 것이여. 깨달은 사람에게는 그렇게 말한 것만으로 충분합니다. 이렇게 반복하는 것은 사랑하는 마음에 있어서 즐거운 일입니다. 왜냐하면 주여, 당신이 옆에 오시면 일체가 환희에 차며, 오시지 않으면 일체가 쓰디쓰게 생각됩니다. 당신은 마음을 시끄럽게 하지 않은 사람에게 평화와 환희를 가져다줍니다.

창조한 일체의 것을 감탄케 하고, 만사에 있어서 당신을 찬미하게 하는 것은 당신 자신이십니다. 당신이 오시지 않으면 어떠한 기쁨도 영속되지 않습니다. 무엇인가를 즐기고 좋아하기 위해서는 하늘의 은총의 조미(調味)가 없으면 안 됩니다.

2 당신을 맛보고 있는 사람에게는 맛이 없는 것이 없습니다. 그러나

  3장  충실한 영혼에게 말하는 그리스도의 다정한 대화

당신을 맛보고 있지 않은 사람에게 무슨 즐거움이 있겠습니까? 세상에 따르는 이 세상의 지혜자(智慧者), 지상의 쾌락을 맛보는 사람은 당신을 맛볼 수 없습니다.

세상의 지식은 일체가 헛되고, 그 속에는 죽음이 감추어져 있습니다. 그러나 세상의 것을 경시하고, 육체를 절제하며, 다만 당신에게 따르려는 사람이야말로 진실한 지혜자입니다. 그들은 공허에서 진리로 썩어야 할 육체로부터 불멸의 영으로 옮겨져 갑니다. 이러한 사람들에게 있어서 하나님은 맛이 깊은 분이시며, 피조물 가운데서 있는 선을 모두 창조주에 대한 찬미로 향하게 할 수가 있습니다. 창조주가 주는 맛과 피조물이 주는 즐거움, 영원한 즐거움과 시간의 즐거움, 창조된 일이 없는 빛과 창조된 빛과는 상위(相違)가, 하늘과 땅의 상위가 있습니다.

3   아, 이 세상의 광명에 앞선 영원한 광명이여, 천상으로부터 나의 마음에 빛을 밝혀 주십시오. 나의 마음과 그 능력을 깨끗하게 하고, 기쁘게 하며, 빛을 비추고, 활기차게 하여 더할 나위 없는 환희 속에서 당신과 일치시켜 주십시오. 주님, 당신의 존재에 의해서 충만하거나 당신이 나의 모든 것에 있어서 모든 것이 되는 그 고마운 행복의 날은 언제 오는 것입니까? 그 날이 올 때까지 나에게는 환희가 없으며, 불행하게도 내 속에는 아직 낡은 인간이 살아 있어서 그것은 아직 완전하게 십자가에 달리지 않고, 아직 완전하게 죽지도 않았습니다. 그것은 아직 영에 반하여 강하게 거역하며, 나의 마음에 싸움을 일으키고, 나의 영혼의 평화를 허락하려고 하지 않습니다.

4    그러나 바다를 지배하여 그 물결의 소란을 진정시키는 주님<sub>(시편</sub>
     <sub>89:9)</sub>, 일어나서 나를 도우러 와 주십시오, 싸움을 좋아하는 자들을
     흩어버리고<sub>(시편 63:30)</sub>. 그들을 쳐부수어 주십시오. 불가사의한 일
     을 나타내시는 당신에게 영광 있기를……. 주이신 하나님, 당신
     이외에 내가 의지할 곳도, 피난처도 없습니다.」

   3장  충실한 영혼에게 말하는 그리스도의 다정한 대화

# 이 세상에서는
# 항상 시련이 있다

1 「아들아, 이 세상에서 그대는 언제까지라도 안심할 때가 없다. 살아 있는 한 그대에게 있어서 영적인 무기가 필요하다. 그대는 적에게 포위되어 사방으로부터 공격을 받고 있다. 인내의 방패를 사용하지 않으면 곧 상처를 입을 것이다. 모두 나를 위해서 참으려고 하는 진실한 의지를 가지고 꼭 나에게 뿌리를 두지 않으면 그대는 이 싸움에서 이기지 못하고, 또한 성인들의 승리도 이어받을 수 없다. 그러므로 그대는 모든 방해를 용감하게 밟고 넘어가서 강력하게 일어나지 않으면 안 된다. 보답은 승리자에게 주어지고(요한계시

록 22:16), 게으름을 피운 자에게는 비참함이 남는다.

2 그대가 이 세상에서 휴식을 구한다면 어떻게 영원한 휴식에 이를 것인가? 이 세상에서 많은 휴식을 구하는 일을 그만두고 마음을 인내에 대비하라. 이 세상에서가 아니라 하늘에, 인간이나 그 밖의 다른 피조물이 아니라 다만 하나님 속에 참된 평화를 구하자. 그대는 하나님을 위해서 노고, 고통, 유혹, 번뇌, 불안, 결핍, 질병, 모욕, 욕설, 비난, 창피, 낭패, 질책, 경멸을 기분 좋게 참아 내지 않으면 안 된다. 이것들은 덕을 쌓는 데 유익하며, 그리스도의 제자를 시험 삼아 해 보는 등 하늘의 영관을 준비하는 것이다. 나는 짧은 노고 대신에 영원한 보수를, 일시적인 모욕 대신에 불후의 영광을 줄 것이다.

3 그대는 뜻대로 언제라도 영적인 위로가 주어진다고 생각하는가? 성인들조차도 끊임없이 위로를 가지고 있지는 않았다. 오히려 수많은 시련과 환난과 근심과 고민을 맛보았다. 그러나 그들은 끝까지 인내하고, 자기 자신보다도 하나님에게 기댈 곳을 찾았다. 그것은 이 세상의 고난이 내세의 영광과 비교할 것이 못 된다는 것을 알고 있었기 때문이다(로마서 8:18).
그대는 많은 사람들이 눈물과 노고 끝에 얻은 것을 곧 손에 넣으려고 생각하는가? 주의 원조를 바라면서 용감하게 싸워라(시편 27:14). 마음을 편안하게 가져라. 신뢰를 잃지 말고 전장에서 물러나지 말라. 하나님의 영광을 위해서 몸과 마음을 싸움을 위해서 내던져라. 나는 무상의 보답을 주고, 여러 가지 시련 때에 그대와 함께 있다.」

   3장 충실한 영혼에게 말하는 그리스도의 다정한 대화

# 인간의
# 헛된 판단

1 「아들아, 그대의 마음을 주에게 맡겨라. 양심이 그대의 경건함과
무죄를 증명한다면 다른 사람의 판단을 두려워하지 말라. 이 상태
에서 괴로워하는 것은 유익하고 좋은 일이다. 마음이 겸손한 사
람, 자기를 잊어버리고 하나님을 신뢰하는 사람에게 있어서 그것
은 곤란한 일이 아닐 것이다. 사람들은 수다가 지나치다. 그들의
말은 신용할 가치가 없다. 또한 모든 사람들을 만족시키는 것도 불
가능하다. 바울은 주를 위해서 모든 사람을 기쁘게 하고, 모든 사
람에게 모든 사람처럼 되려고(고린도전서 9:22) 노력하였으며, 타인으
로부터 비난받는 것을 개의치 않았다(고린도전서 4:3).

2 타인의 모범이 되어 구원을 얻게 하기 위해서 신명을 돌보지 않았
던 바울로서는 더욱 타인으로부터 비난받고, 경멸당하는 일을 면
할 수가 없었다. 그 때문에 그는 모든 것을 아는 하나님에게 모든
것을 맡겼다. 그리고 자기를 욕하는 자, 근거 없이 비방하는 자, 그
런 말들을 제멋대로 퍼뜨리는 자들에 대해서는 인내와 겸손으로
써 스스로를 지켰다. 그러면서도 때때로 침묵이 오해되어서 약한
사람들의 실수를 불러올 경우에는 변해의 입을 열었다.

3 그대는 죽을 인간을 왜 두려워하는가(이사야 51:12)? 인간은 오늘 살아 있어도 내일은 이미 없다. 하나님을 두려워하라. 그렇게 하면 인간의 협박을 두려워하지 않을 것이다. 사람들이 모욕, 협박하더라도 그대에게 대하여 그 이상 무엇을 할 수 있겠는가? 오히려 자기가 손해를 볼 따름이다. 어떤 인간이라도 하나님의 심판을 면할 수는 없다. 그대는 끊임없이 하나님을 우러러 논쟁하지 말라(디모데후서 2:14).

가령 져서 부당한 창피를 당하더라도 그것에 분개하며 인내를 잃고 영관을 놓쳐서는 안 된다. 오히려 그대를 창피와 모욕으로부터 구원해 올려서 각각의 업(業)에 따라서 보답하는 힘을 가진 나에게로 향해서 하늘로 눈을 높이자(마태복음 16:27, 로마서 2:6).」

   

# 마음의 자유를
# 얻기 위해서는
# 자기를 버려야 한다

1  「아들아, 자기를 버려라. 그렇게 하면 나를 발견할 것이다. 무슨 일
   에도 집착하지 말고, 특수한 사랑을 갖지 말라. 그렇게 하면 언제
   나 이익이 있을 것이다. 그대가 자기를 결정적으로 버리면 보다 더
   풍성한 하나님의 은총이 내려온다.」

2  「주님, 나는 몇 번이나 자기를 버리고, 어떤 경우에 자기를 잊어 버
   려야 좋습니까?」

3  「언제나, 어떤 경우에도, 작은 일에도, 큰일에도 나는 무엇 하나에
  도 예외를 두지 않는다. 나는 일체의 것을 버린 그대를 보고 싶다.
  그렇지 않고, 외부적으로도, 내부적으로도 그대의 의지를 버리지
  않는다면 어떻게 내가 그대의 것, 그대가 나의 것이라고 말할 수
  있겠는가? 나의 이 권고를 빨리 실행하면 할수록 그것은 그대에게
  있어서 유익하다. 또한 완전히 충실하게 하면 할수록 더욱더 그대
  는 나의 총애를 받아서 이익을 얻게 될 것이다.

4  어떤 사람은 자기를 버리지만, 아직 무엇인가를 자기의 것으로서
  보류하고 있다. 그것은 완전하게 하나님에게 의탁하고 있지 않으
  므로 자기가 자기의 일을 걱정하려고 하는 것이다. 어떤 사람은
  처음에는 열심히 희생을 바치지만 시련을 만나면 애써 버렸던 것
  을 되찾으려고 한다. 이러한 사람은 좀처럼 덕의 진보를 보지 못한
  다. 이러한 사람은 완전히 자기를 버리고 매일 희생을 바치지 않으
  면 나와의 다정한 일체도 없고, 참된 자유도, 깨끗함도, 나와의 친
  교의 은혜도 받을 수 없다.

5  몇 번이나 말한 것이지만 다시 한번 되풀이한다. 자기를 버려라.
  자기를 잊어버려라. 그렇게 하면 마음의 평화를 맛볼 수 있다. 전
  부이신 분에게 모든 것을 주어라. 무엇 하나도 되찾으려 하지 말
  라. 순수한 마음을 가지고 주저 없이 나에게 맡겨라. 그렇게 하면
  나를 받는다. 그리고 그대는 자유로운 마음의 인간이 되어 어둠에
  압도당하는 일은 없게 된다.
  노력하여 그렇게 하도록 힘써라. 그렇게 기도하라. 그렇게 소망하
  며, 모든 집착을 벗어버리고, 알몸으로, 알몸의 예수로 따라오며,

                3장  충실한 영혼에게 말하는 그리스도의 다정한 대화

자기에게 죽고, 영원한 나에게 살도록 하라. 그렇게 하면 헛된 공
상, 위험한 혼란, 무용한 근심은 없어지며, 과도한 공포와 부당한
사랑도 없어질 것이다.」

# 외부에는
# 바르게 행하고,
# 위험한 때에는
# 주에게 의지한다

1 「아들아, 그대는 어디에 있더라도, 외부적인 어떤 일을 할 때에도 마음을 자유롭게 하여 자기 자신을 지배하며, 사물에 지배당하는 일이 없도록 전력을 바쳐서 힘쓰지 않으면 안 된다. 그대는 하려고 하는 일의 종이나 노예가 아니라 지도자가 되어라. 그대는 노예로부터 해방된 하나님의 아들로서의 신분과 자유를 받는 이스라엘의 참된 백성이 되지 않으면 안 된다. 하나님의 아들은 지금 세상의 것을 넘어가서 영원을 목적으로 하여 왼쪽 눈으로는 지나가 버릴 것을 보고, 오른쪽 눈으로는 하늘을 바라보며, 이 세상에 집착하는 일이 없이 하나님의 정연한 규칙대로 최고의 기술자가 정한 그대로 생활을 보낸다.

2 만일 또 어떤 경우에도 일의 피상(皮相)에 멈추지 말고, 본 일, 들은 일을 표면으로만 판단하지 말며, 주의 뜻을 헤아리기 위해서 모세와 함께 장막에 들어가면 그대는 하나님의 대답을 듣고, 현재, 미래의 많은 일에 관해서 가르침을 받을 것이다. 모세는 의문이나 난

   3장  충실한 영혼에게 말하는 그리스도의 다정한 대화

제를 해결할 때에 언제나 장막을 찾아가서 위험과 악의를 이기기
위해서는 기도에 의지했다. 그와 마찬가지로 그대도 마음의 숨은
곳으로 물러나서 열심히 하나님의 도움을 바라지 않으면 안 된다.
여호수아와 이스라엘의 자식들은 먼저 하나님의 말씀을 물어보지
않고, 사람의 감언을 지나치게 믿어서 거짓 동정에 눈이 어두워져
기브온 사람들에게 속았다고 성서에 있다.」

# 사람들은 잡일에 시달려서는 안 된다

1 「아들아, 그대의 걱정을 모두 나에게 맡겨라. 나는 수시로 적당하게 다룰 것이다. 나의 헤아림을 기다려라. 그렇게 하면 그대는 좋은 일을 하였다고 알게 될 것이다.」

2 「주님, 기꺼이 나의 일을 맡기겠습니다. 내가 생각하는 것은 크게 이익이 되지 않기 때문입니다. 아, 나는 장래에 일어날 일을 걱정하지 않고, 완전하게 당신의 뜻에 따르고 싶은 것입니다.」

3 「아들아, 사람들은 때때로 자기의 소망 때문에 움직인다. 그러나 그것을 손에 넣자마자 이미 흥미를 잃어버린다. 사람들의 소망은 같은 사물에 오래 머물지 않고, 한 가지에서 다른 것으로 옮아가기 때문이다. 따라서 사소한 일에 있어서도 자기를 버리는 것은 결코 작은 일이 아니다.

4 인간의 참다운 영적 진보는 자기를 버리는 것에 있다. 그리고 그러한 사람은 누구보다도 자유롭고 안전하다. 그러나 모든 착한사람에게 반항하는 옛날부터의 적은 유혹의 손을 멈추는 일이 없다. 오

 　　　　3장  충실한 영혼에게 말하는 그리스도의 다정한 대화

히려 경계를 게을리 하는 사람을 함정에 빠뜨리려고 밤낮 없이 준비하고 있다. 주는 '경계하여 기도하라. 유혹에 빠져들지 않도록' (마태복음 26:41)이라고 말씀하고 있다.」

# 인간은 자기의 것으로서
아무런 좋은 것도
가지고 있지 않다.
무엇 하나도
자랑할 것이 없다

1 「주여, 사람이 무엇이기에 주께서 그를 생각하시며, 인자가 무엇

이기에 주께서 그를 돌아보시나이까? (시편 8:4). 은총을 주시는 그

인간은 어떤 공적을 가지고 있는 것일까요? 주님, 당신이 나를 떼

어 놓더라도 나에게는 불평을 말할 이유가 없고, 또한 내가 바라는

것을 주지 않는다고 하더라도 당연한 권리로서 내가 요구할 수 있

   3장  충실한 영혼에게 말하는 그리스도의 다정한 대화

는 것은 무엇 하나도 없습니다.

나로서 진실로 생각하여 진실로 말할 수 있는 것은 내가 무이며, 아무것도 되지 않은, 자신으로서는 하나의 선도 가지고 있지 않을 뿐더러 만사에 약한 부족한 인간이며, 무의 것을 곧잘 추구한다는 것뿐입니다. 당신이 도와서 지도해 주시지 않는다면 나는 곧 냉담해지고, 쇠약해져 버립니다.

2    오히려 주님, 당신은 항상 불변이며, 영원히 존재하고(시편 102:27), 그리고 항상 선하고, 정의이며, 모든 것을 바르게, 좋게, 순수하게 행하고, 만사를 지혜에 의해서 헤아리게 합니다. 그렇지만 덕에 있어서 진보하기보다도 도리어 곧잘 퇴보하는 일이 많은 나는 항상 같은 상태에 머물 수가 없습니다. 나는 일곱 개의 기간을 항상 변화하면서 살고 있습니다(다니엘 4:16). 그러나 뜻이 계실 때 원조의 손을 뻗쳐 주시면 즉각 나는 호전됩니다. 당신은 인간의 간섭 없이 나를 도와서 나의 마음을 굳게 하고, 다만 당신에게로만 기울어지게 하고, 다만 당신에게만 쉬도록 나를 강하게 하여 주십니다.

3    그러므로 만약에 내가 경건을 얻기 위해서라고는 하더라도── 인간들 속에서 나를 위로할 사람이 없어서── 인간들로부터의 위로를 전혀 받지 못하게 되면 당연히 당신의 은혜를 기대할 수 있고, 새로운 선물에 기쁨이 솟아오를 수 있습니다.

4    나의 위에 모든 선을 수여해 주시는 주님, 당신에게 감사합니다. 나는 당신 앞에서는 무이며, 헛된 것에 지나지 않고, 변하기 쉬운 약한 인간에 지나지 않습니다. 그렇다면 나는 무엇을 자랑하며,

누구에게서 존경을 요구하는 것일까요? 내가 무이므로 자랑하는 것일까요? 무시무시한 허영심!

허영심은 악역(惡疫)의 하나, 그 이상의 헛된 것은 없습니다. 그것은 사람을 참된 영광에서 멀어지게 하며, 하늘의 은총을 잃어버리게 합니다. 자기가 자기를 좋다고 한다면 당신의 마음에 들지 않으며, 다른 사람의 칭찬을 바란다면 진실한 덕을 잃어버립니다.

5  참된 영광과 환희는 자기가 아니라 당신을 자랑으로 삼고, 자기의 이름이 아니라 당신의 이름에 기뻐하며, 피조물이 아니라 당신만을 즐거움으로 삼는 것입니다. 내 자신이 아니라 당신의 이름이 존엄해지는 것을. 내 자신이 아니라 당신의 일이 찬미받고, 그 성스러운 이름이 축하받고, 그 성스러운 이름이 축하받게 되기를. 그리고 나에게는 일체 인간의 칭찬이 향해지지 않기를. 오 주님, 다만 당신만이 나의 영광, 나의 기쁨입니다. 나는 당신을 자랑으로 삼고, 나날이 당신에게서 기쁨이 솟아납니다. 나는 자신의 약함만을 자랑으로 삼을 것입니다(고린도후서 12:5).

6  다른 사람들은 편의상 서로 전수(傳授)하는 그 영광을 구하면 됩니다. 나는 다만 하나님에게서 오는 영광만을 구할 것입니다. 실로 인간의 영광, 지상의 명예, 지위 등은 당신의 영원한 영광에 비하면 어느 것이나 어리석고 헛된 것입니다. 오, 나의 진리, 자비의 하나님이여, 성스러운 삼위일체여, 당신에게 칭찬, 명예, 세력, 영광이 세세토록 있으시기를.」

  3장  충실한 영혼에게 말하는 그리스도의 다정한 대화

# 지상의 명예를
# 경시한다

1 「아들아, 다른 사람이 명예를 받아서 중요한 지위에 오르고, 자기가 사람들로부터 업신여김을 받는 일이 있더라도 낙담하지 말라. 그대의 마음을 하늘인 나의 쪽으로 바쳐라. 그렇게 하면 이 세상의 인간으로부터 경멸을 받더라도 낙담하는 일은 없을 것이다.

2 주님, 우리들은 장님으로 곧 허영심에 눈이 어두워집니다. 자기의 내심을 잘 반성해 보면 누구에게도 부당한 취급을 받지 않았다고 말할 수밖에 없으므로 나에게는 당신을 향하여 불평을 말할 이유가 없습니다.

3 아니 도리어 나는 때때로 당신에 대하여 죄를 범하였으므로 사람들이 나에게 대항하는 것은 당연한 일이라고 말하지 않으면 안 됩니다. 즉 나는 모욕과 경멸할 만한 사람이며, 명예와 영광과 칭찬은 당신에게 돌려보내야 할 것입니다. 만약에 내가 사람들로부터 경멸당하고, 버림받고, 무시당하는 일을 좋아할 정도로 되지 않는다면 나는 마음의 평화를 얻을 수 없고, 영적인 빛도, 당신과의 일치도 얻을 수 없겠지요?」

# 인간으로부터 평화를
# 기대해서는 안 된다

1 「아들아, 만약에 그대가 그 사람과 마음이 맞으므로, 혹은 친하게 사귀고 있으므로 그 사람으로부터 평화를 얻을 것이라고 기대한 다면 그대는 동요하며, 여러 가지 근심을 만날 것이다. 거기에 반하여 진리의 하나님으로부터 평화를 구한다면 친구에게 버림받더라도, 쓰임을 받지 못하더라도 비탄에 빠지는 일은 없다.

친구에 대한 사랑도, 내 위에 기초를 두어야 하며, 이 세상에서 덕있는 사람을 사랑할 때에도 그 사랑은 나를 위해서 사랑하는 것이 아니어서는 안 된다. 내가 없으면 우정에도 가치가 없고, 영속적

　　　　　　　　3장  충실한 영혼에게 말하는 그리스도의 다정한 대화

인 것은 없다. 나에게 연결되지 않은 우정은 진실한 것이 아니고, 순수한 것도 아니다. 그대는 나에게 결부되지 않은 그런 사랑을 가지지 말고, 인간들과의 교제를 모두 피하고 싶다고 생각할 정도로 되지 않으면 안 된다. 사람은 하나님에게 가까이 가면 가까이 갈수록 인간으로부터의 위로를 추구하지 않게 된다. 또한 깊이 겸손해지고, 자기를 천하다고 생각하면 생각할수록 하나님에게로 높이 올라가는 것이다.

2    선을 자기에게로 돌려보내는 사람은 하나님으로부터의 은혜가 내려오는 것을 방해하고 있다. 성서의 은혜는 겸손한 마음만을 찾고 있다. 만약에 그대가 완전히 자아를 벗어 버리고, 그 마음으로부터 지상의 물건에 대한 속박을 끊는다면 나는 하늘의 은혜를 가지고 그대의 속으로 내려가지 않을 수 없게 된다. 그러나 그대가 피조물에 마음을 향할 때에는 이미 창조주를 볼 수가 없게 된다. 하나님의 사랑을 위해서 자기를 이기도록 어떠한 경우에도 노력하라. 그렇게 하면 하나님을 알 수가 있다. 어떤 작은 것이라도 그것을 과도하게 사랑하고, 추구한다면 최고의 선에 달하는 것이 늦어지고, 영혼을 더럽히게 된다.」

# 헛된
## 세속(世俗)의
## 지식

1 「아들아, 아무리 교묘하더라도 인간들의 말에 좌우되지 말라. 실로 하나님의 나라는 말이 아니라 실질(實質)에 있다(고린도전서 4:20). 마음을 불태우고, 지혜를 밝혀 주고, 죄의 통회를 일으키며, 여러 가지 위로를 주는 나의 말을 듣는 것이 좋다. '학자다, 지혜자다'라고 하는 말을 듣고 싶어서 독서를 해서는 안 된다. 차라리 악의 근절에 힘써라. 그것은 여러 가지 어려운 문제를 풀기보다도 그대에게 있어서 유익이 되는 일이다.

2 그대가 연구를 한 후에 지식을 얻거든 다음에 말하는 원리로 되돌아가거라. 인간에게 지식을 주고(시편 94:10), 어떤 인간의 가르침도 미칠 수 없을 정도의 어린이에게도 지혜를 주는 것은 나이다. 내가 말을 거는 사람은 곧 지혜자가 되고, 급속하게 덕의 진보를 이룰 것이다. 이 세상의 신기한 것을 알고 싶어서 하나님에게 봉사하는 길을 추구하려고 하지 않는 사람은 불행한 사람이다. 스승의 스승, 천사의 주인인 그리스도가 모든 인간들의 지식을 알기 위해서, 즉 각각의 양심을 조사하기 위해서 나타나는 날이 언젠가 올

  3장  충실한 영혼에게 말하는 그리스도의 다정한 대화

것이다. 그때에는 '예루살렘의 구석구석까지 등불로써 찾아내어'
(스바냐 1:12) 어둠에 감추어진 비밀은 모두 나타나서 세상의 지혜자
는 이제 말대꾸를 할 수 없게 될 것이다.

3  학교에서 10년간 공부하는 것보다도 영원한 진리의 기초를 깨닫
도록 겸손한 사람의 지혜를 한순간에 높여 주는 것은 나이다. 나는
많은 말을 사용하지 않고, 학설의 논쟁도 피하며, 명예를 추구하
지 않고, 토론도 하지 않으며 인간에게 가르친다. 이 세상을 경멸
할 것, 현세를 업신여기며, 영원을 추구하고, 하늘을 미리 맛보며,
명예를 피할 것, 실패를 참아 낼 것, 일체를 하나님에게 의지하고,
나 이외에는 무엇 하나도 바라지 말 것, 무슨 일보다도 깊이 나를
사랑할 것 그것을 가르치는 것은 나이다.

4  어떤 사람은 나를 깊이 사랑함으로써 하나님을 알며, 놀랄 만한 말
을 했다. 이 사람은 복잡한 문제를 연구하기보다도 모든 것을 버림
으로써 한층 영적으로 진보했다. 그러나 나는 어떤 사람에게는 일
반적인 것을, 어떤 사람에게는 특수한 것을, 어떤 사람에게는 상
징과 비유를 쓰면서 어떤 사람에게는 빛을 주어서 나의 깊은 뜻을
나타내 보였다. 문서에 쓰여 있는 것은 한 가지이더라도 모든 사람
에게 똑같이 가르치지는 않는다. 사람의 마음을 진리로 비추는 것
은 나이며, 그 마음의 밑바닥을 탐색하여 생각을 알아내서 행동을
안내하며, 그 각자에게 적당한 지식을 나누어 준다.」

# 외부의 일에
# 관심을 지나치게
# 가져서는 아니 된다

1 「아들아, 그대는 많은 것을 알지 못하는 것이 좋다. 자기는 이 세상에서 죽은 것, 이 세상은 자기에게 있어서 이미 십자가에 못 박힌 것이라고 생각하여라. 또한 이 세상의 속사(俗事) 사이로 빠져나가더라도 거기에는 귀를 막고, 그대의 평화를 확보하는 일만을 생각하는 것이 좋다. 토론하여 다투기보다도 찬성하지 않는 일이라면 듣지 않는 것처럼 하여 사람들이 생각하고 싶은 대로 생각하게 내버려 두는 것이 그대에게 있어서는 좋은 일이다. 만약에 그대가 하

   3장  충실한 영혼에게 말하는 그리스도의 다정한 대화

나님 앞에서 바르게 살고, 다른 사람의 행위를 판단할 때에도 하나
님의 판단에 의지하면 다툼에서 졌을 때에도 태연하게 참아 낼 수
있을 것이다.」

2 「오, 주님, 오리들은 어찌하여 이렇게도 어리석은 사람일까요? 우
리들은 물질적인 손해에 비탄하고, 약간의 벌이를 위해서 분주히,
수고하느라고 영적인 손실을 곧 잊어버리고 되돌릴 수 없게 되었
을 때에 생각해 내는 것이 고작입니다. 우리들은 크게 유익하지 않
는 일에 신경을 쓰면서 매우 중요한 일을 소홀히 하는 것입니다.
인간은 외부의 일에 빠져서 곧 회복하지 않으면 쉽사리 거기에 잠
겨 버리고 맙니다.」

# 누구든 신용해도
# 좋다고는 말할 수 없다.
# 말의 과실은 범하기 쉽다

1  「주님, 환난의 때에 도와주십시오. 인간의 도움은 기대할 수 없습니다(시편 60:11). 나는 몇 차례나 신용하고 있던 사람으로부터 배반당하고, 그렇지 않다고 생각하고 있던 사람에게서 진실을 발견했던 것입니다. 요컨대 인간에게 의지하는 것은 헛된 일입니다. 바른 사람의 구원은 당신에게 있습니다. 주이신 하나님, 우리들의 만나는 일에 있어서 당신은 축하받으시도록! 변하기 쉬운 우리들은 자주 헷갈려져서 자주 생각을 바꿉니다.

　　　　　3장  충실한 영혼에게 말하는 그리스도의 다정한 대화

2     기만이나 곤혹(困惑)에 한 번도 빠지지 않을 정도로 잘 경계하는 신중한 사람이 있을까요? 그러나 주님, 당신에게 의탁하여 단순한 마음으로 당신을 추구하는 사람은 용이하게 길을 잃고 헤매지 않습니다. 가령 환난을 당해서 매우 곤란하게 되더라도 곧 당신에게 구원받아서 당신의 위로를 받습니다. 당신은 의지하는 사람을 끝까지 버려두는 일은 없습니다. 친구들은 불행한 때에도 우정을 잃지 않는 충실한 친구는 적은 것입니다. 무슨 일에 있어서도 충실 그 자체인 당신 이외에는 그러한 사람은 없습니다.

3     주님, "나의 마음은 그리스도에 입각하며, 그리스도에 안도한다"라고 말했던 저 성스러운 영혼은 그 일을 잘 알고 있습니다. 나도 그렇게 말할 수 있다면 인간에 대한 두려움으로 허둥거리는 일도 없고, 또한 말의 화살에 움직이는 일도 없겠지요? 누가 미래를 예견하고 장래의 악을 예방할 수 있겠습니까? 사전에 알고 있었던 일에도 자주 상처를 입는데, 생각지도 않던 사건으로 상처를 입는 것은 당연합니다.

그런데도 가엾은 나는 왜 조금 더 신중하게 마음을 쓰지 않았을까요? 왜 이처럼 용이하게 타인의 말을 믿었던 것일까요?

아, 그러나 우리들은 인간입니다. 가령 사람이 천사라고 생각하더라도 약한 인간입니다. 주님, 나는 누구를 믿을까요? 당신 이외의 누구를 믿을까요? 당신은 실수하는 일도 없고, 속이는 일도 없는 진리입니다. 인간은 모두 거짓말을 하고(시편 116:11), 약한 자, 변하기 쉬운 것, 말의 과오를 범하기 쉬운 자입니다. 그러므로 진실한 것 같은 말도 곧 믿어서는 안 됩니다.

4    주님, 당신이 '사람을 경계하라. 사람은 자기의 집안 식구를 적으로 삼을 것이다'(마태복음 10:36), '여기에 있다. 저기에 있다고 말하더라도 믿지 말라'(마태복음 24:23)라고 훈계한 것은 당연한 일입니다. 나는 실패한 후에 그것을 배웠습니다. 장차 두 번 다시 실수를 하지 않고, 한층 더 경계하도록 하겠습니다. "내가 지금 말한 것을 누구에게도 말하지 말라"라고 어떤 사람이 나에게 말했다고 합시다. 그래서 나는 누구에게도 말하지 않고, 아무도 모른다고 생각하고 있었는데 비밀로 해 달라고 나에게 말했던 그 사람 자신이 비밀을 끝까지 지키지 못하고, 나와 자신을 태연하게 배신하였습니다. 주님, 그런 사려 없는 인간이 되지 않도록 나를 지켜 주십시오. 내가 그들의 수중에 떨어지지 않고, 자기 자신도 그러한 과오를 범하지 않도록 하여 주십시오. 나의 입으로 진실한 말을 하게 하시고, 교활한 말을 알려 주지 마십시오. 다른 사람에게 있어서 참기 어려운 일은 자기 자신도 피하지 않으면 안 됩니다.


5    다른 사람의 일을 지껄이지 않고, 어떤 일도 경솔하게 믿지 않으며, 수다에 빠지지 않고, 말의 바람에 농락당하지 않으며, 내부적인 일도, 외부적인 일도 전적으로 하나님의 뜻대로 행해지도록 바라는 것은 평화를 가지는 데 있어서 실로 유익하고 좋은 일입니다. 사람들의 앞에 나가는 것을 피하고, 사람들의 관심을 끄는 것을 바라지 않으며, 다만 생활을 고치고, 마음을 선으로 이끄는 것만을 일심으로 찾고 추구하는 것은 하늘의 은총을 가지는 데 있어서 가장 안전한 것입니다.

덕이 사람들에게 알려져서 너무 빨리 칭찬을 받았기 때문에 얼마 정도의 사람들이 손실을 입었는지 모릅니다. 유혹과 투쟁에 찬 이

                3장  충실한 영혼에게 말하는 그리스도의 다정한 대화

덧없는 인생에 있어서 침묵 속에 하나님의 은총을 지킴으로써 얼
마 정도의 사람들이 이익을 받은 것일까요?」

# 신랄한 말을
# 들었을 때에는
# 하나님에게 부탁한다

1 「아들아, 굳게 서서 나를 신뢰하라. 말은 말에 지나지 않는다. 그
것은 공기 속으로 날아다니지만 바위를 파손하지는 못한다. 자기
가 나쁘다는 것을 알았다면 기분 좋게 고쳐라. 자기에게 뒤가 켕기
는 일이 없다면 하나님을 위해서 그것을 기쁘게 받아들이도록 노
력하라. 신랄한 말을 참고 견디는 정도는 그 이상의 무거운 짐을
감당하지 못하는 그대에게 있어서 대단한 일은 아니다. 그런 사소
한 일이 왜 아직 그처럼 그대에게 영향을 미치는 것일까? 그것은

   3장  충실한 영혼에게 말하는 그리스도의 다정한 대화

아직 육체의 노예로서 필요 이상으로 타인에게 신경을 쓰기 때문이다. 그대는 경멸당하는 것을 두려워하고, 과실을 질책받는 것을 싫어하여 변해할 말을 찾고 있기 때문이다.

2 　조금 더 자신을 반성하라. 그렇게 하면 그대 속에 아직 세상이 살아 있어서 사람들의 마음에 들려고 하는 소망을 다 버리지 못했다는 것을 알아차리게 될 것이다. 경멸당하고, 단점을 비난받는 것을 싫어하는 동안은 그대는 아직 참으로 겸손한 사람이 아니고, 아직 세상에 집착이 있으며, 세상도 그대 속에서 죽지 않았다는 증거이다.
그러나 나의 말을 들어라. 그렇게 하면 그대는 몇 천 명의 말도 마음에 두지 않게 될 것이다. 인간이 상상할 수 있는 한의 욕설을 그대에게 퍼부어도 그것을 듣고 흘려버리며, 한 개의 짚 부스러기만큼도 생각하지 않는다면 그대는 무엇 하나도 손해를 보지 않는다. 그대는 그 때문에 머리카락 하나도 잃어버리는 일이 없다.

3 　그러나 마음에 침착성이 없고, 하나님에게 마음을 기울이고 있지 않은 사람은 모욕의 말에 움직여지기 쉽다. 거기에 반하여 나에게 만사를 의탁하며 자기 마음대로 판단하는 것을 삼가는 사람은 조금도 다른 사람을 겁내지 않는다. 모든 비밀을 알고, 그것을 심판하는 것은 나이다. 나는 그 일의 사정을 알고, 모욕하는 사람과 그것을 참는 사람을 알고 있다. 그 모욕은 나의 섭리에 의해서 '많은 사람들의 은밀한 생각을 드러나게 하기 위해서'(누가복음 2:35) 나온 것이다. 나는 죄가 있는 사람과 죄가 없는 사람을 심판하는데, 그에 앞서 은밀하게 쌍방을 시험해 보려고 했다.

4　인간들의 증언은 잘못되기 쉽다. 그러나 진리인 나의 심판은 누구
도 넘어뜨리지 못할 확고한 것이다. 대부분의 경우 나의 심판은 비
밀이며, 약간의 사람들만이 그 두서너 가지 이면의 이유를 추측할
수 있는 데에 지나지 않는다. 나의 판단은 잘못되는 일이 없다. 어
리석은 사람들이 그것을 부정하다고 말하더라도 결코 나의 판단
은 변하지 않는다. 그러므로 무슨 일을 판단하더라도 나에게 부탁
하며, 자기의 좁은 판단에만 의지해서는 안 된다. 바른 사람은 하
나님이 무엇을 주더라도 당황하지 않는다(잠언 12:21). 자기가 부정
한 판단을 받더라도 그것을 마음에 두지 않고, 또한 다른 사람이
바른 이유를 들어서 변호해 주더라도 과도하게 기뻐하지 않는다.
왜냐하면 그 사람은 인간의 마음과 영을 깊이 탐색하는 하나님이
보고 있다는 것(요한계시록 2:23), 표면적인 이유로 하나님에게 심판받
는 것이 아니라는 것을 알고 있기 때문이다. 그러므로 인간의 판단
으로 칭찬받는 것이 나에게는 죄처럼 보이는 경우도 있다.」

5　「주이신 하나님, 바르게, 힘차게, 인내력이 강한 심판자여(시편
7:11), 인간의 약함과 악을 아는 당신이야말로 나의 힘, 내가 의지할
곳입니다. 자신의 판단으로는 부족합니다. 당신은 내가 모르는 것
을 알고 계십니다. 그러므로 다른 사람으로부터 비난을 받을 때 나
는 겸손하고, 유화하게 참지 않으면 안 됩니다. 만약에 그렇게 하
지 않는 일이 있다면 그때마다 나를 용서하고, 보다 더한 모욕을
참을 수 있는 힘을 주십시오. 용서를 받기 위해서는 자신이 바르다
고 생각하는 것이나, 마음의 비밀을 변호하는 것보다도 당신의 자
비의 편이 쓸모가 있습니다. 자기의 양심에 가책을 느끼는 데가 없
다고 하더라도 그것만으로 당신 앞에 바른 사람이라고는 말할 수

　　　　　3장 충실한 영혼에게 말하는 그리스도의 다정한 대화

없습니다(고린도 전서 4:4). 당신의 동정이 없다면 누구 한 사람도 바른 사람이라고 말할 수는 없습니다(시편 143:2).」

# 영원한 생명을
# 얻기 위해서
# 어떤 희생도
# 참고 견딘다

1 「아들아, 나를 위해서 짊어진 노고에 기세가 꺾여서는 아니 된다. 어떤 시련이 있더라도 실망하지 말라. 어떤 경우에도 나의 약속에 격려를 받고, 위안을 얻어라. 나는 여러 가지 한계를 넘어서 그대에게 보답을 준다. 그대가 지상에서 수고하는 것은 짧고, 고통을 받는 것도 처음부터 끝까지는 아니다. 인내하면서 조금 기다려라. 그렇게 하면 곧 불행은 사라질 것이다. 모든 노고와 다툼이 없어질 때도 올 것이다. 시간과 함께 지나가 버리는 것은 모두 작고, 짧은 사건들이다.

   3장  충실한 영혼에게 말하는 그리스도의 다정한 대화

2  일은 주의해서 행하라. 포도밭에서 잘 일하여라. 그렇게 하면 내
가 그대의 보답이 된다. 쓰고, 읽고, 노래하고, 기원하고, 침묵하
여라. 기도하고, 용감하게 불행을 맞이하여라. 영원한 생명은 그
와 같은 투쟁, 아니 그 이상의 투쟁을 할 가치가 있는 것이다. 주가
정한 날에 그대에게도 평화가 온다. 그때에는 지금과 같은 밤낮은
없고, 영원한 광명, 무한한 밝음, 흔들리지 않는 평화, 안전한 휴식
이 있다. 그때에는「누가 나를 이 사망의 몸에서 건져 내랴」(로마서
7:24) 하고 한탄할 필요도 없다. 또한「불행한 일이여, 나의 방랑의
날은 연장되었다」라고 호소하는 일도 없다. 이제는 죽음은 없어지
고, 구원은 완성되며, 아무런 불안도 없이 완전한 행복과 유쾌하
고 아름다운 교제가 있을 뿐이다.

3  아, 하늘의 성인의 영원한 영관(榮冠)! 전에는 이 세상에서 경멸당
하고, 살 가치가 없는 인간이라고까지 일컬었던 사람이 지금 어떤
영광 속에서 기뻐 날뛰고 있는가를 보면 반드시 그대는 땅 위에 꿇
어 엎드려 자기를 낮추고, 단 한 사람의 위에도 서고 싶지 않으며,
모든 사람의 아래에 따르고 싶다고 갈망할 것이다. 또한 이 세상의
즐거움을 부러워하지 않고, 다만 하나님에 대한 사랑을 위해서 고
통받는 것을 기뻐하며, 사람들에게 무시당하는 것을 대단한 이익
이라고 생각할 것이다.

4  만약에 그대가 이 진리를 잘 깨달아 마음에 새겨 둔다면 단 한 번도
불평을 말하지는 않는다. 영원한 생명을 위해서는 어떤 노고도 참
아야 하지 않을까? 하나님의 나라를 얻는가 잃는가 하는 것은 작
은 일이 아니다. 눈을 하늘로 올려라. 거기에는 내가 있고, 또 이

세상에서 가혹한 시련을 참아 낸 성인들이 있다. 이 사람들은 이제
야말로 기뻐하며, 무한한 위로를 얻고, 아무런 두려움도 없이 쉬
고 있다. 아버지의 나라에서 그들도 나와 같이 끝없이 살 것이다.」

   3장 충실한 영혼에게 말하는 그리스도의 다정한 대화

# 영원한 날과
# 이 세상의
# 숨 막힘

1 「하늘 도시의 참으로 행복한 생활이여! 밤의 어둠이 뒤덮는 일도 없고, 끊임없이 지상(至上)의 진리에 비추어진 영원히 빛나는 태양이여! 언제나 즐겁고, 언제나 편안하며, 언제까지라도 끝이 없는 나날이여! 아아 우리들의 위에도 영원한 그 해가 빛나고, 지상의 덧없는 날이 끝났으면 좋겠다. 그 해는 영원한 빛을 성인들에게 내쏘고 있다. 그러나 이 세상을 계속 걷고 있는 사람에게 있어서는 아득히 먼 여광(餘光)처럼 밖에 비추지 않는다.

2 하늘의 주민은 그 해가 얼마나 환희에 차 있는가를 알고 있습니다. 그러나 방랑자인 하와의 자식은 오늘의 해가 얼마나 괴롭고, 슬픈 것이라고 탄식하고 있습니다. 이 세상의 나날은 짧고, 나쁘고, 괴롭고, 가혹하다. 인간은 죄로 더럽혀지고, 사욕에 에워싸여 있으며, 공포로 위협받고, 일에 신경을 쓰며, 신기한 일로 정신이 산만해지고, 헛된 사건에 매달리며, 오류에 둘러싸이고, 노고에 눌리며, 유혹에 번거로워하고, 빈곤에 괴로워하고 있습니다.

3 이 불행은 언제 끝나는 것입니까? 나는 비참한 죄의 노예에서 언제 해방되는 것입니까? 주님, 언제쯤 되어야 나는 당신만을 생각하고, 당신만으로 만족할 수 있습니까? 언제가 되어야 아무런 속박도 없는 참된 자유와 정신과 육체로부터의 해방을 얻을 수 있습니까? 언제가 되어야 흔들리지 않는 평화, 안전한 평화, 마음과 외부의 평화, 어느 쪽에 있어서도 부동의 평화를 얻을 수 있는 것입니까? 아아 예수여! 언제가 되어야 하나님 당신만을 우러러보며, 하늘나라의 영광을 바라보고 '모든 것의 모든 것'(고린도전서 15:28)이 되는 것입니까? 영원으로부터 선택된 사람들을 위해서 준비된 하늘나라에 가는 것은 언제입니까? 매일 싸움이 있는 불행한 이 적지(敵地)에 나는 가난한 추방자로서 헤매고 있습니다.

4 주님, 유배된 사람인 나를 위로해 주십시오. 나의 노고를 완화해 주십시오. 나의 소망은 당신을 그리워하는 것뿐입니다. 이 세상이 주는 위로는 나에게 있어서 무거운 짐입니다. 나는 다정하게 당신과 사귀고 싶다고 생각하는데 아직도 되지 않습니다. 나는 하늘을 바라보고 싶다고 생각하는데 지상의 속사(俗事)와 아직도 억제할 수

    3장  충실한 영혼에게 말하는 그리스도의 다정한 대화

없는 탐욕 때문에 하계(下界)로 끌리기 쉽습니다. 나는 마음으로써
는 이 세상의 모든 것을 초월하고 싶다고 생각하는데 육체가 본의
아니게 그들의 사정에 복종시키는 것입니다. 이렇게 하여 불행한
나는 영과 육의 쌍방으로 끌려서 자기가 자기 자신의 무거운 짐이
되고 있습니다. 즉 정신은 위로 육체는 아래로 향하려고 합니다.

5   하늘의 일을 묵상하고 있는데 돌연 그 기도하는 마음에 온갖 유혹
이 엄습해 오는 것을 알았을 때 나는 얼마나 괴로워했는지 모릅니
다. 나의 하나님, 나에게서 멀어지지 말아 주십시오(시편 71:12). 또
한 노하는 일 없이, 머슴을 버리는 일 없이(시편 27:9) 당신의 빛을 발
하여 유혹을 쫓아내고, 당신의 화살을 날려 주십시오(시편144:6). 그
렇게 하면 악마는 사라지겠지요? 나의 생각을 집중시키고, 세상을
잊어버리게 하며, 사념을 물리쳐 주십시오. 영원한 진리여 나를
도와서 헛된 잡일에 움직이지 않게 하여 주십시오.
기도할 때 내가 당신 이외의 것을 생각하더라도 부디 나를 불쌍하
게 여겨서 용서하여 주십시오. 나는 지금까지 너무 방심한 채로 기
원해 왔습니다. 때때로 나는 자기가 서 있는 곳, 걸터앉아 있는 곳
에 있지 않고, 상상에 따라가서 다른 곳으로 갔습니다. 나는 내가
생각하는 곳에 있습니다. 나의 생각은 때때로 사랑하는 것이 있는
곳으로 갔습니다. 요컨대 육체가 기뻐하는 것, 습관으로서 마음에
들었던 것이 곧잘 나의 머리에 떠올랐습니다.

6   그러므로 무한한 진리인 당신은 '보물이 있는 곳에 그 마음도 있다'
(마태복음 6:21)고 분명히 말씀하셨습니다. 내가 하늘을 무엇보다도
사랑하고 있다면 기꺼이 하늘의 것을 생각합니다, 그러나 세상을

사랑하고 있다면 마음은 세상의 행복을 기꺼이 향하여 세상의 불행에 대해서는 슬퍼하게 마련입니다. 내가 물질적인 것을 좋아하면 나는 자주 그것을 상상합니다.

그러나 영을 사랑하고 있다면 영적인 것을 생각하여 기뻐합니다. 나는 자기가 사랑하고 있는 것에 관해서 잘 이야기하고 잘 들으며 그 생각과 함께 살고 있습니다. 그러나 주님 당신에 대한 사랑 때문에 마음속으로부터 모든 피조물을 떠나게 하고, 본래의 욕망과 싸우며 열심히 하는 마음으로 육의 욕망을 십자가에 맡기는 사람은 맑은 마음을 가지고 당신에게 깨끗한 기도를 바치며, 육과 밖으로부터의 지상적인 속박을 벗어 버려서 어느 날엔가는 천사의 무리에 가입하는 데 족한 사람이 되겠지요?」

 3장 충실한 영혼에게 말하는 그리스도의 다정한 대화

# 영원한
# 생명에 대한 동경과
# 그것 때문에 싸우는
# 사람들에게 약속된 보답

1 「아들아, 하늘로부터 영원한 행복에 대한 동경이 부어지는 것을 느
끼며, 어떤 그늘도 없는 나의 광명을 우러러보기 위해서 신체의 감
옥에서 해방되고 싶다면 마음을 넓히며, 소망을 가지고 이 성스러
운 영감을 받아라. 이처럼 정이 깊게 그대를 방문하여 강력하게 그
대를 격려하며, 그대가 자기의 무게로 지상으로 내려가지 않도록
강력하게 떠받쳐 주는 지상(至上)으로 선한 하나님에게 깊이깊이
감사하여라.

이 은총은 그대 자신의 노력으로 얻은 것이 아니다.

그대에게 덕, 특히 겸손의 덕을 갖게 하여 장래의 싸움에 대비하게
하며, 사랑과 열심히 하는 의지로써 나에게 돌아오게 하기 위해서
하늘의 은혜와 하나님의 사랑이 주어진 것이다.

2 아들아, 그대는 불이 타는 것을 본 일이 있겠지? 불꽃이 올라갈 때
에는 반드시 연기가 수반한다. 이것과 마찬가지로 하늘에 대한 동
경이 불타고 있더라도 지상의 유혹에 대한 저항이 불빛을 희미하

게 하는 수도 있다. 이와 같이 하나님에게 빌고 구하는 것도 모두가 '다만 하나님의 영광만을 위해서'라고는 말할 수 없다. 하늘로 향한 그대의 생각과 그대의 동경도 역시 그러한 경우가 있다. 자기의 이익과 욕심으로 더렵혀져 있다면 아직 완전히 깨끗한 것이라고는 말할 수 없다.

3  자기에게 있어서 즐거운 것, 이익이 되는 것을 추구하지 말고, 오히려 나의 마음에 드는 것, 나의 영광이 되는 것을 추구하여라.
그대의 판단이 바르다면 그대는 다른 소망을 모두 버리고 나의 명령에 따를 것이다. 나는 그대의 소망을 알며, 때때로 한탄하는 소리를 듣고 있다. 그대는 하나님의 자식들이 맛보는 영광의 자유로 들어가고자 한다. 또한 영원한 주거(住居)와 기쁨에 찬 하늘나라를 바라고 있다. 그렇지만 그때는 아직 오지 않았다.
아직 다른 때에 싸움과 노고와 시련의 때를 빠져나가지 않으면 안된다. 그대는 최상의 선으로 충만하기를 바라고 있지만 지금은 아직 그때가 아니다. 그 최상의 선은 나이다. 주는 "하나님의 나라가 오기까지 나를 기다려라"라고 말씀하고 계신다.

4  그대는 아직 이 세상에서 시험을 받고, 여러 가지로 단련되지 않으면 안 된다. 때때로 위로를 받지만, 그러나 이 세상에는 부족함이 없는 위로는 없다. 그러므로 본래는 좋아하지 않던 일이라도 힘을 내어서 씩씩하게 행하여라(여호수아 1:7).
그대는 새로운 인간으로 변하여 다른 인간이 될 필요가 있다. 그대는 바람직한 일을 행하며, 바람직하지 않는 것은 버려야 한다. 다른 사람이 바라는 것은 성공하지만, 그대가 바라는 것은 실패로 끝

　　　3장 충실한 영혼에게 말하는 그리스도의 다정한 대화

나는 일이 있을 것이다. 다른 사람의 변명은 들어주지만, 그대의 변명은 묵살되는 일도 있을 것이다. 다른 사람은 구하는 것을 받지만, 그대는 구하는 것을 받지 못하는 일도 있을 것이다.

5    다른 사람의 평판은 올라가지만, 그대는 뒤떨어지는 일이 있을 것이다. 다른 사람에게는 여러 가지 일이 맡겨지지만, 그대는 쓸모없는 것처럼 취급받는 일도 있을 것이다.

본래의 인간으로서는 그것을 슬프게 생각한다. 그러나 잠자코 그것을 참는 것은 위대한 일이다.

주의 충실한 종은 이와 같은, 혹은 이와 비슷한 방법으로 얼마나 자기를 버리는가를 시험받게 된다. 자기의 의지에 거슬리는 일을 보거나, 참고 견디거나, 혹은 또 자기에게 있어서 곤란한 일, 거의 쓸데없다고 생각되는 일을 명령받았을 때만큼 자기를 버릴 필요를 통감하는 경우는 없다. 그리고 그대는 다른 사람의 권력 아래에 있어서 위의 사람에게 반항할 수 없으므로 다른 사람의 지시대로 걸으며, 자기의 의견을 버리지 않으면 안 되는 것을 고통스럽게 생각할 것이다.

6    그러나 아들아, 이 희생의 공덕을 생각하라. 그것은 지나가고, 그 후에는 보답이 있다고 생각하자. 그렇게 하면 그대는 그것을 무거운 짐이라고 생각하지 않고, 인종(忍從)함에 있어서 강한 격려를 느낄 것이다.

그대가 지금 작은 소망을 자진해서 버리는 대신에 하늘에서 그대의 소망이 모두 통한다. 실로 거기에는 바라는 대로의 것, 원하는 대로의 것이 발견된다. 거기에서는 잃어버릴 두려움이 없는 모든 선을 충분히 가질 수가 있다. 거기에서는 그대의 의지는 나와 일치하고, 그 이외의 것이나 자기만의 것은 무엇 하나도 바라려고 하지 않는다. 거기에서는 그대에게 거역하는 사람도 없고 불평을 말하는 사람도 없으며 방해하는 사람도 없고, 반대하는 사람도 없다. 뿐만 아니라 그대는 바라는 것을 가지고, 마음은 충만하며, 충분이 만족된다.

거기에서 나는 그대가 참고 견딘 모욕 대신에 영광을 줄 것이다. 슬픔 대신에 칭찬으로 보상하고, 이 세상에서 마지막 자리를 잡은 사람에게 하늘나라에서는 최상의 자리를 줄 것이다. 거기에서는 순종의 열매가 결실하고, 고행의 괴로움이 기쁨으로 되며, 겸손한 복종이 영광의 관이 된다.


7   그렇지만 지금은 누구의 아래에도 자기를 낮추고, 말한 사람, 명령한 사람이 누구인가를 마음에 두지 말라. 그대가 특히 명심해야 할 것은 윗사람, 동료, 손아랫사람의 구별 없이 그대에게 무엇인가를 바라고, 무엇인가를 권할 때 그것을 모두 선의로 받아들여서 진실한 마음으로 이행하려고 노력하는 일뿐이다.

다른 사람이 이것, 저것을 추구하고, 어떤 사람은 이것을 자랑하며, 다른 사람은 저것을 자랑하여 크게 칭찬받는 일이 있더라도 그대는 무슨 일도 자랑하지 말고, 자기 자신을 경시하며, 하나님의 뜻을 완수하여 나의 영광을 위해서 노력하는 것을 기뻐하며, 자랑으로 여겨라. 그대가 바라야 할 것은 '살든지 죽든지'(빌립보서 1:20) 그대에 의하여 하나님의 영광이 올라가는 것 이것뿐이라.


  3장 충실한 영혼에게 말하는 그리스도의 다정한 대화

슬픔마저 다했을 때
사람들은 모든 것을
하나님의 손에
맡기지 않으면 안 된다

1 「주이신 하나님, 성스러운 아버지여, 지금도, 언제라도 대대로 당신은 축하받으시기를! 당신의 뜻은 항상 행해지며, 당신이 정하시는 일은 언제나 선입니다. 당신의 종은 자신도 다른 사람도 기쁨으로 삼지 않고 당신에게만 기쁨을 두고 있습니다.

당신만이 기쁨이며, 나의 희망과 영관, 즐거움과 자랑입니다. 무엇 하나의 공덕이 없는 종은 당신에게서 받은 것 이외에 무엇을 가지고 있겠습니까? 당신이 종에 대하여 도와주신 것, 수여해 주신 것은 모두 당신의 것입니다.

나는 가난하게, 어릴 때부터 빈곤 속에서 살아왔습니다(시편 88:15).
나의 마음은 때로는 슬피 울고, 때로는 공격해 오는 탐욕에 괴롭힘
을 당하며, 때로는 깊이 마음이 소란해졌습니다.

2  나는 평화의 기쁨을 바라고 있습니다. 위로의 빛으로 길러진 하나
님의 자식들의 평화를 동경하고 있습니다. 나에게 평화를 주시고,
성스러운 기쁨을 부어 주신다면 종의 마음은 경건한 찬미 속에 기
쁨의 힘이 솟아날 것입니다. 그러나 당신이 때때로 하시는 것처럼
나에게서 멀어진다면 종은 계명의 길(시편 119:32)을 걷지 못하고, 무
릎을 꿇고 가슴을 칠 수밖에 없습니다.
당신의 빛이 나의 머리 위에서 빛나고, 보호의 날개에 감추어져서
유혹으로부터 지켜지고 있던 어제와 그저께는 이미 지나가 버렸
습니다.
바르신 아버님, 칭송해야 할 아버님, 종의 시련의 때는 왔습니다.
사랑하는 아버님, 이때에 있어서 종이 당신을 위해서 무슨 일인가
를 참아 내는 것은 당연한 일입니다.
영원히 우러러야 할 아버님, 당신이 예전부터 예견했던 때는 왔
습니다. 그리하여 종은 잠시 동안 외부로부터 타격을 받아 쓰러질
지도 모릅니다. 그러나 내부에 있어서는 끊임없이 당신 곁에 살고
있습니다. 잠시 동안 모욕을 받아 다른 사람들이 얕봄으로써 체면
이 구겨지고, 고통과 병으로 박살이 나겠지요? 그러나 그것은 새
로운 빛 속에 당신과 함께 부활하여 하늘에서 영광을 받기 위한
것입니다.
성스러운 아버님, 당신은 이렇게 정하고, 이렇게 바라시며, 그리
하여 당신의 명령대로 행하여졌습니다.

　　　　3장  충실한 영혼에게 말하는 그리스도의 다정한 대화

3 　주님, 당신을 사랑하는 사람에게 있어서 당신에 대한 사랑을 위하여 이 세상에서 하나님의 뜻에 의한 사람과 시간에 괴로움을 당하는 일이야말로 은총이라고 말하지 않으면 안 됩니다. 당신의 허가와 섭리와 무엇인가 바른 이유 없이는 어떤 한 가지의 일도 이 세상에는 일어나지 않습니다.

　주님, 나를 멸시하여 주셨던 것은 좋은 일이었습니다. 그것에 의해서 나는 당신의 정의의 규칙을 깨닫고(시편 119:71), 모든 교만과 자부심에서 벗어날 수가 있었습니다.

　치욕으로 얼굴이 붉어졌던 일은 나에게 있어서 유익이었습니다, 그리고 나는 인간에게서가 아니라 당신에게서 위안을 구하는 것을 배워서 항상 정의와 공정함을 가지고, 나쁜 사람을 이용하여 바른 사람에게 시련을 주는 당신의 헤아리기 어려운 규칙을 알았습니다.

4 　나의 죄를 용서하지 않고, 나로 하여금 괴로움을 뚫고 나가게 하려고, 내부적, 외부적인 고통을 주어 엄하게 채찍질하여 주신 것을 감사드립니다. 사람을 때린 후에 고쳐주고, '저승의 문 앞까지 데리고 갔다가 또한 데리고 돌아오는'(외경 토비트 13:2) 영혼을 위한 하늘의 의사인 나의 하나님 이외에 어떤 것도 나를 위로할 수 없습니다. 당신의 가르침이 나를 이끌어 주고, 당신의 벌이 나에게 가르침을 주십니다.

5 　사랑하는 아버님, 나는 당신의 수중에 있습니다. 당신의 혼내주는 채찍 아래에 나는 엎드립니다, 나의 등과 목을 때려 주십시오. 그렇게 하면 나는 죄로 헷갈리기 쉬운 자신을 하나님의 뜻 쪽으로 향

하도록 방향을 바꿀 수가 있습니다.

은총에 의해서 경건한 겸손을 수여해 주십시오, 그렇게 하면 나는 당신의 지시에 따라서 걸어가게 됩니다. 나의 모든 것을 맡깁니다. 당신이 나를 징벌하여 이끌어 주십시오. 후세에서가 아니라 이 세상에서 벌을 받는 편이 좋은 것입니다.

당신은 전부도, 부분도 모두를 알고 있습니다, 인간의 양심도 당신의 앞에서는 비밀이 없습니다, 당신은 장래의 일은 그것이 일어나기 전에 알고 계십니다. 이 세상에서 일어나는 일에 관해서도 통지를 받거나, 충고를 받을 필요가 없는 것입니다.

당신은 나의 영적 진보를 위해서 무엇이 필요한가를, 또한 죄악의 녹을 벗기기 위해서 환난이 얼마나 쓸모 있는가를 알고 계십니다. 나에 대해서도 하나님의 뜻을 행하여 주십시오. 그리고 나의 죄 있는 생활을 보시더라도 나로부터 멀어지지 말아 주십시오.

6   주님, 내가 알아야 할 것을 알고, 사랑해야 할 것을 사랑하며, 당신이 기뻐하실 것을 칭송하고, 당신에게 있어서 소중한 것을 소중히 여기며, 당신에게 있어서 천한 것을 경멸하도록 하여 주십시오. 이 세상의 일을 사람의 눈으로써 심판하는 일이 없도록, 나와 같은 무지한 사람들의 이야기로부터 사물을 판단하는 일이 없도록 하여 주십시오(이사야 11:3). 물리적, 영적인 것을 진리에 기초를 두고 판단하며, 특히 언제나 하나님의 뜻을 실행시켜 주십시오.

7   사람은 감정에 따라서 판단하므로 잘못을 저지르기 쉬운 것입니다. 보이는 것만을 사랑하여 이 세상에 따르는 사람도 실수하기 쉽습니다.

   

다른 사람들이 실제 이상으로 훌륭하게 생각한다고 해서 그것이 실제로 위대하게 될 수 있을까요? 인간들이 칭찬할 때는 거짓말쟁이를 거짓말쟁이가, 허영심이 강한 사람을 허영심이 있는 사람이, 장님을 장님이 약한 자를 약한 자가 서로들 칭찬하는 것에 불과합니다. 실제로는 이유도 없이 남을 칭찬하는 것은 모욕하는 것과 같은 것입니다. '인간은 주님 앞에 있는 이상의 것이 아니라 그만큼의 가치 밖에 없다'고 성프란시스코는 말하고 있습니다.

# 숭고한 일을
# 해내지 못할 때에는
# 낮은 육체적
# 노동에 힘써라

1 「아들아, 그대가 평소와 다른 열심으로써 성덕(聖德)을 계속 동경하는 일은 어렵고, 한층 높은 영적 묵상을 계속하는 일도 하기 힘들 것이다. 차라리 때로는 원래의 약함 때문에 그보다 낮은 신심행(信心行)을 함으로써 여하튼 이 썩을 신체의 짐을 지지 않으면 안 된다. 그대가 이 썩어야 할 신체를 가지고 있는 동안에는 권태와 우울을 느끼지 않을 수가 없다, 그러므로 육체를 가지고 있는 동안에는 때

  3장  충실한 영혼에게 말하는 그리스도의 다정한 대화

때로 육의 무게를 한탄해야 할 것이다.

그대는 영의 수행과 하늘의 묵상에 부단하게 빠져 있을 수가 없음에 틀림없다.

2 그러할 때에는 단순한 물질적인 일에 종사하며, 선행에 위안을 발견하고, 하늘로부터 나의 은혜가 내려오기를 굳은 신뢰를 가지고 기다리며, 다시 나의 방문을 받아서 마음의 불안이 해소될 때까지 마음의 근심과 괴로움을 참아 내는 것이 때로는 좋다, 그렇게 하면 나는 걱정을 모두 잊어버리게 하고, 마음의 평화를 맛보게 하며, 성서의 즐거운 낙원을 보여 줄 것이다.

그리고 그대는 마음을 편히 쉬며 법도의 길(시편 119:32)로 나아가게 될 것이다, 그때에 그대는 '이 세상의 괴로움은 내세에서 우리들에게 나타날 영광에 비할 바가 못 된다'(로마서 8:18) 고 말할 것이 틀림없다.」

# 자신은 위로가 아니라
# 벌을 받아야 할
# 사람이라고 생각하라

1 「주님, 나는 당신의 위로를 받고, 영적인 방문을 받을 가치가 없는 사람입니다. 그러므로 나를 가난함과 쓸쓸함 속에 남겨 두시는 것은 당연합니다. 내가 바다만큼의 눈물을 흘려도 아직 당신의 위로를 받을 가치가 없습니다. 다만 나는 매를 맞으며, 벌을 받을 가치밖에 없습니다, 왜냐하면 때때로 당신을 배반하고, 많은 죄를 범했기 때문입니다. 잘 반성해 보면 나는 어떤 위로도 받기에 부족합니다. 그러나 피조물이 비참하게 멸망하는 것을 바라지 않는 인자하고,

  3장  충실한 영혼에게 말하는 그리스도의 다정한 대화

궁휼히 여기시는 하나님, 당신은 궁휼을 밝히시고, 인자함의 부를 나타내려고 하여 종에게 아무런 공덕도 없는 것을 잊어버리고, 뜻밖일 만큼의 풍성한 은혜를 주십니다, 실로 당신의 위로는 인간의 덧없는 말로는 미칠 수 없는 것입니다.

2 당신으로부터 하늘의 위로를 받을 만큼의 일을 내가 하였을까요? 나는 무엇 하나도 좋은 일을 하지 않았습니다. 언제나 악으로 기울어져서 자신을 고치는 데 소홀하였습니다. 그렇지 않다고 말하면 나는 당신으로부터 물리침을 당하겠지요? 나는 범한 죄 때문에 지옥의 영원한 불을 받아야 할 사람입니다. 나는 다만 모욕과 경멸만을 당해야 좋은 인간이며, 당신을 사랑하는 사람들의 무리에 들어갈 수 없습니다. 이렇게 고백하는 것은 고통스러운 일입니다. 하지만 진실은 진실입니다. 나는 자신의 죄를 밝히고 당신의 동정을 받고 싶다고 바라고 있습니다.

3 죄 많고, 부끄러워해야 할 인간인 나는 다만 이렇게 말할 수밖에 없습니다. '나는 죄를 범하였습니다, 주님, 나는 죄를 범하였습니다. 나를 불쌍히 여기시고, 나를 용서하여 주십시오. 죽음의 그늘진 땅으로 가기 전에 죄를 한탄하고, 슬퍼하며, 울 수 있는 잠깐의 시간을 주십시오'(욥기 10:20~21). 불쌍한 죄인이 통회하고, 죄 때문에 겸손해지는 것을 당신은 기다리고 계십니다. 진실한 통회와 멸시로부터 용서의 희망이 생겨나고, 괴로워하는 양심은 진정되며, 잃어버렸던 은혜가 회복되어 이렇게 하여 인간들은 장래의 노함으로부터 지켜져서 통회하는 영혼은 하나님과 입맞춤을 하기 위해 상봉하는 것입니다.

4    겸허한 통회는 주님, 당신을 기쁘게 할 산 제물이며, 당신에게 있
어서 향(香)보다도 향기로운 냄새를 풍깁니다. 그 통회는 또한 당신
이 발에 부어 주기를 바라던 향유입니다. 당신은 회개하고 겸손해
지는 마음을 물리치시는 일은 없습니다(시편 51:17). 그것은 또한 적
인 악마의 공격에 대한 피난처이며, 영혼에 묻은 더러움을 없애서
깨끗하게 되는 것입니다.」

    3장 충실한 영혼에게 말하는 그리스도의 다정한 대화

# 이 세상의 것에
# 따르는 사람에게는
# 하나님의 은총이
# 내려오지 않는다

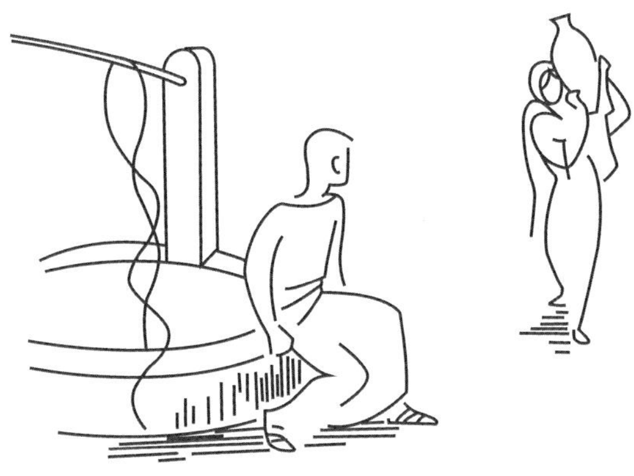

1 「아들아, 내가 주는 은총은 귀중한 것이므로 세속의 즐거움과 혼동되는 것을 용서하지 않는다. 은총이 부어지기를 바란다면 그것에 방해되는 모든 것을 버리지 않으면 안 된다. 은밀하게 살고, 혼자서 살기를 좋아하며, 누구하고도 특별히 이야기를 하지 않을뿐더러 몰두하는 깨끗한 마음을 가지기 위해서 열심히 하나님에게 기도하여라. 이 세상을 모두 무시하고, 외부의 어떤 행동보다도 하

나님을 섬기는 것을 중시하여라. 이 세상의 덧없는 일을 즐기면서 동시에 나를 섬기는 것은 되지 않는다.

그대는 지인과 친척으로부터 떨어져야만 한다. 사도 베드로는 '이 세상에서는 타국인, 나그네처럼'(베드로전서 2:11) 생각하자고 그리스도의 제자들에게 권하고 있다.


2  이 세상에서 아무 일에도 매이지 않은 사람은 죽을 때에 얼마나 편안할까? 그러나 약한 사람이 이처럼 이탈하기는 곤란하다. 그리고 이 세상에 집착하는 사람은 마음의 자유를 깨달을 수 없다. 참으로 영적인 인간이 되고 싶다면 다른 사람이나 친척과도 사귀지 말고, 누구보다도 자신을 경계하지 않으면 안 된다. 완전히 자기에게 이겼을 때 다른 것을 정복하는 것은 용이할 것이다. 자신에게 이기는 것만이 진실한 승리이다. 감각을 이성에게, 이성을 만사에 있어서 나에게 복종시킬 만큼 자신을 정복한 사람은 승리자이며, 지배자이다.


3  그대가 이 정상에 올라가려고 생각한다면 자기와 자기 개인의 물질적인 것에 대하여 감추어진 사심(邪心)을 근절하기 위하여 도끼를 사용하지 않으면 안 된다. 인간은 자기 자신에게 지나치게 집착하기 쉽다. 거기에서 거의 대부분의 악이 생겨난다. 거기에 승리하여 멸망시킨다면 부단한 평화와 편안함을 맛볼 수 있다.

그런데도 자신에게 완전히 죽을 각오로 자기를 벗어 버리려고 노력하는 사람이 적으므로 자기에게 휘감겨서 영을 가지고 날아갈 수가 없는 것이다. 나와 함께 자유롭게 날아오르려고 하는 사람은 부당한 사랑을 멸망시키고, 어떤 피조물도 바라지 않으며, 어떠한 것에도 애정을 가져서는 아니 된다.」

    3장  충실한 영혼에게 말하는 그리스도의 다정한 대화

# 육체와
# 하나님의 은총의
# 다른 기능에 대하여

1 「아들아, 그대의 육체와 나의 은총의 작용에 주의하여라. 이 두 가지는 상반되어 있지만, 거의 의식하지 못할 정도이다. 영적인 사람이 내적인 빛에 인도되어 있을 때에만 그 두 가지를 구별할 수 있을 것이다. 모든 사람들은 선을 좋아하고 그 말과 행위에 얼마간의 선이 있다고 모두 생각하고 있다. 그러므로 그 선에 사람들은 속고 있는 것이다.

2 육체는 교활하여 사람들을 끌어당겨서 궁지에 몰아넣고, 속인다. 그런데 그 유일한 목적은 항상 자신이다. 그렇지만 하나님의 은총은 단순하게 행해지며, 악을 모두 피하고, 올가미를 걸지 않으며, 그 최고의 목적으로서 다만 하나님에 대한 사랑을 두고, 거기에서 휴식을 발견할 수 있다.

3 육체는 사람들로부터 무시당하는 일, 억제당하는 일 복종당하는 일을 좋아하지 않고, 자진해서 타인에게 복종하며, 그 아래에 들어가기를 바라지 않는다, 그렇지만 하나님의 은총은 자기를 억제

하려고 노력하며, 탐욕을 거역하고, 복종하기를 바라며, 지는 것을 좋아하고, 자유롭게 처신하는 것을 피하며, 명령받기를 좋아한다. 뿐만 아니라 한 사람의 위에도 서려고 하지 않고, 항상 하나님의 아래에 있으며, 삶과 소망, 하나님에 대한 사랑을 위해서 누구에게도 겸허하게 몸을 낮추려고 한다.

4    육체는 자기의 이익을 위해서 일하며, 타인으로부터 어떤 이익을 받을 것인가를 중시한다. 그렇지만 하나님의 은총은 자기만의 이익이나, 즐거움을 구하지 않고, 오히려 타인의 이익을 추구한다.

5    육체는 명예와 존경을 기뻐하지만 하나님의 은총은 명예와 존경을 다만 충실하게 하나님에게 돌아가게 한다.

6    육체는 모욕과 경멸을 두려워한다. 그러나 하나님의 은총은 예수의 이름을 위해서 능욕 받는 일을 기쁨으로 삼는다(사도행전 5:41).

7    육체는 아무 일도 하지 않고, 몸을 쉬게 하는 것을 좋아한다. 그렇지만 하나님의 은총은 일하지 않고 있는 것을 싫어하고, 기꺼이 수고를 택한다.

8    육체는 진기한 것, 아름다운 것을 바라며, 값싸고, 검소한 것을 싫어한다. 그렇지만 하나님의 은총은 검소하고, 변변치 않은 것을 좋아하며, 거친 천이나 낡은 옷도 싫어하지 않는다.

9    육체는 지상의 부를 갈망하고, 이 세상의 이익을 즐기며, 손해를

                    3장  충실한 영혼에게 말하는 그리스도의 다정한 대화

한탄하고, 한 마디의 모욕조차도 마음에 둔다. 그렇지만 하나님의
은총은 영원한 것에 마음을 두고, 지상의 것에 집착하지 않으며,
물질적인 손해에 움직이지 않고, 무례한 말에도 분개하지 않는다.
왜냐하면 자기의 보물과 기쁨을 무엇 하나도 잃어버리지 않을 하
늘에 두었기 때문이다.

10 육체는 탐욕스러워 주는 것보다도 받는 것을 좋아하고, 자기만의
소유물을 좋아한다. 그렇지만 하나님의 은총은 남을 사랑하고, 타
인에게 자기의 것을 나누어 주며, 눈에 띄는 일을 피하고, 적은 것
으로서 만족하며, 받는 것보다도 주는 편이 행복하다고 생각한다
(사도행전 20:35).

11 육체는 피조물과 자기의 허영과 유흥을 좋아한다, 그렇지만 하나
님의 은총은 하나님과 덕을 향하며, 피조물을 버리고, 세상을 떠
나서 육욕을 싫어하며, 방심을 억제하고, 사람들의 앞에 나서는
것을 좋아하지 않는다.

12 육체는 감각의 쾌락이 되는 세속의 위로를 찾아서 구한다. 그렇지
만 하나님의 은총은 하나님에게만 위로를 구하고, 이 세상의 모든
것을 초월하여 최고의 선을 즐거움으로 삼는다.

13 육체는 만사를 자기의 이익을 위해서 행하며, 무보수로써 봉사하
는 것을 싫어하고, 행한 일에 상당하는 아니 그 이상의 이익이나
칭찬이나 보답을 얻으려고 할 뿐만 아니라 자기의 행위나 은혜가
존중받기를 원한다. 그렇지만 하나님의 은총은 이 세상의 것을 아

무것도 구하지 않고, 하나님 이외의 어떤 보답도 요구하지 않는다. 생활하는 데 필요한 것일지라도 영원한 보수에 쓸모가 있는 것만을 구한다.

14  육체는 많은 친구나 지기를 가지려고 하고, 가문이나 혈통을 뽐내며, 권력에 아첨하고, 부에 추종하며, 자기와 닮은 사람을 칭찬해 올린다.
그렇지만 하나님의 은총은 적마저도 사랑하며, 많은 친구를 가지고 있더라도 자랑하지 않고, 덕이 동반하지 않는 한 가문이나 혈통을 중시하지 않으며, 부자보다도 가난한 사람에게 호의를 가지고, 아첨하는 사람보다도 진실한 사람을 기꺼이 맞이하여서 한층 더 완전한 덕으로 나아간다(고린도전서 12:31). 그리고 점점 더 하나님의 아들을 닮으려고 하며, 항상 좋은 사람들에게로 나아간다.

15  육체는 부족한 것이나 번거로운 것에 곧 불평을 나타내지만, 그러나 하나님의 은총은 인내심 강하게 결핍을 참아 낸다.

16  육체는 자기 하나의 이익에 모든 것을 돌리고, 자기를 위해서 싸우며, 자기를 위해서 논의한다. 그렇지만 하나님의 은총은 본원인 하나님에게로 모든 것을 돌리고, 선행을 일체 자기에게로 돌리지 않으며, 자부하여 과신하지 않고, 다투지 않으며, 자기의 의견이 가장 뛰어나 있다고 생각하지 않을 뿐만 아니라 자기가 생각하고, 그리고 이해하는 일을 모두 영원한 지혜와 그 판단에 따르게 한다.

17  육체는 비밀을 탐색하고, 새로운 것을 들으려 하며, 밖으로 자기

  3장  충실한 영혼에게 말하는 그리스도의 다정한 대화

를 과시하고, 감각에 의해서 많은 경험을 얻으려고 하며, 자기의 명성과 칭찬을 올리려고 하는 일에 작용하려고 한다. 그렇지만 하나님의 은총은 새로운 일이나 진귀한 일을 무시한다.

이 세상에서 일어나는 일은 과거에 일어났던 일의 변형에 지나지 않을 뿐이며, 진실로 새로운 일이나 영원히 계속되는 일은 없기 때문이다. 그렇지만 하나님의 은총은 감각을 억제하고, 허영심과 자랑삼아 내보이는 일을 피하며, 칭찬과 감탄할 가치가 있는 것을 덮어서 감추고, 모든 지식으로부터 하나님의 영광과 칭찬이 될 것만을 구하라고 가르친다.

하나님의 은총은 자기 자신, 혹은 거기에서 나오는 것이 칭찬받기를 바라지 않고, 무상으로 모두를 주는 하나님의 은혜만이 칭찬받기를 바란다.

18  하나님의 은총은 초자연적인 빛, 하나님의 특별한 선물이며, 선택된 자의 표시, 영원한 구원의 보증이다. 또한 그것은 지상으로부터 하늘에 대한 사랑으로 인간을 밀어 올려 주고, 육체의 것으로부터 영의 것으로 바뀌게 한다. 즉 육체에 이기면 이길수록 하나님의 은총은 커지고, 나날의 새로운 방문에 의해서 내적인 인간이 하나님의 본을 따라서 완성되어 가는 것이다.

# 육체의 타락과
# 하나님의 은총의
# 효과에 대하여

1 「주 하나님, 나를 당신을 본 따서 만들어 주신 하나님, 구원에 필요
한 위대한 것이라고 내보이신 그 은총을 수여해 주십시오.

죄와 멸망으로 끌려가는 이 더러워진 육체를 이기기 위해서입니
다. 나의 육체 속에는 정신의 법칙에 반대하여 감각에 복종시키려
는 죄의 법칙(로마서 7:23)이 있습니다. 나의 마음에 부어 주는 지상(至
上)의 은총에 보호받지 않으면 나는 육체의 욕망에 저항할 수 없습
니다.

 3장  충실한 영혼에게 말하는 그리스도의 다정한 대화

2    악으로 기울어지는 육체를 이기기 위해서는 당신의 은혜, 위대한
은총이 필요합니다. 인간의 본성은 인간의 조상 아담에 의해서 타
락되고, 이후에 죄에 의해서 더러워졌으며, 그 더러워진 벌은 전
인류에게 스며들었습니다. 이렇게 하여 당신이 선한 것, 더러워지
지 않은 것으로 만드신 사람의 본성은 악으로 되고, 더러워진 육
체로 되었습니다. 육체의 욕망을 그대로 두면 인간은 악과 속세로
끌려갑니다. 그렇지만 잿더미에 덮여 감추어진 작은 불씨처럼 자
그마한 능력과 선으로 향한 기질이 아직도 인간의 본성에는 남아
있습니다. 그 불은 인간의 이성입니다. 그것은 어둠과 무지에 둘
러싸여 있습니다. 그럼에도 불구하고 그것은 선악을 구별할 수 있
고, 참과 거짓을 구분할 수도 있지만, 그러나 선으로 간주되는 일
을 끝까지 실행하지 못하며, 진리에 찬 빛도 없고, 마음의 애정도
건전하지 못합니다.


3    그러므로 하나님, 나는 영의 사람(로마서 7:22)을 따를 때에 당신의 법
을 기뻐하며, 당신의 법도가 선이고, 의이며, 성스럽다는 것을 알
아서 모든 악과 죄를 피하지 않으면 안 된다는 것을 알았습니다.
그러나 불행하게도 나의 육체는 죄의 법에 따르고, 이성보다도 탐
욕에 끌려갑니다. 악보다도 선을 행하고 싶다는 의지는 있어도 그
것을 실행할 힘이 없는 것입니다(로마서 7:18). 여러 가지 선한 일을
하려고 각오는 하고 있지만 약함을 도와줄 은총이 없으므로 최초
의 방해에 져서 물러나고, 실망하여 쓰러집니다. 마찬가지로 나는
완전한 덕의 길을 알고, 실행해야 할 것도 알고 있지만 타락된 육
체의 무게에 눌려서 완전한 것에 오르지 못합니다.

4   아 주님, 선을 행하고, 권장하며, 그것을 완성시키기 위해서 나에게 있어서 얼마만큼의 하나님의 은총이 필요합니까? 그것이 없으면 나에게는 아무 일도 할 수 없습니다(요한복음15:5). 하지만 하나님의 은총에 의해서 힘을 얻으면 나에게는 무슨 일도 할 수 있습니다. 실로 하나님의 은총이야말로 하늘의 것입니다.

그것이 없으면 우리들의 공덕은 없고, 그것이 없으면 자연의 어떤 선물도 무가치합니다. 주님, 그것이 없으면 예술도, 부도, 선도, 강함도, 재능도, 웅변도 헛된 것입니다. 자연 본래의 선물은 사람들의 선의에 관계없이 주어지지만 하나님의 은총은 선택된 사람에게 주어지는 특별한 선물입니다. 하나님의 은총은 총애의 표시이며, 이것을 가지면 인간은 영원한 생명으로 맞아들여집니다. 하나님의 은총은 참으로 뛰어난 것으로서 그것 없이는 예언의 능력도 기적도, 숭고한 묵상도 무가치한 것과 마찬가지입니다.

그뿐만 아니라 신앙의 덕도, 소망의 덕도 그 밖의 모든 덕도 애덕과 은총을 수반하지 않으면 당신에게 받아들여지지 않습니다.


5   마음이 가난한 자를 덕으로 부유케 하고, 재산이 있는 자를 마음이 가난한 자로 만들 수 있는 하나님의 고귀한 은총이여, 나의 마음에 내려와 주십시오. 나의 영혼이 피곤하고 따분하여 넘어져 버리지 않도록 당신의 위로로써 나를 채워 주십시오. 주님, 당신에게 받아들여지는 사람으로 만들어 주십시오. 나의 육체가 다른 어떤 소망을 거절당했다고 하더라도 나에게는 하나님의 은총만으로 충분합니다(고린도후서 12:9). 유혹되고, 환난 속에 있더라도 그것만 있으면 나는 어떤 재앙도 두려워하지 않습니다. 하나님의 은총은 나의 힘이며, 나에게 충고해 주고, 힘을 주는 것입니다. 어떤 적보다도

    3장 충실한 영혼에게 말하는 그리스도의 다정한 대화

강하고, 이 세상의 어떤 지혜로운 사람보다도 현명한 것입니다.

6  하나님의 은총은 진리의 스승, 규율의 근본, 마음의 빛, 번뇌의 해소이며, 슬픔을 쫓아내고, 두려움을 물리치며, 신심을 기르고, 죄를 울게 합니다.
그것이 없으면 나는 내던져진 무용한 고목(枯木), 마른 풀에 지나지 않습니다. 주님, 하나님의 은총을 항상 나의 앞에 세워서 나에게 동반하게 하여 선행을 하도록 하여 주십시오. 내가 죽는 날까지 그렇게 되기를 바랍니다.」

# 자기를 버리고
# 십자가를 지고서
# 그리스도에게 따르라

1 「아들아, 그대는 자기를 버리면 버릴수록 나와 친하게 일치된다,
외부에 아무것도 바라지 않으면 마음의 평화를 얻는 것처럼 자기
로부터 이탈하면 하나님과의 일치를 얻을 수 있다. 자기 자신의 완
전한 포기와 아무런 불평도 없이 하나님의 뜻에 의탁하기를 나는
바란다. 나에게 따르라(마태복음 9:9) 나는 길이요, 진리요, 생명이다
(요한복음 14:6). 길이 없으면 걸을 수 없고, 진리가 없으면 아는 것이
없으며, 생명이 없으면 살 수가 없다. 나는 그대가 걸어야 할 길이
며, 믿어야 할 진리이고, 희망해야 할 생명이다. 나는 헤맬 필요가

    3장  충실한 영혼에게 말하는 그리스도의 다정한 대화

없는 길이며, 속일 수 없는 진리이고, 끝이 없는 생명이다. 나는 똑바른 길이요, 최고의 진리이며, 참다운 생명, 행복한 생명, 영원한 생명이다. 나의 길에 머물면 그대는 진리를 알고, 진리가 그대를 해방시켜(요한복음 8:32), 영원한 생명을 얻게 할 것이다.

2  생명에 들어가려고 생각한다면 나의 계명을 지켜라(마태복음 19:17). 진리를 알기 바란다면 나를 믿어라. 완전한 덕에 달하기를 바란다면 가진 것을 모두 팔아라(마태복음 19:21). 나의 제자가 되려면 자기를 버려라(누가복음 9:23, 14:27; 마태복음 16:24). 영원한 생명을 얻고 싶다면 현재의 생명을 무시하여라. 하늘에서 높아지기를 원한다면 이 세상에서 작은 사람이 되어라. 나와 함께 하늘나라에 들어가기를 바란다면 나의 십자가를 져라. 실로 십자가의 종만이 행복과 참다운 빛의 길을 발견하게 되는 것이다.

3  예수여, 그대가 걸어온 길은 세상의 경멸을 받고 있는 좁은 길이지만, 나도 그것을 걷고, 세상의 경멸을 받으며, 그대를 본받는 자가 되고 싶다. 실로 '제자는 선생 이상의 것이 아니고, 종은 주인 이상의 것이 아니다'(마태복음 10:24). 그대의 종은 구원을 얻기 위해서 그대의 생활을 본받아 수행(修行)을 한다. 읽는 것도, 듣는 것도, 나에게 그대의 일을 말해 주지 않는 자는 나를 위로하지 못하고, 충분히 기쁘게 하지 못하는 것이다.」

4  「아들아, 그대는 이상의 것들을 깨달았으므로 그것을 실행하면 행복해진다. '나의 계명을 지키는 자는 나를 사랑하는 자이다. 나는 나를 사랑하는 자를 사랑하여 그에게 나를 나타내리라'(요한복음

14:21), '그리고 그를 나와 함께 아버지의 나라에 앉게 할 것이다'(요한
계시록 3:21).

5    주 예수님, 말씀하신 대로, 약속하신 대로 되도록 나는 당신으로
부터 십자가를 받았습니다. 확실히 주의 손으로부터 받았습니다.
그리고 명령하신 대로 그것을 최후까지 지고 갈 작정입니다. 좋은
수도자의 생활은 십자가이지만, 동시에 천국으로 가는 길이기도
합니다. 우리들은 일을 시작하였으므로 물러설 수도, 길을 바꾸는
일도 허용되지 않습니다.

6    그러므로 형제들이여, 분발하여 함께 나아갑시다. 예수님은 우리
들과 함께 계십니다. 우리들은 예수를 위해서 이 십자가를 졌으므
로 예수와 함께 계속 지고 갑니다. 안내자이고, 선도자이신 분은
동시에 도움을 주시는 분이기도 합니다. 왕이 선두에 서서 나아가
며 우리들을 위해서 싸워 주십니다. 용감하게 그리스도를 따르자.
누구도 두려워해서는 안 된다. 싸워서 용감하게 죽을 각오를 하
자. 그리고 십자가를 버려서 영광을 더럽히는 일이 없도록(외경 마카
베오상 9;10).」

    3장  충실한 영혼에게 말하는 그리스도의 다정한 대화

# 과오를 범하더라도
# 너무 낙담해서는 안 된다

1 「아들아, 불행할 때의 인내와 겸손은 행운일 때의 위로와 신심보다
도 나를 기쁘게 한다. 그대에 관해서 말한, 혹은 취해진 사소한 일
때문에 어째서 그처럼 슬퍼하는가?

그대는 그 때문에 마음이 소란해져서는 안 된다. 그러나 지금은 그
러한 일들을 간과해 버려라. 그것은 처음 일어나는 일도, 드물게
일어나는 일도 아니며, 오래 살면 최후로 일어나는 일도 아니다.
자기가 바라는 것에 반하는 일이 일어나지 않으면 그대는 자기가
약하지 않다고 생각하게 된다. 그럴 때에는 타인에게 유익한 진언
도 하고, 타인으로 하여금 힘을 내게 할 수 있는 말도 알고 있다.
그렇지만 돌연 문간에 환난이 찾아오면 앞서의 진언과 강력함은

사라져 버린다. 작은 환난의 때에도 곧잘 경험하는 자기의 약함을
고려하자. 즉 그러한 일이 일어나는 것도 그대의 영적인 구원을 위
해서이다. 그러한 때에는 십자가상의 나의 고통을 생각해 내고,
불행에 있어서도 낙담하지 말며, 오래도록 그것에 갇혀 있지 않도
록 정신을 차려야 한다. 기꺼이 하는 일이 되지 않는다면 그런대로
인내하여 불행을 피하여라. 귀에 거슬리는 일이 있더라도, 또 노
여움이 일어나더라도 자신을 억제하여 연령이나 신분이 그대보다
도 아래에 있는 사람들을 좌절케 하는 말을 내뱉지 않도록 주의하
자. 그대의 마음에 일어났던 폭풍우는 곧 조용해진다. 그리고 내
부의 괴로움은 하나님의 은총에 의해서 누그러지게 될 것이다.


2  주인 나는 언제나 그대의 곁에 있으니(이사야 49:18) 나를 신뢰하고,
경건하게 기원하면 나는 언제나 그대를 도우고, 평소보다도 풍부
하게 위로할 작정이다.


3  마음을 안정시키고, 커다란 시련을 감당할 마음의 준비를 하자.
고민과 유혹을 느끼더라도 만사가 끝난 것이 아니라고 생각하라.
그대는 신이 아닌 인간이다. 천사가 아니고, 육신이다. 하늘에 있
어서의 천사, 낙원에 있어서의 인간의 조상마저도 불가능했던 일
인데 어떻게 그대가 덕에 머무를 수가 있을까? 인간을 회복시키
고, 슬퍼하는 사람들에게 기쁨을 주는(욥기 5:11) 것은 나이다. 약함
을 자인하는 자를 신성(神性)에 관여케 하는 것은 나이다.


4  「주님, 당신의 신성한 말씀이 찬송받으시기를 원합니다. 주의 말
씀은 나의 입에 꿀과 송이 꿀보다 더 달콤합니다(시편 19:10). 이처럼

   3장 충실한 영혼에게 말하는 그리스도의 다정한 대화

환난과 시련 속에 있는 나를 그 말씀으로 위로해 주시지 않았다면
나는 어떻게 되었을까요? 구원의 항구에 당도할 수만 있다면 어떠
한 괴로움을 감내하더라도 그것이 무엇이겠습니까?
주님, 좋은 최후를 나에게 주십시오. 나를 이 세상에서 편안하게
살게 하여 주십시오. 나의 하나님, 나를 잊지 말아 주십시오. 참되
고 바른 길을 통하여 나를 주의 나라로 인도하여 주십시오. 아멘.」

# 사람들은 하나님의 심판에 대하여 함부로 탐색해서는 안 된다

1 「아들아, 그 심원하고, 은밀한 하나님의 심판에 대해서 논의하는 일을 피하자. 하나님의 지혜는 헤아릴 수 없기 때문이다. 왜 이 사람은 이처럼 하나님의 은혜로부터 버림받고 있는 것일까? 왜 저 사람은 저렇게 은총을 받고 있는 것일까? 이 사람은 받고, 저 사람은 왜 저렇게 중시(重視)되고 있는 것일까? 등등으로 천착해서는 안 된다. 이것들은 모두 인간의 이해를 초월한 것들이다. 하나님의 뜻을 탐색하기에는 어떤 지혜도, 논의도 미치지 못한다.

   3장 충실한 영혼에게 말하는 그리스도의 다정한 대화

따라서 적인 악마가 그러한 것들을 그대에게 넌지시 비추거나 혹은 호기심 많은 사람들이 물어 오더라도 예언자의 말을 빌어서 이렇게 대답하라. '주여, 당신은 정의이며, 당신의 판단은 바릅니다'(시편 119:137)라고, 그리고 또 '하나님의 심판은 진실이므로 사람들의 변명을 필요로 하지 않는다'(시편 19:10)라고. 나의 심판은 논할 것이 아니라 두려워해야 할 것이다. 그것은 사람들의 지혜가 미치지 못하는 것이기 때문이다(로마서 10:3).

2　또한 성인의 공덕에 관해서도 어떤 성인이 뛰어났는가? 하나님의 나라에 있어서 어떤 성인이 한층 높은 것인가 따위로 탐색할 것도 아니고, 논할 것도 아니다. 이러한 논의는 싸움이나 무용한 논쟁을 불러일으켜서 교만과 허영심을 재촉하며, 여기에서 질투와 불화가 생겨난다. 어떤 사람이 이성인의 높음을 지지하면 어떤 사람은 다른 성인을 칭찬하게 된다. 그것을 알며, 탐색하려고 하는 것은 아무런 효과도 없을 뿐만 아니라 도리어 성인들을 불쾌하게 만드는 것이다. 나는 불화의 하나님이 아니라 평화의 하나님이다(고린도전서 14:33). 이 평화는 자기의 의견을 고집할 것이 아니라 참다운 겸손함에 있다.

3　어떤 사람은 열성적인 신앙심에 의해서 이 사람, 저 사람의 성인을 사모한다. 그러나 이 애모는 하나님으로부터의 것이 아니라 오히려 인간적인 것이다. 성인들을 만든 것은 나이다. 내가 그들에게 은혜를 주고, 영광에 관여하게 했다. 나는 각자의 공덕을 알고, 앞서서 나의 기쁜 축복(시편 21:3)을 주었다. 나는 사랑하는 자를 영원부터 알고 있었다. 그리고 세상 속으로부터 그들을 은총을 주어서 불러내었다. 그들의 편에서 나를 택한 것이 아니다(요한복음 15:16,

19). 나는 그들을 은총에 의해서 불러내고, 자비에 의해서 끌어당겼다. 나는 여러 가지 유혹을 통하여 그들을 영원한 구원으로 이끌고, 뛰어난 위로를 주었으며, 불굴의 의지를 부어 주고, 그 인내에 명예로운 관을 씌워 주었다.

4　나는 그들 가운데서 일등인 자도, 말석인 자도 알고 있으며, 한없는 사랑을 가지고 그들을 품어 안는다. 모든 성인들에게 있어서 칭찬할 수 있는 것은 나뿐이다. 나는 무엇보다도 앞서 그들 각자로부터 축하받고, 칭송받아야 할 것이다. 그들이 공덕을 쌓기 전에 나는 그들을 영광에 올리고, 영광의 지위를 예정했다. 그러므로 나의 작은 자 한 사람을 경멸하면 큰 자도 숭배하지 않는 것으로 된다. 작은 성인도, 큰 성인도 내가 만들었다(외경 지혜서 6:7). 그리고 어떤 성인에게 주어야 할 칭찬을 주지 않는 자는 하늘나라에 있는 다른 성인도, 나도 고귀하게 생각하지 않는 자이다. 그들은 사랑의 결속으로 하나가 되고, 같은 감정과 같은 의지를 가지고 서로 사랑한다.

5　또한 그들은 이것이 가장 뛰어난 일이지만, 자기와 자신의 공덕에 의하는 것 이상으로 나를 사랑하고 있다. 그들은 자기에 대한 사랑을 초월하여 나에 대한 사랑을 가지고, 이 사랑에서 기쁨과 휴식을 맛보고 있다. 그들을 나로부터 떼어 놓는 것은 무엇 하나도 있을 수 없다. 영원한 진리에 찬 그들은 다함이 없는 애덕의 불로 타고 있다. 그러므로 자기 자신의 즐거움을 사랑하는 일밖에 모르는 육신의 사람, 관능의 사람은 성인들의 상태에 관해서 논의할 자격이 없다. 이 사람들은 영원한 진리에 적합하지 않을 뿐만 아니라 자기 자신의 기호에 의해서 성인들을 혹은 부정하고, 혹은 긍정한다.

　　　　3장 충실한 영혼에게 말하는 그리스도의 다정한 대화

6   이러한 사람들, 특히 하늘의 비춤을 별로 받지 않고, 완전한 영적
인 사랑을 가지고 사랑할 줄을 모르는 사람들은 무지에 의해서 이
야기한다. 그들은 본능적인 애정이나 인간적인 우정에 의하여 이
래저래 성인들을 사모하고, 하늘의 일이 지상의 일과 마찬가지로
행해지고 있다고 생각하고 있다. 그러나 불완전한 인간이 생각하
는 것과 하늘의 비춤을 받은 사람이 생각하는 것 사이에는 비교도
할 수 없는 간격이 있다.

7   따라서 나의 아들아, 그대의 이해가 미치지 않는 이러한 일들을 호
기심에 차서 탐색하는 일을 그만두자. 오히려 그대가 하나님 나라
에서 하다못해 말석에라도 참석할 수 있도록 유념하자. 하늘에 있
어서 어떤 성인이 가장 뛰어나 있는가를 아는 사람이 있다고 하더
라도 그 지식을 위해서 나의 앞에서 겸손해지고, 깊이 내 이름을
찬미하지 않는다면 그 지식이 아무런 쓸모도 없다. 요컨대 자기의
죄가 크고, 덕이 적으며, 자기의 덕이 성인들과 어느 정도의 격차
가 있는가를 반성하는 사람은 성인들의 누가 크고, 누가 작은가를
논의하는 사람보다도 훨씬 더 하나님을 기쁘게 한다. 무익한 탐구
를 하여 성인들의 비밀을 탐색하기보다도 경건한 기도와 눈물 속
에서 성인들의 영접을 바라는 일이야말로 유익한 일이다.

8   사람들이 논의를 피하면 그것은 성인들을 한층 기쁘게 하는 일이
다. 성인들은 자기의 공덕을 자랑하지 않고, 어떠한 선도 자기에
게 돌리지 않으며, 모두를 나에게로 돌린다. 나는 무한한 사랑으
로써 그것들 모두를 그들에게 주었다. 그들은 하나님의 사랑에 차
서 풍성한 기쁨에 넘치고, 그 영광에도, 그 행복에도 무엇 하나 부

족함이 없다. 어떤 성인도 영광의 높이에 이르러 있으면 이르러 있을수록 겸손해지고, 나에게 가까이 오며, 나로부터 사랑받는다. 그러므로 '성인들은 자기의 명예로운 관을 하나님 앞에 두고, 어린 양(예수님) 앞에 엎드려서 세세토록 살아 계시는 분을 예배하였다'(요한계시록 4:10)라고 적혀 있는 것을 그대는 읽었을 것이다.

9  어떤 사람은 하늘나라에서 누가 가장 높은지를 탐색하려고 하지만, 그 자신은 가장 작은 자 속의 한 사람으로조차도 헤아려질지 어떨지? 하늘에서 가장 말석에 있는 것조차도 위대한 것이다. 왜냐하면 거기에는 모두가 위대한 것이며, 모두가 하나님의 아들이라 일컬어지고(마태복음 5:9) 사실로 그러하기 때문이다. 죄인으로 백세까지 살더라도 영원한 죽음을 받고, 어려서 죽더라도 하늘에 있어서는 천 명의 성인에 들어가는 자도 있다. 그래서 제자들이 물었을 때 '너희가 돌이켜 어린 아이들과 같이 되지 아니하면 결단코 천국에 들어가지 못하리라. 누구든지 이 어린아이와 같이 자기를 낮추는 사람이 천국에서 큰 자니라'(마태복음 18:3~4)라고 대답했다.

10  스스로 자진해서 어린아이와 같이 자기를 낮추기를 좋아하지 않는 자는 화가 있다. 하늘나라의 문은 낮아서 그들은 들어가지 못한다. 또한 이 세상에서 모든 즐거움을 가진 부자도 화근이 된다. 가난한 자는 하나님의 나라에 들어갔는데도 그들은 밖에 남아서 한탄하고 슬퍼한다. 겸손한 자여, 기뻐하라. 가난한 자여, 기뻐하라. 하나님의 나라는 그대들의 것이다. 그대들이 진리의 길을 계속 걸어간다면.」

       3장 충실한 영혼에게 말하는 그리스도의 다정한 대화

1 「주님, 이 세상에서의 신뢰를 어디에 둘까요? 이 세상에 있는 것 중에서 나의 위로가 되는 것은 어디에 있는 것입니까? 무한한 자비이신 주 하나님 이외의 어디에 있겠습니까? 당신 없이 내가 어떤 좋은 일을 할 수 있을까요? 또한 당신과 함께 있으면서 없는 것이 있었습니까? 나는 당신 없이 부자가 되는 것보다도 당신과 함께 가난하게 되는 것을 원합니다. 나는 당신 없이 하늘을 가지는 것보다도 당신과 함께 이 세상을 계속 걸어가기를 바랍니다. 당신

이 오시는 곳에는 하늘이 있고, 당신이 오시지 않는 곳에는 죽음과 지옥이 있습니다. 당신은 내가 간절히 바라는 것입니다. 그러므로 당신을 불러 구하며, 슬피 외치면서 걸어가야만 합니다. 나에게 필요할 때에 하나님인 당신 이외의 누구에게 신뢰를 가지고 조력을 바랄 수 있겠습니까? 당신은 나의 희망(시편 141:6), 나의 신뢰, 만사에 있어서 나의 위안입니다.

2    사람들은 모두 자기의 이익을 구합니다(빌립보서 2:21). 그러나 당신만은 나의 구원과 영적 진보만을 바라서 나의 이익을 위해 만사를 헤아려 주십니다. 당신은 항상 사랑하는 것에 시도를 보내도록 해 주십니다. 그 시련 때에도 하늘의 위로로써 나를 채워 주실 때와 마찬가지로 당신은 사랑받고, 칭송받으시기를.

3    사랑하는 주 하나님, 당신에게 기댈 곳과 신뢰를 두게 하여 당신에게 나의 불행과 환난을 바쳐 올리게 하여 주십시오. 당신 이외의 것은 어느 것이나 약하고, 허무한 것임을 나는 알고 있습니다. 주님, 당신이 나를 보호하고, 도와주며, 위로하고, 강하게 하며, 인도해 주시지 않으면 친구가 많이 있다고 하더라도 아무런 쓸모도 없고, 유력한 후원자도 도움이 안 되며, 현명한 충고자의 권유도 효과가 없습니다. 뿐만 아니라 학자의 저서도 위로가 되지 않고, 어떤 귀중한 것에도 구원받지 못하며, 어떤 피난처도 안전하지 못합니다.

4    평안과 행복을 가져올 것처럼 생각되는 것도 당신이 오셔 주시지 않으면 무와 마찬가지로 나를 행복하게 해 주지 못합니다. 당신은

    3장  충실한 영혼에게 말하는 그리스도의 다정한 대화

모든 선의 목적이며, 생명의 고귀함이고, 가르침의 심연입니다.
무엇보다도 당신에게 의지하는 일이야말로 종의 깊은 위안입니
다. 나는 당신을 우러러봅니다(시편 141:8). 나의 하나님, 자비의 아
버지시요(고린도후서 1:3), 나는 당신에게 부탁합니다(시편 24:2).

5 하늘의 축복으로써 나의 영혼을 축복하고, 성스럽게 하여 주십시
오. 내가 당신의 거처나 영원한 영광의 자리가 되도록 신성한 이
주거에 위엄을 훼손시키는 것이 무엇 하나도 없도록 위대한 자비
와 한없는 긍휼로써 나를 돌보아 주십시오. 죽음의 그림자가 있는
땅을 멀리 방랑하고 있는 불쌍한 종의 기도를 받아들여서 이 덧없
는 세상의 수많은 위험 속에서 당신의 작은 종의 영혼을 지키고,
보호하여 주십시오. 이렇게 하여 당신의 은총으로써 영원한 광명
의 나라에 이르는 평화의 길로 인도하여 주십시오. 아멘.」

# 4장

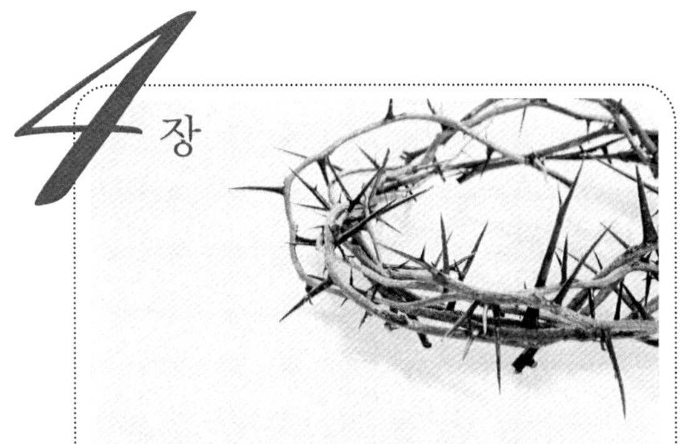

# 성례전에 정중하게 임해야

**그리스도의 말씀**

「수고하고 무거운 짐 진 자들아 다 내게로 오라. 내가 너희를 쉬게 하리라.」(마태복음 11:28)라고 주는 말씀하신다. 「내가 줄 떡은 세상의 생명을 위한 내 살이니라.」(요한복음 6:51) 「이것은 너희를 위하는 내 몸이니 이것을 행하여 나를 기념하라.」(고린도전서 11:24) 「내 살을 먹고 내 피를 마시는 자는 내 안에 거하고, 나도 그의 안에 거한다.」(요한복음 6:56) 「내가 너희에게 이를 말은 영이요 생명이다.」(요한복음 6:63)

# 얼마나 공손하게 그리스도를 받아야 하는가?

1 「이것들은 같은 때에 말한 것도 아니고, 또한 같은 장소에서 말한 것도 아니지만, 어느 것이나 영원한 진리인 그리스도의 말씀이시다. 그것은 당신의 진실한 말씀이시므로 나는 그것을 충실하고 진실된 마음으로써 받아야 합니다. 그것은 나의 구원을 위해서 하신 말씀이므로 또한 나의 말이기도 합니다. 나는 기꺼이 그것을 당신으로부터 받아서 깊이 나의 마음에 새겨 두겠습니다. 인자와 기쁨과 사랑에 찬 말씀은 나를 격려해 줍니다. 그러나 나의 죄는 나를 두렵게 하고, 더럽혀진 양심은 이 고귀하고 심오한 뜻의 이해를 방해합니다. 말씀의 감미로움은 나를 끌어당기지만, 그러나 나는 엄청나게 많은 악에 짓눌려 있습니다.

2 당신과 함께 유산을 받기 위해서 신뢰를 가지고 가까이 오라고 당신은 명령하셨습니다. 영원한 생명과 영광을 얻기 바란다면 불멸의 식량을 받자고 당신은 나에게 권고합니다. 「수고하고 무거운 짐진 자들아 다 내게로 오라. 내가 너희를 쉬게 하리라」(마태복음 11:28)라고 말씀하십니다. 주 하나님, 부족한 자, 가난한 자에게 성스러

운 몸을 받게 하려고 불러 주시는 그 말씀은 죄인의 몸에 실로 고마운 일입니다. 그런데도 감히 당신에게 가까이 가려고 하는 나는 누구이겠습니까? 하늘의 광대함도 당신을 들이기에 부족한데 그러한 당신이 「나에게 가까이 오라」고 말씀하시는 것입니까!

3    자비 깊은 관용과 사랑에 찬 초대는 무슨 의미입니까? 나는 무엇 하나도 선을 행한 기억이 없는데 어떻게 당신에게 가까이 갈 수가 있습니까? 당신에게 있어서 때때로 죄를 범했는데 어떻게 당신을 나의 주거에 들어오게 할 수 있을까요! 천사와 대천사가 당신 앞에서 두려워하고 황공해하며, 성인들도 당신 앞에서 황공해서 부들부들 떨고 있는데, 그러한 당신이 나를 향해서 「가까이 오라」고 말씀하시는 것입니까? 당신이 하신 말씀이 아니면 누가 그것을 믿을까요? 당신의 명령이 아니라면 누가 감히 가까이 가겠습니까?

4    의인(義人) 노아는 소수의 사람들과 함께 구원받기 위해서 백 년이나 걸려서 방주(方舟)를 만들었습니다. 그런데도 나는 한 시간 만에 적당히 공손하게 전우주의 창조주를 받으려고 합니다. 위대한 종이며, 당신이 특히 사랑받던 친구인 모세는 율법의 판(板)을 넣기 위해서 귀한 나무를 사용하여 성궤를 만들고, 그것을 순금으로써 뒤덮었습니다. 그런데도 비참한 인간에 지나지 않는 나는 최고의 입법자이며, 생명의 본원인 당신을 이처럼 용이하게 받으려고 하는 것일까요? 이스라엘의 모든 왕 가운데서 지혜가 뛰어난 솔로몬은 하나님을 우러르기 위해서 웅장하고도 화려한 신전을 7년 걸려서 짓고, 8일간 봉헌을 축하하였으며, 평화의 희생양을 일천 두 바치고, 나팔 소리와 환호 속에서 계약의 궤를 정한 장소에 장엄하게

    4장  성례전에 정중하게 임해야

안치하였던 것입니다. 그런데도 단 반 시간조차도 경건하게 준비
하지 않았던 내가 아아, 반 시간이 아니더라도 하다못해 몇 분 동
안이라도 적당한 준비를 하고 싶은 것이다 인간들 가운데서도 가
장 가난하고 불쌍한 내가 어떻게 당신을 이 주거에 맞아들일 수 있
겠습니까?

5  나의 하나님, 이러한 사람들은 당신을 기쁘게 하기 위해서 얼마만
큼 힘썼던 것일까요? 그런데도 내가 하는 것은 얼마나 적은 것일
까요! 당신을 받을 준비를 하는 데 얼마나 짧은 시간으로 끝내는
것일까요! 나에게는 완전하게 당신을 생각하는 때는 적고, 정신이
흩어지지 않을 때는 거의 없다고 해도 좋을 정도입니다. 그렇다고
하더라도 구원을 가져오는 당신의 신성이 오실 때에는 부적당한
생각을 모두 버리고, 어떤 피조물의 일도 잊어버리지 않으면 안 되
는 것입니다. 그때에 내가 받는 것은 하나의 천사가 아니라 천사들
의 주를 거처로 맞이할 수 있기 때문입니다.

6  실로 계약의 궤와 그 속의 고귀한 것과 지성인 몸과 그 한없는 성성
(聖性)과의 사이에는 커다란 간격이 있습니다. 미래의 전조였던 그
산 제물과 옛날의 산 제물의 실현인 당신 몸의 산 제물과의 사이에
는 어떤 격차가 있는 것입니까? 그런데도 왜 나는 예배해야 할 당
신 앞에서 이 이상 불타오르지 않는 것입니까? 옛날의 선조와 예
언자, 모든 군주, 전 국민은 깊은 경건함으로써 하나님을 예배하
였는데 왜 나는 성스러운 예전(천주교에서는 성사, 기독교에서는 세례와 성
찬. 새크라멘트)을 열심히 준비하려고 하지 않는 것일까요?

7  경건한 다윗왕은 그 옛날에 선조들에게 주어진 은혜를 생각하여 성궤 앞에서 열심히 춤을 추고, 악기를 만들게 하였으며, 시편을 저술하여 그것을 노래하게 하고, 자신도 때때로 성령의 충동을 받아 기쁨 속에서 수금을 연주하며 노래했습니다. 전심전력으로 하나님을 찬미하고, 나날이 소리를 맞추어서 하나님을 축하하고 칭송하라고 이스라엘 사람들에게 가르쳤습니다. 옛날에 그 정도의 경건함이 나타나서 계약의 궤 앞에 하나님에 대한 찬미가 올라가고 있었다면 그리스도 성체의 예전을 받을 때에 나에게, 그리고 모든 그리스도 신자의 마음에 마음으로부터 우러나는 경건과 열심히 없으면 안 되는 것입니다.

8  사람들은 성인의 유물을 보기 위해서 각지로 찾아다니며 그 공적을 듣고는 감탄하고, 장엄한 대성당을 눈을 부릅뜨고 바라보며, 비단과 황금으로 포장되어 있는 유골에 입을 맞춥니다. 그런데 여기 내 옆 제단 위에 참으로 성스러운 당신, 인류의 창조주이며, 천사들의 주인 하나님이 오셨습니다. 순례의 경우에는 때때로 인간적인 호기심과 새로운 것을 보고 싶은 바람에 목말라서 그 때문에 특히 경박한 행동으로 흐르기 쉬워 진실한 통회도 없고, 생활을 고치는 효과도 생겨나지 않습니다. 그러나 이 제단의 예전에서는 당신이 그대로 하나님으로서, 그리고 인간 그리스도 예수로서(디모데전서 2:5) 완전히 오십니다. 여기에서 적당한 경건함을 가지고 성체를 받으면 그때마다 영원한 구원으로 향한 풍성한 열매가 맺어집니다. 사람들은 경박, 호기심, 관능의 쾌락 때문에 이 성례전에 끌리지 않습니다. 거기에 끌려가는 것은 굳은 신앙, 뜨거운 희망, 진실한 애덕에 다름 아닙니다.

                    4장  성례전에 정중하게 임해야

9 온 우주를 만드신 주님, 숨겨진 하나님이여, 우리들에 대하여 하시는 일이 얼마나 놀라운 일인지요! 성찬에 있어서 자신을 내주게 되는 선택된 사람들에게 대하여 얼마만큼의 다정함과 긍휼을 나타내 주시는지요! 실로 그것은 우리들의 이해가 미치지 못하는 것으로서 당신을 사랑하는 사람들의 마음을 끌어당겨서 그 사랑을 불타오르게 합니다. 생애에 걸쳐서 회개에 힘쓰는 진실한 신자는 이 지극히 성스러운 성찬으로부터 신심의 위대한 은혜와 덕에 대한 사랑을 이해하게 되는 것입니다.

10 아, 성례전의 감탄할 만한 은밀한 은총이여! 그것은 그리스도의 충실한 제자만이 알 수 있는 것이며, 신앙이 없는 자, 죄의 노예가 되어 있는 자들은 경험할 수 없습니다. 이 성찬에 의해서 은총이 주어지고, 잃어버렸던 덕과 죄에 의해서 손상되었던 아름다움이 영혼으로 되돌아옵니다. 그 은총은 위대한 것이므로 받은 경건함이 차고 넘쳐서 마음뿐만 아니라 약한 몸조차도 힘이 솟는 것을 느낍니다.

11 그러나 우리들은 자신의 미적지근함과 태만함을 슬퍼하고, 한탄하지 않으면 안 됩니다. 우리들에게는 구원받는 사람들의 의지가 되며, 공덕인 그리스도를 받으려고 하는 진실로 우리들을 속죄하여 성스럽게 하고(고린도전서 1:30), 나그네인 우리들의 위안이며, 성인들의 영원한 기쁨입니다. 하늘을 기쁘게 하고, 전 세계를 구원하는 이 구원의 깊은 뜻을 많은 사람들이 무시하는 것은 슬픈 일입니다. 이 위대한 선물을 소중하게 여기지 않고, 나날이 그것을 받고 있으면서 거의 그것에 주의하지 않는 것은 인간의 맹목적인 마음과 고집스러움을 나타내고 있는 것입니다.

12 이 예전이 전 세계에서 단 한 곳, 다만 한 사람의 사제에 의해서 봉
헌된다면 하나님의 예전을 보려고 사람들은 그곳의 하나님의 사
제에게로 모여들 것입니다. 그러나 지금은 많은 사제가 있고, 많
은 곳에서 그리스도가 봉헌되고 있는 것은 성체가 전 세계에서 많
이 봉헌되면 봉헌될수록 인간에 대한 하나님의 사랑과 은총이 나
타나기 때문입니다.


13 성체와 보혈로써 가난한 방랑자인 우리들을 기르시고,「수고하고
무거운 짐 진 자들아 다 내게로 오라. 내가 너희를 쉬게 하리라」(마
태복음 11:28)라고 하는 말씀에 의해서 이 예전을 받으라고 초대하는
영원한 목자 예수 당신에게 감사드립니다.」

  

# 성체의 예전(禮典)에서
# 하나님의 인자하심과 사랑이
# 사람들에게 주어진다

1 「주님, 나는 당신의 인자하심과 자비하심을 신뢰하며, 병자로서는 의사, 굶주리고 목마른 자로서는 생명의 샘, 거지에게는 하늘의 왕, 하인으로서는 주인, 피조물로서는 창조주, 위로가 없는 자에게는 위로의 주님이신 당신에게로 다가갑니다. 그러나 당신 자신이 나의 곁으로 방문해 주시는 것입니까? 내가 무엇이관데 당신 자신을 나에게 주시는 것입니까? 나와 같은 죄인이 어떻게 당신 앞에 나서며, 당신이 어떻게 죄인 곁으로 오십니까? 당신은 종이

그러한 선물을 받을 가치가 없다는 것을 알고 계십니다.

나는 자신의 비참함을 고백하며, 당신의 자애로움을 시인하고, 그 측은지심을 칭찬하며, 그 사랑에 감사드립니다. 주님, 당신이 하시는 일은 나의 공덕에 의한 것이 아니라 다만 당신의 자비에 의한 것입니다. 그것은 당신의 자애로우심을 한층 더 나에게 알려서 나의 마음에 한층 더 사랑을 강화하고, 나의 겸손을 한층 더 깊게 하려는 것입니다. 따라서 그것은 하나님의 마음을 기쁘게 하는 것입니다. 나는 그렇게 하라고 명령하는 당신의 은총을 기뻐하며, 자신의 죄가 거기에 방해가 되지 않도록 한결같이 빌고 있습니다.

2  아, 자애로움으로 가득 찬 예수님, 우리들은 얼마만큼의 공손함, 얼마만큼의 감사, 어느 정도의 칭찬을 바치지 않으면 안 되는 것일까요? 당신은 인간들의 상상을 허용하지 않는 지고한 위엄을 갖추고 있는 몸을 우리들에게 받게 하여 주셨습니다. 우리들로서는 충분한 존경을 당신에게 바칠 수가 없습니다. 그런데 경건한 주님에게 다가갈 때, 그 성체를 받을 때에 무엇을 생각해야 하는 것입니까? 당신 앞에 무릎을 꿇고, 당신의 무한한 사랑을 칭찬하는 것 이상으로 유익하고, 좋은 생각이 있을까요? 하나님, 나는 당신을 칭찬하고, 영원한 찬미를 합니다. 깊이 겸손해 하며, 자신의 비참함을 생각하여 깨닫고, 전적으로 당신에게 복종합니다.

3  주님, 당신은 지성이신 분이시며, 나는 비참한 죄인입니다. 나는 당신에게 눈을 들고 볼 가치도 없는데 당신은 나의 쪽으로 구부려 살피십니다. 당신은 나에게 가까이 다가와서 나와 함께 있기를 바라고, 당신의 향연에 나를 초대해 주십니다. 당신은 하늘의 양식,

                    4장  성례전에 정중하게 임해야

천사의 빵을 나에게 먹게 하여 주십니다. 그 빵이란 당신 자신이
며, 하늘에서 내려와서 세상에 생명을 주는 살아 있는 떡인 것입니
다(요한복음 6:33, 51).

4   아, 하나님의 사랑의 샘물, 당신의 관용의 넓고, 깊음! 그러한 당신
을 어떻게 칭송하고, 어떻게 감사해야 좋을지요! 나의 하나님, 이
예전을 정한 것은 정말로 나의 구원을 위해서입니다! 자신을 양식
으로 주시는 이 잔치의 무어라 말할 수 없는 기쁨이여! 주님, 당신
의 하시는 일은 빛나며, 당신의 힘은 강하고, 당신의 진리는 깊습
니다! 당신이 말씀하시면 모두가 행해지며, 모든 것은 당신의 명령
대로 됩니다!

5   하나님이신 주님, 참다운 하나님, 참다운 사람인 당신이 빵과 포
도주의 작은 형색만을 차리고 오셨으니, 당신을 받아도 끝이 없다
고 하는 것은 그것이야말로 이상한 일, 믿을 수 없는 일, 사람들이
깨달을 수 없는 일입니다. 어떤 사람도 필요로 하지 않는 당신이
그 예전에 의해서 우리들과 함께 살겠다고 바라는 것입니다(외경 마
카베오하 14:35). 우주의 주님, 내가 깨끗하고 기쁨에 넘치는 마음으로
써 당신의 예전을 행하고, 당신이 주로서 그 영광의 불멸의 기념으
로 설정하신 예전을 나의 영원한 구원을 위해서 적합하게 받을 수
있도록 나의 마음과 몸을 더럽히지 않고 지니도록 하여 주십시오.

6   아, 나의 영혼아, 눈물의 골짜기에서 그대가 받는 이 고귀한 선물,
고마운 위로에 의해서 기뻐하며, 하나님에게 감사하자. 그대가 이
오의를 반복하고, 그리스도의 몸을 받을 때마다 그대는 자신의 구

원의 업을 행하고, 그리스도의 덕에 관여하게 되는 것이다. 실로 그리스도의 사랑은 줄어드는 일이 없고, 무한한 보상은 다함이 없다. 그러므로 항상 마음을 새롭게 하여 이 예전을 받을 준비를 하고, 이 구원의 오의를 깊이 명상하지 않으면 안 된다. 미사를 드리며, 미사라는 말을 들을 때마다 바로 이날이 그리스도가 처음으로 처녀의 태내에 오셔서 인간으로 되었다. 또한 바로 이날에 십자가에 달려서 인간을 구원하기 위해서 고통을 받았다고 생각하며, 이 오의의 위대함, 새로움, 기쁨을 되풀이하지 않으면 안 된다.

<h1 style="text-align:right">때때로<br>성체를 받는 것이<br>매우 유익하다</h1>

1  「주님, 당신의 은총을 받기 위해서, 또한 깊은 자비에 의해서 가난한 자를 위해 준비한(시편 68:10) 성스러운 잔치를 즐기기 위해서 나는 당신에게로 가까이 갑니다. 내가 바라는 것, 바라야 할 것은 모두 당신 안에 있습니다. 당신은 나의 구원, 나의 보상, 나의 희망, 나의 힘, 나의 명예, 나의 영광입니다. 오늘 당신의 종의 마음을 기쁘게 하여 주십시오. 주 예수님, 나는 당신에게 마음을 바칩니다(시편 86:4). 지금 나는 당신을 신심과 존경을 가지고 받고 싶어 하고

있습니다. 삭개오처럼 당신의 축복을 받고, 아브라함의 아들의 한 사람으로 헤아려지기 위해서 당신을 나의 주거로 맞이하고 싶습니다. 나의 영혼은 당신의 몸을 기다리고, 나의 마음은 당신과의 일치를 동경하고 있습니다.

2  주님, 당신 자신을 내주십시오. 그렇게 하면 나는 대만족입니다. 당신 이외에 진실한 위로는 없습니다. 나는 당신 없이는 있을 수 없고, 당신의 방문 없이는 살아갈 수 없습니다. 그러므로 나는 때때로 당신에게 가까이 가서 영원한 구원에 필요한 도움을 받기 위해서 당신을 받지 않으면 안 됩니다. 이 하늘의 양식이 없으면 나는 도중에서 쓰러져 버립니다. 자비 깊은 예수님, 당신은 군중에게 말씀하시며, 여러 가지 병을 고치시고 계실 때에 이렇게 말씀하셨습니다. '나는 그들을 길에서 기진할까 하여 굶겨 보내지 못하겠노라'(마태복음 15:32)라고. 신자들에게 위로하기 위해서 성예전에서 자신을 남겨 주신 것처럼 지금 나에게 대해서도 그렇게 하여 주십시오. 당신은 영혼의 양식입니다. 당신을 적합하게 받는 자는 영원한 영광에 관여하며, 그 후계자가 되는 것입니다. 죄에 쓰러져서 곧 실망하며, 힘이 떨어지는 나에게는 때때로의 기도와 고해와 그리고 성체를 받음으로써 자신을 새롭게 하고, 순수하게 하며, 불타오르게 할 필요가 있습니다. 오랫동안 당신을 받지 않고 있으면 이윽고 성스러운 결심을 잊어버리게 될 것입니다.

3  사람들은 감각에 의해서 어릴 때부터 악에 유혹되기 쉬운 것이다(창세기 8:21). 하나님의 약의 도움이 없으면 인간은 악에 기울어져 버립니다. 그러나 성찬식은 사람들을 그 악으로부터 멀어지게 하며,

     4장  성례전에 정중하게 임해야

좋은 길을 계속 가게 하기 위해서 격려하여 줍니다. 성찬식을 행하고, 미사를 드리는 지금도 나는 아직 의무를 게을리 하고, 냉담하므로 그 성스러운 약을 마시지 못하고, 그 위대한 도움을 구하지 않는다면 나는 어떻게 되는 것일까요? 나는 나날이 어울리게 당신을 받을 준비가 없이 미사를 드릴 준비도 부족합니다. 그렇지만 적당한 때에 이 성스러운 오의에 관여하고, 은총을 받을 마음의 준비를 하도록 노력할 작정입니다. 죽을 수밖에 없는 이 몸뚱이를 가지고, 당신으로부터 떨어져서 이 세상을 여행하고 있는 동안의 충실한 영혼의 유일한 위로는 자주 하나님을 생각하며, 사랑하는 분을 경건하게 받는 일 이외에는 아무것도 없습니다.

4  우리들에 대한 당신의 사랑을 무엇에 견줄 수 있을까요? 주이시며, 하나님이시고, 모든 영혼의 창조주이시며, 살려 주시는 분이신 당신이 부족한 영혼에게까지 오셔서 그 신성과 인성을 가지고 영혼의 굶주림을 채워 주시다니! 하나님을 경건하게 받고, 받음으로 인하여 영적인 기쁨으로 채워지는 영혼과 마음이란 얼마나 행복한 일일까요? 그 영혼은 위대한 주를 받고, 고귀한 손님을 숙박케 하는 것입니다. 즐거운 동료, 충실한 벗, 모든 사랑하는 자에 앞서서 사랑해야 할 대상, 모든 사모하는 것에 앞서서 사모하는 분을 껴안는 것입니다. 감미로운 사랑이여, 당신 앞에서는 하늘의 것들도 침묵해야 한다! 거기에 있는 칭찬할 것, 기려야 할 것은 당신의 인자한 선물이며, 한없는 지혜라는, 그 이름의 빛남에 훨씬 더 미치지 못하는 것입니다.」

1 「주이신 나의 하나님, 먼저 당신의 은총을 주시고, 당신의 고귀한
성례전에 합당하게 가까이 가게 하여 주십시오. 나의 마음을 불타
오르게 하여 나의 울적함을 버리게 하고, 구원의 은총을 가지고 나
를 방문하여 주십시오(시편 106:4). 그렇게 하면 나는 이 성스러운 예
전의 샘솟듯 하는 기쁨을 영혼으로 맛보게 될 것입니다. 그것을 믿
을 수 있도록 신앙을 강화하여 주십시오. 그것은 인간의 힘에 의한
것이 아니라 당신이 하는 일입니다. 천사의 지혜조차도 미치지 못
하는 이 사실을 사람들은 자기의 지혜만으로는 이해할 수도, 깨칠
수도 없습니다. 하물며 비참한 죄인이며, 먼지나 재에 지나지 않
는 내가 이 깊은 신비를 이해할 수 있겠습니까?

2 주님, 나는 마음의 단순함과 불순물이 섞이지 않은 신앙과 당신의
명령에 따를 희망과 존경을 가지고 당신에게 가까이 가며, 하나님
으로서 인간으로서 당신이 이 성례전에 오실 것을 확실히 믿습니
다. 내가 당신을 받아서 사랑에 의해서 일치되기를 당신은 바라고

계십니다. 그러므로 나는 당신의 자비를 빌며, 특별한 은총을 수여해 주시도록 기도합니다. 당신 속에 전적으로 녹아들고, 당신에 대한 사랑에 차고 넘쳐서 다른 어떤 위로에도 눈을 향하지 않도록 하여 주십시오. 이 지고 지존의 성례전은 영혼과 신체의 구원, 영적인 병의 약이 되어서 이것에 의해서 나의 악은 고쳐지고, 탐욕은 억제되며, 유혹은 패배하거나 또는 멸망되고, 은총은 풍성해지며, 덕은 점점 더 높아지고, 신앙은 강화되며, 희망에는 힘이 붙고, 애덕은 뜨거워지며, 그리고 퍼져 나가는 것입니다.

3  나의 영혼의 위로, 인간의 약함의 지지, 모든 내적인 위로를 주는 주님이신 하나님, 당신은 경건하게 몸을 받는 제자들에게 이 성례전에서 많은 좋은 것들을 계속 주시는 것입니다. 당신은 환난 때에 위안을 주고, 낙담의 구렁텅이로부터 보호에 대한 신뢰로 끌어올리며, 새로운 은총으로써 마음을 격려하고 비춰 주십니다. 이렇게 하여 성찬식 전에는 사랑을 알지 못했던 불안한 사람들은 하늘의 음식과 마실 것에 힘을 얻어서 자기들이 좋아졌다고 느낍니다. 당신이 선택된 사람들에게 이렇게 하여 주시는 것은 그들 자신이 얼마나 약한 사람인가, 당신으로부터 얼마만큼의 은총을 받는가를 마음의 밑바닥에서 확인하게 하고, 분명히 체험시키기 위해서입니다. 그들만으로는 차고, 굳어 있으면, 불신앙자이지만 당신의 조력에 의해서 열심히 하게 되고, 활발하게 되며, 경건하게 됩니다. 겸허한 마음을 가지고 달콤한 샘물에 접근해서 그 달콤함을 받지 않고 가는 사람은 없겠지요? 그리고 당신은 항상 차고 넘치는 샘물이며, 끝없이 타오르는 불길입니다.

4    나는 이 샘에서 충분히 물을 푸지 못하고, 실컷 물을 마시지 못한
     인간입니다. 그러나 어느 정도라도 갈증을 다스리고, 완전히 목마
     르지 않도록 그 샘물의 한 방울이라도 받으려고 하늘의 그릇에 가
     까이 갑니다. 나는 케루빔이나 세라핌처럼 하늘에까지 오를 수 없
     고, 하나님의 불에도 타오르지 못하고 있습니다. 그러나 신심을
     강화하려고 노력하며, 겸손하게 이 생명의 성례전을 받음으로써
     하나님의 사랑의 불꽃으로부터 얼마간의 열을 받으려고 계속 힘
     쓰고 있습니다. 예수님, 구주여, 나의 부족한 점을 당신의 자비와
     은총에 의해서 보충하여 주십시오. 당신은 '수고하고 무거운 짐 진
     자들아 다 내게로 오라. 내가 너희를 쉬게 하리라'(마태복음 11:28)라
     고 말씀하시며, 모든 사람들을 부르셨습니다.


5    나는 이마에 땀을 흘리며 수고하고, 마음은 괴로움도 참고 견디
     며, 탐욕에 둘러싸여 있습니다. 나의 주 하나님, 나의 구주여. 당신
     이외에 나를 도울 자는 없고, 나를 해방시킬 자도 없으며, 나를 구
     원할 자도 없습니다. 그 때문에 당신에게 나와 나의 것 모두를 맡
     깁니다. 나를 구원하여 영원한 생명으로 이끌어 주십시오. 음식과
     마실 것으로서 당신의 몸과 보혈을 주시는 주님, 그 이름을 기리
     고, 영광을 돌리기 위해서 나를 받아들여 주십시오. 나의 구주, 주
     하나님, 당신의 성례전을 받음에 따라서 나의 마음에 경건한 열성
     을 불태워 주십시오.」


                                    4장  성례전에 정중하게 임해야

# 성례전의 소중함과
# 성직자의 직분에 대하여

1 「내가 만약에 천사처럼 깨끗하고, 세례 요한처럼 성덕을 가지고 있다고 하더라도 이 성례전을 받거나 혹은 다루기에 족한 사람은 아닙니다. 그리스도의 예전을 다루고, 천사의 떡을 먹는 일, 이것은 사람의 공덕에 의한 것이 아닙니다. 성례전의 위대함이여, 천사에게도 허락되지 않은 임무를 부여받은 성직자의 위엄의 위대함이여! 교회에서 정당하게 서품받은 사제에게만 미사를 모시고, 그리스도의 몸을 성별할 권리가 주어졌습니다. 이리하여 성직자는 하나님의 일꾼이며, 하나님의 명령과 설정에 의해서 하나님의 말씀

을 사용합니다. 다시 말해서 거기에서 하나님은 주된 작자이고, 눈에 보이지 않는 행위자이십니다. 하나님이 바라는 것은 모두가 하나님에게 따르며, 명령된 것은 모두가 하나님에게 봉사하는 것입니다.

2 그러므로 이 지극히 성스러운 예전에서는 자기의 오감이나 그 밖의 보이는 증표보다도 전능하신 하나님을 믿지 않으면 안 됩니다. 두려움과 존경심을 가지고 이 성례전에 접근해야 합니다. 감독(주교)의 안수에 의해서 당신은 어느 정도의 성직이 주어졌는가를 잘 반성하며, 이해하는 것이 좋다. 뒤돌아보자. 당신은 사제에 서품되어 미사를 모시기 위해서 성스럽게 구별되었습니다. 그렇다면 성스러운 산 제물을 충실과 경건함으로써 하나님에게 바치고, 만사에 있어서 잘못이 없는 사람으로 되도록 유의하는 것이 좋다. 당신은 성직자가 됨으로써 짐이 가벼워진 것이 아니라 한층 더 엄격한 규율의 속박을 받으며, 성덕을 더욱 완전하게 할 의무를 진 것입니다. 성직자는 모든 덕으로 장식하고, 다른 사람에게 좋은 생활의 모범을 주지 않으면 안 됩니다. 성직자는 일반 사람들이 걸어가는 길에 따르지 않고, 하늘의 천사나 혹은 이 세상의 완전한 사람들과 친하지 않으면 안 됩니다.

3 신성한 옷을 입을 때 성직자는 그리스도의 대리이므로 자기 자신과 모든 사람들을 위해서 겸손하고, 간절하게 하나님에게 기도하지 않으면 안 됩니다. 또한 끊임없이 그리스도의 수난을 생각해 내기 위해서 제의의 앞과 뒤에 주의 십자가가 표시되어 있습니다. 앞에 있는 십자가는 충실하게 그리스도의 모범을 주시하여 열심히

     4장 성례전에 정중하게 임해야

그것을 모방하기 위해서입니다. 뒤에 십자가를 표시한 것은 타인으로부터의 박해를 하나님을 위해서 인내하기를 본받기 위해서입니다. 앞에 십자가를 표시한 것은 자신의 죄에 울기 위해서이고, 뒤에 십자가를 표시한 것은 타인의 죄를 불쌍히 여겨서 울며, 자기와 하나님과 죄인과의 사이에 중개자로서 서 있음을 잊지 않기 위해서이고, 하나님의 은총과 긍휼을 원해서 계속 기도하며, 성스러운 산 제물을 바쳐야 한다는 것을 알기 위해서입니다. 사제가 미사를 모실 때에는 하나님에게 영광을 돌리고, 천사들을 기쁘게 하며, 교회의 덕을 세워서 산 사람을 돕고, 사자에게 휴식을 주며, 자기를 하늘의 선에 관여하게 합니다.」

# 성찬식의
# 준비를 위한
# 기도

1 「주님, 나는 당신의 위대함과 자신의 비참함을 비교해서 생각하면 전신이 부들부들 떨리며, 부끄러워하지 않을 수 없습니다. 성체에 가까이 가지 않으면 나는 생명으로부터 도망치는 것이 되며, 또한 합당한 준비 없이 받으면 당신을 모욕하는 것입니다. 나의 유일한 도움이여(이사야 50:7). 나의 곤란할 때의 지도자이신 하나님이여!

2 주님, 합당한 길을 가르쳐 주시고, 성찬식에 적당한 효과적이고,

  4장 성례전에 정중하게 임해야

간결한 준비 훈련을 알려 주십시오. 당신의 이 성례전을 구원에 효과가 있는 것으로 하기 위해서 어떻게 받으면 좋은지, 이 위대한 하나님에게 산 제물을 바치는 일을 맡아서 자신의 마음을 경건하고 공손하게 대비하려면 어떻게 하면 좋은가를 아는 것은 나에게 있어서 유익한 일입니다.」

# 자신의 양심을
# 탐구하는 일과
# 개선의 결심에 대하여


1 「성직자는 이 성례전을 거행하고, 다루며, 받음에 있어서 무엇보
다도 깊은 겸손과 최상의 존경과 신앙과 하나님의 영광을 기원하
는 경건한 의향을 갖지 않으면 안 된다. 양심을 일심으로 탐구하
고, 참된 통회와 겸허한 고해에 의해서 양심을 깨끗하게 하자 그것
은 일체의 대죄(大罪)의 의식과 가책을 가지지 않고 자유로운 마음
을 가지고 성체에 가까이 가기 위해서이다. 당신의 죄를 모두 전반
에 걸쳐서 통회하고, 특히 매일의 과실을 비탄하고 슬퍼하라. 또
한 만약에 시간이 허용되면 마음속으로 은밀하게 탐욕의 죄를 하
나님에게 고백하자.


2 비탄하고 슬퍼하라. 당신이 아직 물질에 사로잡혀 있고, 세상에
따르고 있는 일을. 탐욕이 아직 다 억제되지 않고, 욕심에 기울어
져서 오감(五感)을 삼가지 않고, 때때로 쓸데없는 공상에 괴로워하
고 있는 사실을. 외부의 사항에 흥미를 가지고, 내적인 사항을 소
홀히 하고 있는 것을. 웃음과 오락을 기꺼이 맞이하고, 눈물과 통
회를 좋아하지 않는 것을. 안락과 안일에 기울어지기 쉽고, 엄격

　　　　　　　　　　

한 생활과 열심을 추구하는 데 내키지 않아 하는 사실을. 새로운 것을 듣고, 아름다운 것을 보기 좋아하며, 초라하고, 검소한 것 받기를 싫어하는 일을. 많은 것을 가지려 하고, 주는 것을 아끼며, 가지고 있는 것을 움켜쥐고 놓지 않는 것을. 이야기할 때에 경박하며, 침묵을 모르는 것을. 태도가 근신하지 않고, 과도한 행동을 하는 것을. 먹는 것을 탐하고, 하나님의 말씀에 대해서는 귀가 먼 것을. 쉬는 것은 빨리 하고, 일하는 것은 늦게 하는 것을. 쓸데없는 이야기는 좋아서 듣고, 기도 속에서 밤을 새울 때에는 자고 싶어하며, 빨리 기도를 마치려고 하고, 정신을 흩뜨리는 것을. 성무 일과(聖務日課)를 외는 것은 게을리 하고, 미사에는 냉담하며, 성찬식에는 무감동한 것을. 곧 방심하고, 거의 하나님을 생각할 줄 모르고, 분노하기 쉬우며, 곧 타인을 불쾌하게 하고, 타인을 심판하기 쉬우며, 엄하게 타인을 비난하는 것을. 행운의 때에는 미칠 듯이 기뻐하고, 불행의 때에는 곧 약해지는 것을. 가끔 좋은 결심을 세우지만 거의 그것을 실행하지 않는 것을. 당신은 비탄하며, 그리고 고치지 않으면 안 된다.

3  자신의 약함을 생각하여 진심으로 슬퍼하고, 통회하며, 이상에서 말한 것이나 그 밖의 단점을 고해한 후에 생활을 끊임없이 향상시키고, 한층 더 덕으로 나아갈 굳은 결심을 세우자. 충분한 인종(忍從)을 가지고, 강한 의지를 나의 영광을 위해서 끊임없는 산 제물로서 당신을 바치고, 당신의 영혼과 마음을 전적으로 나에게 맡겨라. 이렇게 하면 당신은 미사의 산 제물을 합당하게 바쳐서 구원을 위해서 나의 성체의 예전을 받을 수 있게끔 될 것이다.

4    죄를 깨끗하게 하기 위해서 미사와 성찬식 때에 그리스도의 몸과
     함께 하여 자기 자신을 깨끗한 마음으로 바치는 것만큼 나에게 합
     당한 희생도, 속죄도 없다고 생각하라. 만약에 인간들이 지기가
     할 수 있는 노력을 다하여 진실로 통회하면 은총과 용서를 받으려
     고 하여 나를 받을 때마다 '죄인의 죽음을 바라지 않고, 그 개심과
     갱생을 바란다'(에스겔 33:12), '나에게 가까이 오면 나는 이미 그 죄를
     생각해 내지 않고'(히브리서 10:17), 도리어 그 모든 것을 용서한다고
     약속한다.」

                     4장  성례전에 정중하게 임해야

# 십자가상의 희생과
# 그리스도에 대한
# 자신의 봉헌(奉獻)에 대하여

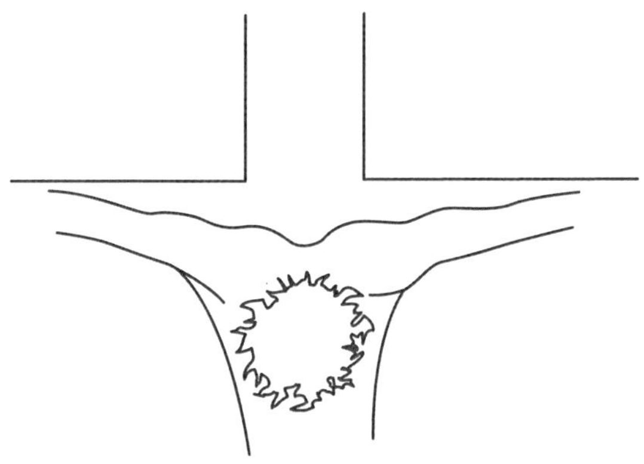

1 「십자가상에 팔을 벌리고, 발가숭이 몸으로써 나는 스스로 나아가
서 당신의 죄를 위해서 자신을 하나님 아버지에게 바쳤다. 하나님
의 분노를 달래기 위해서 나는 아무것도 남기지 않고, 하나님에게
바쳤다. 그와 동시에 당신도 나날이 미사에 있어서 깨끗한 산 제물
로서 마음의 사랑과 힘을 가지고 자진해서 당신 자신을 바치지 않
으면 안 된다. 나는 당신이 나를 위해서 자신을 바치려고 힘쓰는
것 이외의 아무것도 요구하지 않는다. 당신 자신 이외의 것은 무엇

하나라도 나를 즐겁게 하지 못한다. 내가 바라는 것은 당신의 바치는 것이 아니라 당신 자신이다. 여러 가지 물건을 소유하고 있더라도 나를 소유하지 않으면 당신은 불만족인 것처럼 당신이 자기 자신을 바치지 않으면 나로서는 무엇을 바치더라도 기뻐하지 않는다. 자기 자신을 나에게 주어라. 하나님에 대한 사랑을 위해서 자신의 모든 것을 바쳐라. 그렇게 하면 당신의 바치는 것은 받아들여질 것이다. 나는 당신을 위해서 아버지에게 모두를 바쳤다. 나는 전적으로 당신의 것이 되고, 당신의 사랑이 되기 위해서 이 몸을 당신에게 주었다. 만약에 당신이 자신을 보류하고, 하나님의 뜻에 자신을 바치려고 하지 않다면 당신의 바치는 것은 완전하지 않고, 나와 당신과의 일치도 완전하지 않다. 그러므로 당신이 마음의 자유와 하나님의 은총을 받으려고 생각한다면 자진해서 자신을 하나님의 수중에 바치는 일이야말로 무엇보다도 먼저 행하지 않으면 안 되는 것이다. 하나님의 빛에 비추어진 자유로운 사람이 적은 것은 자신을 완전하게 바치는 것을 아는 사람이 적기 때문이다. '가지고 있는 나의 모든 것을 버리지 못하면 그 사람은 나의 제자가 되지 못하리라'(누가복음 14:33)라고 나는 말했다. 당신이 나의 제자가 되려고 생각한다면 당신 자신과 당신의 모든 사랑을 나에게 바쳐라.」

   

자신과 자신의
모든 것을
하나님에게 바치고,
모든 사람들을
위해서 기도한다

1 「주님, 하늘에 있는 것, 땅에 있는 것, 모든 것은 당신의 것입니다. 스스로 자진해서 자신을 바쳐서 영구히 당신의 것이 되기를 나는 바랍니다. 주님, 순진한 마음으로 오늘 영구한 종으로서, 산 제물로서 영원한 영광의 공물(供物)로서 나 자신을 당신에게 바칩니다. 눈에 보이지 않더라도 여기에 관여하는 천사들의 앞에서 성체의 산 제물과 일치하여 내가 오늘 바치는 산 제물을 받아 주십시오. 이 산 제물이 나와 모든 사람들을 위해서 구원이 되도록.

2 주님, 당신의 속죄의 제단 위에서 내가 일찍이 죄를 범하기 시작한 날로부터 지금에 이르기까지 당신과 성스러운 천사들의 앞에서 범한 모든 죄와 과실을 바칩니다. 당신은 사랑의 불로 그 모든 것을 태워 버리고, 나의 더러움을 깨끗하게 하며, 사면하여 평화의 입맞춤으로 불쌍한 나를 향하여 죄를 인해서 잃어버린 하나님의 은총을 다시 부어 주십시오.

3   죄를 겸허하게 고백하고, 용서를 간절히 바라서 울며 슬퍼하는 것
    이외에 내가 무엇을 하겠습니까? 자비로써 나의 기원을 들어 주십
    시오. 나는 당신 앞에 엎드려서 빕니다. 아 하나님, 범한 죄를 진심
    으로 통회하며, 이제는 두 번 다시 범하지 않으려고 결심합니다.
    이 죄를 평생토록 뉘우치며, 될 수 있는 한 속죄할 각오입니다. 용
    서하여 주십시오. 나의 하나님. 하나님의 이름을 위해서 나의 죄
    를 용서하여 주십시오. 고귀한 보혈에 의해서 속죄된 나의 영혼을
    구원해 주십시오, 나는 당신에게 부탁드립니다. 나의 악의와 죄에
    의해서가 아니라 긍휼로써 다루어 주십시오.

4   정말로 적고 불완전한 것이기는 하지만, 내가 가진 모든 선을 바칩
    니다. 당신은 이것을 깨끗하게 하고, 성화(聖化)하여 당신의 마음에
    드는 것, 한층 더 완전한 것으로 하며, 다시 또 게으르고 쓸모없는
    작은 나를 당신의 칭찬과 영원한 구원을 확보하는 저 종점까지 인
    도하여 주십시오.

5   또한 당신을 믿는 사람들의 경건한 소망, 부모, 친구, 형제, 자매
    모든 사랑하는 사람들, 당신에 대한 사랑 때문에 나와 다른 사람에
    게 선하게 하여 주신 모든 은인들이 필요로 하는 것을 바칩니다.
    자신과 나에게 기도와 미사를 바랐던 사람들, 아직 살아 있는 사람
    들도, 이미 이 세상에 없는 사람들도, 하나님의 은혜와 조력(助力)과
    위안, 위험할 때의 보호, 고통의 해방을 맛보고, 불행을 벗어나서
    기뻐 날뛰는 사람들이 당신에게 진심 어린 감사를 드리도록.

6   또한 나의 기도와 달래려는 산 제물을, 때로는 나를 다치게 하고,

                 4장  성례전에 정중하게 임해야

슬프게 하며, 모욕하고, 손해나 근심을 준 사람들을 위해서 당신에 게 바칩니다. 게다가 내가 언젠가 슬프게 하고, 불안하게 하며, 고 의든 우연이든 말과 행동에 의해서 실패하도록 한 사람들을 위해 서 바칩니다. 우리들의 죄와 서로의 과실을 모두에게 동일하게 용 서해 주시기를 기원합니다. 주님, 우리들의 마음으로부터 시기와 의심과 불안과 분노와 불화를, 그리고 애덕을 손상시키고, 형제애 를 감소시키는 일체의 일을 멀리하게 하여 주십시오. 주님, 당신의 긍휼을 비는 사람들을 긍휼히 여겨 주십시오. 필요로 하는 사람에 게 은총을 주시고, 우리들을 당신의 은총을 받기에 족한 사람으로 되게 하여 영원한 생명으로 걸어가게 하여 주십시오. 아멘.」

# 성찬식을 태연하게
# 게을리해서는
# 아니 된다

1 「탐욕과 악행을 싫어하고, 악마의 유혹과 함정에 대하여 잘 경계
하며, 한층 더 강하게 되려고 생각한다면 때때로 하나님의 긍휼의
샘, 자애와 깨끗함의 샘에 가까이 가지 않으면 아니 된다. 적은 성
찬에 얼마만큼의 효과가 있는지를 알고 있으므로 모든 방법과 기
회를 포착해서 경건한 신앙자를 되도록 성찬으로부터 멀리하도록
방해하려고 힘쓰고 있다.

2 그래서 신앙자는 성찬식의 준비를 하려고 하는 바로 그때에 사탄
의 나쁜 유혹에 번뇌하는 일이 있다. 욥기(1:6, 2:1)에 적혀 있듯이 악
령은 예(例)와 같은 악의를 가지고 하나님의 자식들을 동요케 하며,
두려워하게 하고, 주저하게 한다. 성찬식을 전혀 그만두게 하거
나 적어도 냉담하게 치르게 하기 위해서 사람들의 마음에 잠입해
서 하나님에 대한 사랑을 빼앗고, 돌연 습격하여 신앙을 빼앗아 간
다. 그러나 그 나쁜 음모나 난잡한 암시가 불쾌하고 두렵더라도 그
것을 상대방에게 도로 던져 버려야 한다. 비열한 그 영은 경멸과
무시와 조롱을 받아야 할 것이다. 우리들을 공격하여 동요시키려

　　　　　　　　　　　　　　　4장  성례전에 정중하게 임해야

고 하더라도 그 때문에 성찬식을 그만두어서는 안 된다.

3    때로는 또 충분한 경건함을 가지려고 생각하여 지나치게 근심하
     거나, 고해에 불안을 품거나 하여 성찬식을 주저하는 경우도 있
     다. 이때에는 지식이 있는 사람들의 의견에 따라서 하나님의 은총
     을 방해하고, 영혼의 신심을 깨뜨려 버리는 불안과 소심함을 제거
     하지 않으면 안 된다. 약간의 불안이나 번뇌가 있더라도 성찬식을
     그만두지 말고, 될 수 있는 한 빨리 고해하자. 타인으로부터 받은
     과실을 마음속으로 용서하고, 만약에 당신이 누군가 다른 사람에
     게 과실을 범했다면 겸손한 마음으로써 용서를 빌어라. 그렇게 하
     면 하나님은 곧 용서해 주신다.

4    고해(고백 성사)나 성찬식을 뒤로 연기하여 무슨 유익이 있겠는가?
     되도록이면 빨리 자기의 마음을 깨끗하게 하자. 즉각 독을 토해 내
     고 약을 빨리 마시자. 그렇게 하면 훨씬 더 상쾌해질 것이다. 만약
     에 오늘 무슨 이유가 있어서 받기를 그만둔다면 내일은 훨씬 더 중
     대한 이유가 일어날지도 모른다. 이렇게 하여 당신은 오랫동안 성
     체를 받지 못하게 되고, 성찬식을 위해서 한층 더 합당하지 못하게
     된다. 될 수 있는 한 빨리 마음을 답답하게 하는 짐을 내려놓고, 나
     태함을 씻어 버려라. 길게 불안 속에 있고, 근심스러운 생활을 하
     며, 나날의 이런저런 방해 때문에 성찬식을 게을리 하는 것은 아무
     런 유익도 없다. 오히려 성찬식을 오랫동안 하지 않고 있으면 커다
     란 손해를 받으며, 위험한 냉담함을 낳을 것이 틀림없다. 유감스
     런 일이지만 신심이 미적지근한 마음의 산만함을 가진 사람은 기
     회를 발견해서는 고해를 연기하고, 성찬식을 게을리 하며, 자신을

경계하는 의무를 벗어나려고 한다.

5    아, 성찬식을 태연하게 게을리 하는 사람들은 얼마나 부족한 신앙
     과 약한 사랑밖에 갖고 있지 않은 것일까? 허용된다면 매일이라도
     성찬식을 할 수 있을 만큼 순수한 양심을 지키고 생활하는 사람은
     얼마나 행복하며, 하나님에게 기쁨을 주는 사람일까! 때로는 겸손
     을 위해서 또한 무슨 정당한 이유가 있어서 성체를 중지하는 일이
     있다면 그 성체에 대해서 존경하는 마음은 칭찬받아도 좋다. 그러
     나 중지할 경우에도 거기에 얼마간이라도 냉담함이 있다면 될 수
     있는 한 열심을 불러일으키도록 하지 않으면 안 된다. 그렇게 하면
     주님은 그 좋은 소망을 보아서 주님이 가장 눈여겨본 것은 이것이
     다 하며 도와주실 것이다.

6    정당한 이유가 있을 경우에도 적어도 성체를 받고 싶다는 열렬한
     소망과 경건한 의향을 갖지 않으면 안 된다. 그렇게 하면 성례전의
     효과를 잃는 일은 없다. 어떤 신자라도 매일 언제라도 아무런 곤란
     도 없이 영적으로 성체를 받아서 많은 이익을 얻을 수가 있다. 정
     해진 날에는 사랑과 존경을 가지고 성례전에 깃든 구주의 몸을 받
     는 것이 좋다. 그때에는 자기 개인의 위로보다도 하나님의 명예와
     영광을 위해서 하지 않으면 안 된다. 신자는 그리스도 자신의 신비
     를 경건하게 묵상하며, 그리스도에 대한 사랑을 불러일으킬 때마
     다 신비로운 이 잔치에 참여하게 되며, 눈에 보이지 않는 양식을
     받는다.

7    그러나 축일에만, 혹은 습관 때문에만 성체에 가까이 가는 사람에

                              4장  성례전에 정중하게 임해야

게는 적당한 준비가 없는 경우가 곧잘 있다. 미사를 드리고, 혹은 성체를 받을 때마다 자신을 산 제물로 하여 주에게 바치는 사람은 행복하다. 성스러운 산 제물을 바칠 때에는 너무 빨리 끝내 버려도 안 되지만 장황하게 하여서도 아니 된다. 이것에 관해서는 좋은 사람들의 습관을 본받아서 하여야 한다. 당신은 타인을 괴롭히거나 지루하게 해서는 아니 된다. 선인들의 규정에 따라서 보통대로 행하며, 자신만의 신심과 위로를 목적으로 하지 말고, 타인의 이익을 돌아다보지 않으면 안 된다.」

# 경건한 영혼에는
# 그리스도의
# 몸과 성서가
# 가장 필요하다

1 「주 예수님, 당신과 함께 당신의 연회에 모이는 경건한 영혼의 즐거움은 어떠할까요? 거기에는 영혼에 있어서 바람직한 것 이상으로 바람직하게 그리운 당신 자신을 양식으로 주십니다. 눈물로 당신의 발을 적셨던 막달라 마리아처럼 당신 앞에서 깨끗한 눈물을 흘리면 그것은 나에게 있어서 얼마나 즐거운 일일까요! 그렇지만 그러한 경건함을 내가 어디에 간직하고 있을까요? 어디에 그런 풍

  4장 성례전에 정중하게 임해야

부한 눈물을 가지고 있을까요? 당신의 천사들 앞에서 나의 마음은 사랑으로 불타고, 너무 즐거워서 울음을 터뜨릴 정도가 되고 싶습니다. 이 성례전에 있어서 당신은 형색을 갖추어서 진실로 오시기 때문에.

2  주님, 만약에 내가 하나님으로서의 당신의 한없는 광휘(光輝)를 우러러본다면 나는 그 광휘를 감당하지 못하며, 그리고 전 세계도 위광(威光)의 빛남을 감당해 내지 못합니다. 당신이 이 성례전의 형색을 갖추고 오시는 것은 나의 약함을 아셨기 때문입니다. 나는 천사들이 하늘에서 예배하는 분을 진실로 받아서 예배하고 있습니다. 다만 나는 신앙에 의해서 당신의 광휘를 바라보고, 천사들은 있는 그대로 그것을 바라봅니다. 나의 위에 영원한 광명의 해가 찾아와서 형색의 그림자가 사라져 버릴 때까지(아가 2:17, 4:6) 나는 참다운 신앙의 빛으로 만족하지 않으면 안 됩니다. 그렇지만 '완전한 것이 올 때에'(고린도전서 13:10) 성례전의 필요는 더 이상 없겠지요? 하늘의 영광 속에 있는 성인들에게는 이미 성례전의 필요는 없겠지요? 하늘의 영광 속에 있는 성인들은 이미 성례전이라는 약을 필요로 하지 않습니다. 그들은 하나님의 현존함을 한없이 맛보고, 얼굴과 얼굴을 모아서 그 광휘를 바라보고, 절묘한 신성(神性)의 반영을 받아서 영광으로부터 영광으로 나아가며 원래 있었던 대로의 육체가 된 하나님의 말씀을 영원히 맛봅니다.

3  이러한 신비를 생각할 때에 어떤 영적인 위로도 나에게는 답답하고, 따분한 것으로 보입니다. 주님을 있는 그대로 그 영광 속에서 바라볼 때까지는 이 세상에서 보는 것, 듣는 것은 모두 아무런 가

치도 없는 것들뿐입니다. 내가 영원히 바라보고 싶은 당신 이외의 어떤 것도 나의 위로가 되지 않고, 어떤 피조물도 나를 만족시키지 못한다는 것은 당신이 아십니다. 그러나 내가 썩어야 할 이 몸을 가지고 있는 동안은 그것은 바랄 수 없는 것입니다. 그 때문에 나는 인내로써 단단히 무장하고, 나의 소망을 당신에게 따르게 하지 않으면 안 됩니다. 지금 당신과 함께 하늘에서 기뻐 춤추고 있는 성인들도 이 세상에 있을 동안에는 신앙과 인내를 가지고 당신을 기다리고 있었습니다. 나도 그들이 믿었던 것을 믿고, 그들이 기대했던 것을 희망합니다. 그들이 도달했던 곳에 당신의 은총에 의해서 나도 도달하고 싶습니다. 그때까지는 성인들의 모범에 격려받아서 신앙을 가지고 나아갑니다. 성서를 나의 위로로 삼고(외경 마카베오상 12:9), 생활의 거울로 삼으며, 특히 당신의 성체를 나의 묘약으로 하고, 피난처로 하겠습니다.

4  나는 특히 이 세상에서 두 가지 필요한 것이 있다는 것을 통감합니다. 그것이 없으면 이 비참한 세상을 나는 참아 내지 못할 것입니다. 이 육체의 감옥에 있는 나는 양식과 빛의 두 가지를 구하고 있습니다. 그래서 당신은 약한 나의 몸과 영혼의 양식으로서 성체를 주고, 나의 가는 길을 비출 빛으로서 말씀(시편 119:105)을 주셨습니다. 이 두 가지가 없으면 나는 살아갈 수가 없습니다. 하나님의 말씀은 나의 영의 광명이며, 성례전은 생명의 떡이기 때문입니다. 이상의 두 가지는 또한 성스러운 교회의 보고(寶庫)에 있는 두 개의 식탁입니다. 하나는 제단의 식탁이며, 성스러운 떡, 즉 그리스도의 몸을 얹어 놓았습니다. 다른 하나는 하나님의 율법의 식탁으로서 성스러운 가르침을 올려놓고, 바른 신앙을 가르치며, 휘장을

  4장 성례전에 정중하게 임해야

통하여 지성소까지(히브리서 6:19, 9:3) 확실하게 우리들을 인도하여
주십니다. 당신의 종인 예언자, 사도, 박사들에 의해서 우리들을
위하여 마련해 주신 가르침의 식탁을 생각하며, 영원한 광명의 광
명이신 주 예수에게 감사를 드립니다.

5   전 세계에 당신의 사랑을 나타내기 위해서 전조(前兆)에 지나지 않
    는 어린 양이 아니라 자신의 몸과 보혈을 먹이시는 성대한 식탁을
    준비하고, 성스러운 잔치를 벌여서 신자들 모두를 즐겁게 하며,
    구원의 술잔에 취하게 하여 주시는 창조주 구주에게 감사드립니
    다. 거기에는 천국의 환락이 있으며, 한층 더 즐거운 일로는 천사
    들이 함께 모이는 것입니다.

6   성화(聖化)된 말로써 위광 높은 주님을 부르고, 자기의 입으로 축복
    하며, 자기의 손으로 받고, 타인에게도 분배하는 사제들의 성직
    은 얼마나 명예로운 것일까요? 그의 손은 깨끗하고, 그의 입은 더
    럽혀지지 않았으며, 그의 몸은 신성하고, 나날이 청정한 조물주가
    들어가는 그의 마음은 순결하지 않으면 안 됩니다.

7   자주 그리스도의 성체를 받는 사제의 입에서는 신성하고, 진실하
    며, 유익한 말만 나와야 하는 것입니다. 그리스도의 몸을 항상 바
    라보는 성직자의 눈은 단순하고 결백해야 합니다. 천지를 만드신
    조물주에게 항상 접촉하는 성직자의 손은 언제나 깨끗하게 하늘
    을 가리키며 뻗어 있어야 합니다. 그러므로 율법은 특히 성직자들
    을 향하여 '깨끗하여라. 주 하나님은 거룩한 분이시니라'(레위기 19:2)
    라고 말하고 있습니다.

8   전능하신 하나님, 은총에 의해서 우리들을 도와주십시오. 성직자
가 된 우리들은 청정한 몸으로 바른 양심을 가지고, 경건에 합당하
게 당신을 섬겨야 합니다. 우리들이 명령받은 대로 깨끗하게 생활
할 수 없다면 하다못해 자기가 범한 죄를 울 수 있는 은혜와 한층 더
겸손해져서 열심히 당신을 섬길 결심이라도 하게 하여 주십시오.」

                                                       

# 성찬을 받으려고 하는 사람은 특히 조심스럽게 준비해야 한다

1 「나는 순결을 사랑하는 자, 성덕을 주는 자이다. 나는 깨끗한 마음을 찾아서 거기에 휴식한다. 아름답게 장식된 커다란 다락방(마가복음 14:15, 누가복음 22:12)을 나를 위해서 준비하라. 나는 거기에서 제자들과 함께 유월절을 축하하리라. 내가 너희들의 영혼에 머물기를 바란다면 묵은 누룩을 내버리고(고린도전서 5:7), 마음의 주거를 깨끗하게 하자. 너희들의 마음에서 세속의 냄새가 나는 것과 악의 난잡함을 쓸어 내면 지붕 위의 고독한 참새(시편 102:7)와 같이 머물 것이니 자신의 과실을 반성하자. 사랑하는 사람은 사랑하는 상대를 위하여 가장 아름다운 방을 준비한다. 그것에 의해서 사랑하는 상대를 대접하는 애정의 정도를 알 수 있다.

2 다른 무엇에도 정신이 흩어지지 않고, 일 년이 걸려서 준비를 하더라도 당신 자신의 수단만으로는 충분히 준비할 수 없다는 것을 알아야 한다. 당신이 나의 식탁에 가까이 올 수 있는 것은 다만 나의 자비와 은총에 의해서다. 마치 거지가 부자의 연회에 초대되어 그

은혜를 갚으려고 하더라도 다만 겸손하게 감사하는 것 이외에 방법이 없는 것과 마찬가지이다. 당신은 자신이 할 수 있는 한의 일만 하여라. 습관으로서 싫어하면서 하는 것이 아니라 일심으로 준비하여 당신이 있는 곳까지 자기를 낮추어 오시는 사랑하는 주님을 외경과 존경과 애정을 가지고 받아라. 당신을 초대한 것은 나이다. 이 연회를 벌이라고 명령한 것은 나이다. 내가 당신의 부족함을 보충한다. 와서 나를 받아라.

3   내가 당신에게 경건한 은총을 줄 때에는 하나님에게 감사하라 그 선물이 주어진 것은 당신이 거기에 합당해서가 아니라 내가 당신을 긍휼히 여겼기 때문이다. 만약에 경건한 마음을 느끼지 못하고, 마음이 메말라 있다고 느낄 때에는 기도를 계속하고, 비탄해하면서 문을 두드려라. 구원의 은총을 한 조각, 한 방울이라도 받을 때까지는 계속 두드려라. 내가 당신을 필요로 하는 것이 아니라 당신이 나를 필요로 하는 것이다. 당신이 나를 성스럽게 하기 위해서 오는 것이 아니라 내가 당신을 성스럽게 하고, 보다 더 좋게 하기 위해서 오는 것이다. 당신이 오는 것은 나에 의해서 거룩하게 되고, 나와 일치되기 위해서이며, 생활을 깨끗하게 하기 위한 새로운 은총을 얻기 위해서이다. 이 은총을 소홀히 하지 말라(디모데전서 4:14). 충분하게 열심히 마음을 준비하여 사랑하는 분을 맞아들이자.

4   그리고 성찬식 전에 신앙심을 가지고 준비할 뿐만 아니라 성찬식 후에도 신앙심을 계속 지켜 나가야 한다. 받기 전에 경건한 준비가 있었다면 받은 후의 경건함도 그에 못지않게 필요한 것이다. 성찬식 후에 하나님의 은총을 간직하려고 근신하는 것은 보다 더 풍

     4장  성례전에 정중하게 임해야

성하게 은총을 받기 위한 적절한 준비가 된다. 수다를 피하자. 마음을 깊이 반성하여 하나님을 맛보는 것이 좋다. 전 세계도 빼앗지 못할 분을 당신은 가지고 있다. 당신이 모두를 주어야 할 대상은 이 나이다. 그렇게 하면 당신은 금후에 다른 걱정을 잊어버리고, 자신을 위해서가 아니라 다만 나를 위해서 살게 될 것이다.」

# 경건한 사람은
# 성체의 예전에 의해서
# 그리스도와 일치되기를
# 바라야만 한다

1 「주님, 나는 당신을 보고, 당신에게 나의 마음을 털어놓으며, 사람들에게 무시당하더라도 나의 영혼이 바라는 대로 당신을 맛보고, 어떤 피조물에도 움직이지 않으며, 흥미를 일으키지 않습니다. 사랑하는 사람들끼리 이야기하고, 친구들끼리 단란하게 지내는 것처럼 나에게 말을 걸어 주시는 분은 과연 누구이겠습니까? 내가 간절히 빌고, 바라는 것은 당신과 일치하여 피조물에게서 마음이 떨어지게 하여 성찬식과 자주 미사를 드림으로써 점점 더 하늘의 일, 영원한 것을 맛보고 싶은 것입니다. 주 하나님, 언제 나는 완전히 당신과 일치하여 당신 속에 완전히 빠져 들어가서 자신의 일을 잊어버리게 되겠습니까? 당신은 나에게 있어서, 나는 당신에게 있어서 이 일치가 언제까지라도 잃어버리지 않도록 은총을 주십시오.

2 주님, 당신은 내가 가장 사랑하는 분, 만인 가운데서 선택한 분(아가 5:10)이십니다. 나의 마음은 생애에 나날이 당신 속에서 쉬기를 바랍니다. 당신은 평화를 주시는 나의 왕이시며, 최고의 평화와 참

    

다운 휴식을 가지고 계십니다. 그 이외의 곳에는 노고와 비참함이 있을 뿐입니다. 당신은 실로 '숨겨진 하나님'(이사야 45:15)이시며, 악인과 섞이지 않고, 겸허하고, 단순한 사람들에게만 말씀하십니다. 주님, 당신의 마음은 얼마나 자비가 깊으신지요!(외경 지혜서 12:1). 당신은 자식들에게 그 자비를 나타내기 위해서 하늘로부터의 양식을 가지고 길러 주십니다(요한복음 6:50). 아무리 위대한 백성이라도 당신이 제자들에 대하여 해 주시는 것만큼 이처럼 가까이에 있는 하나님을 가지고 있는 백성은 없습니다(신명기 4:7). 실로 당신은 사람들의 마음을 하늘로 향하게 하고, 나날이 위로를 주려고 자신을 하늘의 양식으로서 제자들에게 나누어 주십니다.

3 이 세상에서 그리스도교의 백성만큼 위대한 백성이 있을까요? 하나님으로부터 영광의 육체를 가지고 양육될 만큼의. 아, 이 은총이여! 놀라우리만큼 몸을 낮추어서 인간들에게 주어진 무한한 사랑이여! 이와 같은 은총, 이와 같은 사랑을 위해서 나는 무엇으로 주님에게 보답할 수 있을까요? 나의 마음 모두를 주님에게 주고, 친하게 일치하는 것 이외에는 하나님을 기쁘게 해 드릴 제물이 없습니다. 나의 영혼이 전적으로 하나님과 일치한다면 나의 마음은 기뻐 날뛰게 될 것입니다. 그때에 주님은 "당신이 나와 함께 있고 싶다고 소망한다면 나도 당신과 함께 있겠다"라고 말씀하시겠지요? 그때에 나는 대답할 것입니다. "주님, 나와 함께 있어 주십시오. 나는 그것을 간절히 바랍니다. 나의 마음이 당신과 일치하는 것, 이것이 나의 소망의 전부입니다"라고.」

# 성체에 대한
# 경건한 사람들의
# 열렬한 갈망에 대하여

1 「주님, 하나님을 외경하는 자를 위하여 준비된 그 깊은 자비! (시편 31:19). 마음으로부터의 열의와 사랑을 가지고 성체의 예전에 가까이 가는 사람이 있다는 것을 알고  주님, 나는 부끄러움을 느끼며, 얼굴을 붉힙니다. 나는 이런 냉담한 마음으로 당신의 제단과 성체에 가까이 가고 있습니다. 또한 성체를 받더라도 마음에 사랑을 느끼지 못하고, 메마른 마음으로 받으며, 경건한 사람들이 느끼는 열렬함을 모르고, 당신에게 움직이려고 하지 않습니다. 그러나 경

   4장  성례전에 정중하게 임해야

건한 사람들은 성찬식을 하고 싶다는 간절한 소망과 사랑을 위해
서 눈물을 흘리며, 몸의 입만으로서가 아니라 마음의 입으로써 살
아 있는 샘물인 당신을 사모하고, 영적인 욕심과 기쁨을 가지고,
당신의 도움을 구하지 않으면 굶주림과 목마름을 채우지 못할 정
도였습니다! 그것이 진실하고, 열렬한 신앙이라고 말할 수 있겠지
요?

2   이 신앙이야말로 당신이 실제로 성체에 오시는 것의 또 하나의 유
력한 증거입니다. 그들은 예수께서 떡을 떼심으로 그리스도의 현
존함을 몸 가까이에서 느끼고, 자기와 함께 걸어가는 예수를 깨달
으며, 마음속으로 사랑에 불탔던 것입니다(누가복음 24:35).
불행하게도 이 정도의 신앙, 이 정도의 사랑과 열성이 나의 마음에
는 거의 없는 것입니다. 인자하신 예수, 자애가 풍부하신 예수님,
나를 불쌍히 여겨 주십시오. 가난한 거지인 나에게 하다못해 때때
로의 성찬식에 의해서 당신의 긍휼에 의하여 사랑의 불꽃을 느끼
게 하여 주십시오. 그렇게 하면 나의 신앙은 한층 더 강해지고, 당
신의 인자함에 대한 희망은 높아지며, 훨씬 더 불타서 하늘의 만나
에 길러진 애덕의 불은 언제까지나 꺼지지 않게 되겠지요?

3   당신의 자비는 내가 바라는 은총을 주어 하나님의 뜻이 있는 날이
오면 나의 마음을 열심히 불타게 하는 방문도 하여 주실 것이 틀림
없습니다. 나는 두터운 신심을 가지고 있었던 사람들과 같은 희망
으로 아직 불타고 있지 않다고 하더라도 당신의 은총에 이해서 그
것을 맛보고 싶다고 바라서 당신을 열렬히 사랑하고 있던 뛰어난
사람들에 더해서 그 동료의 한 사람이 되고 싶다고 빌고 있습니다.」

# 경건한 은총은 겸손과 자기 포기에 의해서 얻어진다는 사실

1 「당신은 경건한 은총을 끊임없이 빌고, 갈망하며, 인내와 신뢰를 가지고 기다리며, 감사하는 마음으로 받아서 겸손하게 지니고, 근면하게 움직여야 한다. 그리고 당신이 갈망하는 하늘로부터의 방문의 때와 방법에 관해서는 그것이 실현될 때까지 하나님의 뜻에 맡기지 않으면 안 된다.

당신이 마음속으로 경건함의 부족을 통감할 때에는 우선 겸손해져야 한다. 다만 실망하거나 슬퍼해서는 아니 된다. 하나님은 오랫동안 거절하면서 일순간에 주실 때도 있다. 때로는 기도의 시작 때는 거절하다가 그 기도가 끝날 때에 주시는 일도 있다.

2 하나님의 은총이 언제나 곧 주어지고, 소망할 때에 주어진다면 약한 인간들은 그 은총을 잘 감당할 수가 없어서 그 이익도 충분히 지탱해 나가지 못할 것이다. 그러므로 굳은 희망과 겸손과 인내로써 은총의 때를 기다리지 않으면 아니 된다.

또한 그것이 주어지지 않거나, 은밀하게 빼앗기는 일이 있다면 그것은 자신의 책임과 죄 때문이라고 생각하라. 때로는 하나님의

     4장  성례전에 정중하게 임해야

은총을 방해하거나 혹은 숨겨 버리는 경우가 아주 사소한 일이기
는 하지만 더러 있다. 만약에 이 정도의 선을 방해하는 것을 하찮
은 것으로 친다면 그렇다면 당신이 대소에 관계없이 그 방해를
제거하여 그것에 이긴다면 당신은 바라는 것을 얻을 수 있을 것
이다.

3   전심전력을 다하여 자기 자신을 하나님에게 바치고, 자기의 좋아
하는 것이나 제멋대로의 행동에 의하여 이것저것을 구하지 않으
며, 자기의 모든 것을 하나님에게 맡기면 마음의 평화를 발견할 것
이다. 당신은 이미 하나님의 뜻 이외의 어떤 것도 기뻐하지 않게
되었으니까. 그러므로 단순한 마음으로 자기의 의향을 하나님에
게로 향하고, 무절제한 애정이나 세속적인 번뇌를 벗어 버리고,
은혜를 받기에 적합한 준비를 마쳐서 경건한 은총을 받기에 족한
사람이 될 것이다. 주님은 세속의 것을 벗어 버린 마음에 축복해
주신다. 사람들은 이 세상의 것을 완전히 내버리면 내버릴수록 또
한 자기 자신을 경멸하며 자신을 죽이면 죽일수록 빠르게 풍부하
게 은혜를 받아서 높이 자유롭게 올라가게 된다.

4   그때에 그는 영원을 바라보기에 족한 사람이 되고, 영의 선물을 풍
성하게 얻을 수 있으며, 마음은 넓어지고, 놀라움으로 채워진다(이
사야 60:5). 주님의 손은 그와 함께 있으며(에스겔 3:14, 누가복음 1:66), 세
세토록 그는 주님의 손에 맡겨진다. 마음을 다하여 하나님을 구하
라(시편 119:2). 영혼의 선물을 헛되이 하지 않은 사람(시편 24:4)은 이렇
게 하여 하나님의 축복을 받을 것이다(시 128:4). 이러한 사람들은 성
체를 받아서 하나님과 일치하는 위대한 은총을 받을 값어치가 있

는 사람들이다. 그는 자신의 신심과 위안보다도 모든 신심과 위안
을 넘어서 사랑하는 하나님의 영광을 구하는 사람이다.」

# 필요한 것을
# 그리스도에게 털어놓고
# 그의 은총을 바란다

1 「내가 지금 공손하게 받으려고 하는 주님, 당신은 나의 약함, 나
에게 필요한 것, 또한 나의 악과 죄, 나의 무거운 짐, 유혹, 불안,
더러워짐을 모두 알고 계십니다. 그러므로 나는 도움을 빌기 위
해서 당신에게 가까이 가며, 위안과 완화하여 주실 것을 요구합
니다. 나의 일체를 아시고, 나의 비밀을 꿰뚫어 보시며, 완전하게
나를 위로하고, 도와주실 단 한 분에게 말씀드립니다. 당신은 내
가 어떤 은총을 필요로 하고, 얼마나 덕이 부족한가를 알고 계십
니다.

2 나는 가난한 알몸의 모습으로 당신 앞에 서서 은총을 청하며, 긍휼
을 바랍니다. 굶주린 거지에게 은혜를 주고, 나의 냉담함을 당신
의 불로써 태워 주십시오. 당신의 광명으로써 나의 어두운 눈을 비
추어 주시고, 모든 세상적인 것을 쓴 것으로 바꾸어 주시며, 매운
것, 번거로운 것을 인내하게 해 주시고, 이 세상의 일체를 경멸하
게 하여 주십시오. 주님, 나의 마음을 하늘 쪽으로 올려서 이 세상
에서 방랑하는 일이 없도록 하여 주십시오. 금후에 당신만이 나의

위로가 되고, 나의 먹는 것, 마시는 것, 사랑과 기쁨, 완전한 단 하나의 선이 되어 주십시오.

3   나에게 오셔서 나를 불태워 버리고, 당신에게 동화시켜 주십시오. 내적 일치의 은총에 의해서 불타는 사랑에 녹아서 내가 당신과 하나가 되기 위해서입니다. 공복인 채로, 마음이 메말라 빠진 채로 당신에게서 멀어지고 싶지 않습니다. 때때로 성인들에 대하여 하신 것처럼 그 긍휼을 나에게도 베풀어 주십시오. 항상 꺼지지 않고 타오르는 불, 마음을 깨끗하게 하고, 지혜를 비춰 주는 당신과 일치하여 불타올라서 내가 나라고 하는 모습을 잃었더라도 이상한 일이 아니지 않습니까?」

     

# 뜨거운 사랑과
# 열렬한 애정으로
# 그리스도를 받아야
# 한다는 사실에 대하여

1 「아, 깨끗한 생활 때문에 당신에게 기쁨을 주고, 열렬한 신앙생활을 영위한 성인들이 성체를 받아서 당신과 일치하려고 바랐던 그것과 같은 최상의 신심과 열애, 마음으로부터의 애정과 열렬함으로써 당신을 받으려고 생각합니다. 나의 하나님, 영원한 사랑, 나의 선, 불멸의 행복, 어떤 성인도 느끼지 못했던 열렬한 사랑과 깊은 존경을 가지고 당신을 받을 수 있게 하여 주십시오.

2   나에게는 그 정도의 경건함이 없더라도 적어도 성인들이 가지고
    있던 불타는 희망을 모범으로 하여 나의 마음의 사랑을 바칩니다.
    또 경건한 사람이 바라는 한도 끝까지의 것을 공손하게 진심으로
    바칩니다. 자신을 위해서 무엇 하나도 남기려고는 생각하지 않고,
    오히려 자진해서 자기 자신의 모든 것을 바칩니다. 하나님이신 주
    님, 창조주, 구주여, 탁신(託身)의 신비를 이어받은 천사에게 향하
    여 성모 마리아가 겸손하고 경건하게 '나는 주의 여종이오니 말씀
    대로 내게 이루어지이다'(누가복음 1:38)라고 대답하여 당신을 바라
    며, 당신을 받았을 때의 그 사랑과 존경과 칭찬과 명예, 그 감사와
    위엄, 그 신앙과 희망과 애덕으로써 나는 당신을 받으려고 생각합
    니다.


3   그리고 당신의 선구자 세례 요한이 아직 어머니의 태내(胎內)에 있
    을 때에 하나님 앞에서 성령에 의하여 기뻐 춤추고, 후에 사람들
    속에서 예수를 발견하고, 겸손해하며 '신랑의 친구는 그곳에 서서
    신랑의 음성을 듣고 기뻐한다'(요한복음 3:29)라고 경건한 사랑을 가
    지고 말했듯이 나는 고귀한 소망에 불타서 진심으로 자기의 모든
    것을 당신에게 바치고 싶습니다. 그러므로 나는 나를 위해서, 또
    나에게 기도를 부탁한 사람들을 위해서 경건한 모든 영혼의 환희,
    열애, 초자연적인 광명, 황홀함, 하늘의 환시(幻視)를 주의 영광을
    위해서 모든 피조물이 천지에서 계속 바치는 덕과 칭찬과 함께 당
    신에게 바칩니다.


4   주 하나님, 한없이 칭찬받고, 축하받으시라고 비는 이 나의 소망을
    받아들여 주십시오. 그것은 말로 다 표현할 수 없는 무한한 위광(威

          4장  성례전에 정중하게 임해야

㷾)을 위해서 당연히 당신이 받아야 하는 것입니다. 나는 이것밖에 당신에게 바칠 수 없지만, 나날이 시시각각 이것만을 당신에게 바치고 싶습니다. 진심과 열망을 가지고 하늘의 모든 영과 당신의 신앙자가 나와 함께 당신에게 감사하며 칭송하도록 기원합니다.

5 모든 백성, 나라, 언어여(다니엘 7:14), 하나님을 칭찬하고, 환호와 열렬한 신심을 가지고 감미로운 그 이름을 찬미하도록. 존경과 경건함으로써 지극히 성스러운 성례전을 칭송하고, 차고 넘치는 신앙으로써 그것을 받는 사람들이 당신으로부터 은총과 자비를 얻어서 죄인인 나를 위해서도 간절하게 기도해 주도록. 그들이 경건한 선물과 당신과의 일치를 맛본 후에 당신의 위로에 충만되어 하늘의 식탁으로부터 일어설 때에 부족한 나의 일도 돌보아 주시도록.」

# 호기심에 이끌려서 성례전을 탐색하는 사람이 되지 말고, 도리어 겸손하게 예수에게 따르며, 자기의 이성을 신앙에 복종시켜야 한다

1 「만약에 당신이 의심의 구렁텅이에 빠지는 것을 피하고 싶다면 이 깊은 신비를 함부로 탐색하는 일을 그만두지 않으면 안 된다. 하나님의 위광을 탐색하는 자는 그 영광에 현혹된다. 하나님은 인간이 이해할 수 있는 것 이상의 일을 행할 수 있다. 성스러운 가르침에 복종하고, 교부들의 건전한 교의(教義)에 따라서 걸어가려고 하는 경건하고, 겸손한 진리 탐구만이 허용된다.

2 이론의 험한 길을 가지 않고, 하나님의 법도의 평탄하고, 안전한 길을 더듬어 가려고 하는 단순한 마음을 가진 사람은 행복하다. 너무 고원(高遠)한 것을 탐색하려고 하다가 경건한 마음을 잃어버린 사람들이 많다. 당신에게 필요한 것은 지혜의 깨달음도 하나님의 심오한 뜻의 터득도 아니고, 신앙과 선의의 생활이다. 당신은 자기가 살고 있는 이 세상의 일조차 이해할 수 없는데, 당신을 초월한 일을 어떻게 깨달을 수 있으랴? 하나님에게 복종하고, 이성을

 

신앙의 다음에 두라. 그렇게 하면 당신에게 유익하고, 필요한 만큼의 지식의 빛이 주어질 것이다.

3    어떤 사람은 신앙과 성례전에 관하여 중대한 유혹을 받는다. 그러나 그것은 그들의 책임이 아니라 악마의 짓이다. 그런 유혹을 마음에 두지 말라. 자기의 생각과 의논해서는 안 된다. 또한 악마가 제공하는 의문에 대답하지 말라. 도리어 하나님의 말씀을 믿고, 성인들과 예언자들을 믿어라. 그렇게 하면 악령은 당신으로부터 도망쳐 버릴 것이다. 때때로 그러한 일을 참아 내는 것은 하나님의 종에게 있어서 이익이 되는 것이다. 악마는 자기가 완전히 정복하고 있는 불신앙자나 죄인을 유혹하지 않고, 도리어 신앙 있는 사람을 괴롭히고, 번거롭게 하는 것이다.

4    단순한 굳은 신앙을 가지고 나아가며, 겸손과 존경을 가지고 이 성례전에 가까이 가라. 그리하여 당신이 이해할 수 없는 것을 편안하게 전능하신 하나님에게 맡기자. 하나님은 속이는 일이 없다. 오히려 자기의 이성을 과신하는 사람이 실수한다. 하나님은 단순한 사람들과 함께 걸어가시고, 겸허한 사람들에게 자신을 내보여 주신다. 아이들에게 알려 주시고, 깨끗한 마음을 비춰시며, 호기심이 있는 자와 교만한 자에게는 은혜를 감추신다. 인간의 이성은 약하여 잘못을 저지르기 쉽지만, 참다운 신앙은 기만당하는 일도, 실수하는 일도 없다.

5    인간의 사상이나 탐구는 신앙에 앞서거나 위배되는 일이 없이 신앙에 따라야 하는 것이다. 신앙과 사랑은 이 가장 고귀한 모든 것

에 앞서는 성례전에서 특히 나타나서 은밀하게 행동한다. 영원,
편재(遍在), 전능하신 하나님은 하늘에서 땅에서 위대한 일을 하시
며, 그 불가사의한 일은 인지(人智)로써 탐색할 수 없다. 하나님의
일이 인지로써 용이하게 깨달을 수 있다면 불가사의라고도, 말로
다 표현할 수 없다고도 하지 않을 것이다.

성찬식에 관한 경건한 권면의 글은 여기에서 마친다.

　　　　　4장 성례전에 정중하게 임해야

토마스 아 켐피스(지은이)

본명은 해메르켄(Haemerken)이다. 1379년에 독일 쾰른 근교의 켐펜(Kempen)에서 태어났고, 켐피스라는 이름은 그가 태어난 도시의 이름에서 유래된 것이다. 1413년 33세에 신부 서품을 받고, 1425년에는 수도원의 부원장직을 맡았다. 뿐만 아니라 수도사들의 수련을 돕는 일도 하였다. 그리고 1471년 향년 92세로 세상을 떠날 때까지 오로지 신앙 사업에만 전념하였다. 또한 원고를 필사하는 일에 종사하면서 성경을 여러 번 필사했고, 찬송가와 전기 등을 집필하였다.

이영복(옮긴이)

우리말사전 편찬의 경력이 있는 전문 번역가로서 우리말에 조예가 깊어 우리말의 뉘앙스를 잘 살려 원문에 가장 가까운 정확한 번역을 하였다.
주요 번역서로는『카라마조프의 형제』,『꿈의 해석』,『인간의 굴레』,『행복의 샘』등 다수가 있다. 그리고 저서로는 李榮福 小說集『서울역 부근』,『현대 사랑의 편지투』(편저) 등이 있다.

# 그리스도를 본받아

초판발행  2013년 8월 2일
초판 4쇄  2019년 1월 11일

지은이  토마스 아 켐피스
옮긴이  이영복
펴낸이  채종준
기  획  권성용
편  집  한지은
디자인  이효은

펴낸곳  한국학술정보(주)
주  소  경기도 파주시 회동길 230 (문발동 513–5)
전  화  031) 908-3181(대표)
팩  스  031) 908-3189
홈페이지  http://ebook.kstudy.com
E-mail  출판사업부  publish@kstudy.com
등  록  제일산–115호(2000.6.19)

ISBN  978-89-268-4437-3  03230 (Paper Book)
      978-89-268-4438-0  05230 (e-Book)

이담
Books  한국학술정보(주)의 지식실용서 브랜드입니다.